D1932193

Günter Rohrmoser

Die Wiederkehr der Geschichte

Günter Rohrmoser, geboren 1927 in Bochum, Studium der Philosopie, Theologie, Nationalökonomie, Geschichte und Germanistik in Münster (1947-55). Promotion in Münster über Shakespeare (1955), Habilitation in Köln über Hegel (1961). Seit 1961 Lehrtätigkeit an der Pädagogischen Hochschule in Münster. Seit 1963 Professur an der Universität Köln. Seit 1976 Ordinarius am Lehrstuhl für Sozialphilosophie an der Universität Hohenheim in Stuttgart. Er lehrt auch politische Philosohpie an der Universität Stuttgart.

Buchveröffentlichungen (Auszug):
Zeitzeichen – Bilanz einer Ära (1977), Zäsur – Wandel des Bewußtseins (1980), Krise der politischen Kultur (1983), Religion und Politik in der Krise der Moderne (1989), Ideologiezerfall – Nachruf auf die geistige Wende (1990), Neues konservatives Denken als Überlebensimperativ (mit A. Frenkin, 1994), Der Ernstfall – Die Krise unserer liberalen Republik (1994)

Günter Rohrmoser

Die Wiederkehr der Geschichte

Gesellschaft für Kulturwissenschaft

© 1995 Gesellschaft für Kulturwissenschaft e. V.
Bietigheim/Baden
Alle Rechte vorbehalten
1. Auflage September 1995
2. Auflage November 1995
Abdruck und Vervielfältigung auch einzelner
Textabschnitte nur mit Genehmigung des Verlages

Satz, Druck und Bindung:
Druckerei Dürrschnabel,
Elchesheim-Illingen

ISBN 3-930218-24-0

Inhalt

III. Christliche Geschichtserfahrung heute

Anhang

Vorwort

Vorliegende Veröffentlichung geht auf frei gehaltene Referate zurück, die in den letzten Monaten vor unterschiedlichem Publikum und aus unterschiedlichen Anlässen gehalten wurden. Die Publikation verdankt sich den wiederholt und nachhaltig geäußerten Wünschen der Teilnehmer dieser Veranstaltungen. Diese legten Wert darauf, den Text in einer Form zu erhalten, die dem Vortrag weitgehend entspricht. Daher sind die frei gehaltenen Referate nur gering bearbeitet und korrigiert worden.

Der erste Teil beschäftigt sich mit einem Thema, das sich einer wachsenden Aufmerksamkeit erfreuen kann, nämlich mit der Frage, was unsere Gesellschaft innerlich noch zusammenhält. Es gibt Wissenschaftler, die dem extremen Prozeß der Individualisierung auch Positives abzugewinnen versuchen. Sie meinen, daß die Individualität in jedem Falle Kreativität bedeutet. Dies ist ein keineswegs überzeugendes Argument, denn Kreativität ist viel seltener, als man heute anzunehmen scheint. Individualisierung mag eine notwendige, aber keineswegs hinreichende Bedingung für die vielfach geforderte und gewünschte Kreativität sein.

Der zweite Teil beschäftigt sich mit dem epochalen Umbruch unter der Fragestellung, in welcher Form und in welchem Maße dieser Umbruch unser Verhältnis zur Geschichte bedingt und beeinflußt. In diesem Teil ist das Referat über die „Geschichtserfahrung als Katastrophe und die Erwartung des Heils“ der wichtigste Beitrag in der vorliegenden Veröffentlichung. Er bildet das Zentrum, auf den hin und von dem her die übrigen Beiträge in ihrer Intention am besten verstanden werden können.

Der dritte Teil beschäftigt sich mit den Konsequenzen des geschichtlichen Umbruchs und stellt die Frage, was unter den veränderten Bedingungen einer neuen geschichtlichen Epoche konservativ und christlich heute eigentlich bedeuten.

Der Konservativismus kann sich nicht mehr zeitadäquat definieren, ohne sich auf die Dimension des Christentums und das christliche Erbe einzulassen, so wie auf der anderen Seite ja auch immer offensichtlicher wird, wie das Christentum nur noch in konservativer Auslegung seine Substanz bewahren kann. Diese neue Konstellation von christlich und konservativ steht dem gesamten herrschenden Zeitgeist entgegen, und man darf keine allzu große Hoffnung haben, daß die Argumente zur Kenntnis genommen werden, die für diese neue Konstellation sprechen. Wir beobachten ja immer wieder, daß Versuche philosophischer Deutung entweder an den ideologischen Urteilen gemessen werden, die man mitbringt und dann in der Regel zurückgewiesen werden. Die Bereitschaft und das Vermögen, abweichend von den vorgegebenen Sprachregelungen etwas aufzufassen und zu verstehen, geht immer mehr zurück.

Der Gesellschaft für Kulturwissenschaft und ihrem geschäftsführenden Vorstand Albert Wieland gilt besonderer Dank, weil er die Anregung zur Veröffentlichung vorliegender Beiträge sofort aufgegriffen und in kürzester Zeit auch verwirklicht hat. Aber dieser Band hätte nicht entstehen können, ohne die außerordentlich hingebungsvolle Arbeit, die Manfred Westner bei der Aufnahme der Manuskripte geleistet hat. Ihm möchte ich an dieser Stelle für seinen Einsatz besonders herzlich danken.

Stuttgart, im August 1995

Günter Rohrmoser

I

Die Erosion der Gemeinsamkeiten

Die Bedeutung des Zerfalls der Familie für die Gesellschaft und die Kultur

Die Familie wie auch die Jugend bedarf des Schutzes. Die große Frage ist aber, ob wir uns im klaren darüber sind, in welch einem inneren Zustand sich das zu schützende Gut, die Familie und die Jugend, tatsächlich befindet. Haben wir nicht den Punkt, an dem eine Bemühung um den Schutz der Familie und der Jugend noch ausreichend und sinnvoll wäre – so notwendig er ist –, schon überschritten? Verlangt nicht der Anblick unserer Gesellschaft, wie er sich durch den Zustand in den Ehen und Familien darstellt, noch viel weitergehende und tiefgreifendere Anstrengungen von uns? Was den Verfall der Familie angeht, so ist das keine These, die heute nur von sogenannten Konservativen vertreten wird, sondern dieser Zustand wird auch von anderen geistig, ideologisch und politisch orientierten Kräften in unserer Gesellschaft als in gleicherweise besorgniserregend empfunden. Die Frage ist nur, ob man bereits einen definitiven Verfall konstatiert oder vielleicht etwas euphemistischer die These vertritt, daß sich die Familie in einem Wandel, in einem Übergang befindet.

Zum gegenwärtigen Zeitpunkt können wir die Frage, was denn am Ende dieses Wandlungsprozesses stehen wird, noch nicht beantworten. Wird es das definitive Aus für die Familie sein oder wird sie wie ein Phönix aus der Asche in einer neuen Gestalt entstehen? Das Erstaunliche ist, welch eine unglaubliche Widerstandskraft die Familie bisher allen Versuchungen – von innen wie von außen –, sie abzuschaffen oder durch eine andere Form zu ersetzen, entgegengesetzt hat. Erinnern wir uns an das große Experiment, das in den 20er Jahren von der damaligen leninistisch-kommunistischen Regierung in Rußland gemacht wurde. Es war eine eindeutig auf die Abschaffung der bürgerlichen Familie gerichtete Aktion. Die Anarchie in allen diesen Verhältnissen wurde proklamiert. Doch schon nach kurzer Zeit hatte das damalige Regime diesen Versuch abgeblasen und eine rigide Familienmoral wieder eingeführt. Die Frage nach Bestand oder Verfall der Familie ist absolut keine Frage von unterschiedlichen ideologischen oder politischen Optionen, sondern die eigentliche und wahrhaft radikale Dimension, vor die uns der mögliche Verfall der Familie stellt, ist nichts anderes als Verfall oder Bestand der Gesellschaft schlechthin und damit all dessen, was in einer zweitausendjährigen Anstrengung in der Entwicklung und am Aufbau der Kultur vollbracht wurde.

Auf die Symptome dieses Verfalls brauche ich nicht näher einzugehen. In großen Ballungsgebieten in Deutschland ist jeder zweite Haushalt ein Single-Haushalt. In den gleichen Regionen scheitert nach wenigen Jahren fast jede zweite Ehe. Früher sagte man, es dauert sieben Jahre, heute scheint das vierte das sogenannte kritische Jahr zu sein. Auch all die beklagenswerten Entwicklungen in den Schulen sind nichts anderes als Auswirkungen eben des inneren Zerfalls. In den öffentlichen Medien weht uns ein wahres Horrorbild von der Familie entgegen. Als eine der großen emanzipatorischen, noch fälligen Errungenschaften wird die endgültige Auflösung und Überwindung dieser sogenannten bürgerlichen Familie gepriesen. Sie kennen die ganze Diskussion, ob nicht auch Homosexuelle eine Familie gründen könnten. Daß dies nicht ephemere, nur die Gesellschaft berührende Vorgänge sind, beweist ja die Diskussion über die Frage, ob nicht auch ein Homosexuellenpaar in einem evangelischen Pfarrhaus wohnen könne. Damit könnte die Kirche dort ihre ganze Fortschrittlichkeit und den Grad ihrer emanzipatorischen

Reife eindrucksvoll unter Beweis stellen und sich damit eine größere Zustimmungsfähigkeit versprechen. Wir müssen heute nicht die Frage stellen, wie wir zu den alten moralischen Traditionen und den alten Werten der bürgerlichen Familie zurückkehren können – so sehr das auch notwendig und sinnvoll ist. Viel vordringlicher ist es, sich die Konsequenzen klar zu machen, die es hat, wenn die Familie ihre, die Gesellschaft und die Kultur konstituierende und integrierende Funktion nicht mehr erfüllen kann oder wenn der zu beobachtende Prozeß zu einer weiteren Schwächung dieser Funktionen führt.

Was sind die für den Bestand einer Kultur und einer Gesellschaft völlig unverzichtbaren Leistungen, die die Familie zu erbringen hat? In erster Linie ist es die biologische Reproduktion. Wenn der Verlust der Fähigkeit, eine Familie zu gründen, in einer Familie zu leben und die für die Familie unerläßlichen Aufgaben zu erfüllen, so fortschreitet, wie wir das in den unterschiedlichsten Ländern der westlichen Kultur beobachten können, wird das zweifellos zu dem führen, was in einer Schrift des Biedenkopf-Instituts „Die westliche Kultur zerstört sich selbst" prognostiziert wird. Sie ziehen aus dieser Entwicklung den Schluß, daß, wenn die Sozialleistungen der modernen Gesellschaft und ihr Standard aufrechterhalten werden sollen, dies den Zuzug von Millionen Menschen aus anderen Zivilisationen und Kulturen zur Folge haben müsse. Wir erleben hier etwas, was im Verfall und im Niedergang der Kulturen in der Weltgeschichte immer wieder zu beobachten war, daß allein der Schwund der „biologischen Reproduktionsfähigkeit" unabsehbare ökonomische, soziale und sonstige Folgen für den Bestand einer Kultur, einer Gesellschaft hatte.

Das Zweite, was heute noch etwas auffälliger ist, weil aufdringlicher in seinen Auswirkungen, ist das, was man im Zusammenhang mit der Kulturrevolution die Sozialisationsleistung der Familie nennt. Sozialisation und die daraus entwickelte Strategie einer Sozialisationspolitik bedeutet nicht mehr und nicht weniger als die kulturelle Reproduktion der Gesellschaft. Damit ist die Frage verbunden, ob der in vielen Generationen erreichte kulturelle Standard einer Gesellschaft durch die Erziehungsleistung der Familie an eine biologisch neue Generation weitergegeben wird oder ob die Kultur abreißt, die Kontinuität abbricht und damit die Kultur zusammenbricht. Dieser Ausfall der kulturellen Leistung der bürgerlichen Familie hinterläßt ein Vakuum in der Gesellschaft. Es ist eine schlichte Erfahrung des 20. Jahrhunderts, daß diese primäre Erziehungsleistung der Familie durch keine andere Institution auf die Dauer oder auf dem gleichen Niveau ersetzt werden kann. So, wie sich ja auch erstaunlicherweise herausgestellt hat, daß an Stelle der bürgerlichen Familie, obwohl man alles Mögliche schon versucht hat, keine adäquate Substitution durch eine andere Institution erfolgen kann.

Nehmen Sie nur die Erfahrung der Kulturrevolution der 60er und 70er Jahre. Wenn man die Entwicklung in dieser Szene verfolgt, kann man nur staunen, in welch einem Umfang die 68er längst getreulich wieder zu den alten bürgerlichen, familiären und kulturellen Mustern, Verhaltensweisen und Tugenden zurückgekehrt sind. Ein Beobachter dieser Szene, Mathias Horx, hat einmal die biographischen Schicksale derjenigen genauer verfolgt, die in einer Kommune oder anderen alternativen Vereinigung gelebt haben, um den Zwängen der kleinbürgerlichen Familie zu entrinnen. Diese Experimente sind mit ungezählten Lebenskatastrophen bezahlt worden. Wenn wir uns heute mit der Kulturrevolution auseinandersetzen, gibt es keine öffentliche Diskussion über die Opfer, die dieses Experiment gefordert hat. Der Bestand und die Kontinuität der Kultur sind an die Existenz der Familie gebunden. Wenn man sich die Bedeutung der Familie für die Kultur klarmacht, wäre man fast geneigt, einem Theoretiker der sogenannten Frankfurter Schule, Max Horkheimer, zu folgen. Er hätte in seinen Arbeiten die bürgerliche Gesellschaft belehren können, was es bedeutet, ob die Familie ihre kulturelle Leistung vollbringen kann oder nicht.

Was vollzieht sich in der Familie? In der Familie vollzieht sich die Eingewöhnung, die Vermittlung, die bildende, erzieherische Aneignung all der Normen, all der Werte, all der Lebensformen und Lebensmuster, an die der Fortschritt einer Gesellschaft genauso gebunden ist wie an die materiellen Produktionsverhältnisse. Für die Entwicklung und Bestandserhaltung der Gesellschaft sind die kulturellen Leistungen der Familie von gleicher, vielleicht sogar von größerer vitaler Bedeutung als die Frage, ob in den Produktionsstätten der Gesellschaft die materielle Reproduktion der Gesellschaft erfolgreich geleistet werden kann. Wenn die kulturelle Leistung der Familie nicht mehr die Eingewöhnung in die Resultate einer mehrtausendjährigen zivilisatorischen und kulturellen Anstrengung der Menschheit bedeutet, ist die Zukunft einer Gesellschaft genauso gefährdet, wie damals, in den zwanziger Jahren, der Bestand der Gesellschaft durch die soziale Problematik und durch den Zusammenbruch der Produktion in Gefahr war.

Wir sind weit davon entfernt, diese Dimension und Bedeutung wahrzunehmen. Wir haben vielmehr weitgehend die Sprache verloren, mit der man über diese inneren Auflösungsprozesse der Familie in einer angemessenen Weise reden kann. Der Zerfall der Institutionen ist in erster Linie darauf zurückzuführen, daß die Institutionen keine Sprache mehr haben, in der sie das, was ihre Idee ausmacht, angemessen ausdrücken können. Den Sprachzerfall und die Art und Weise, wie wir über die Familie reden, konnte man ja sehr deutlich studieren in dem sogenannten zweiten Familienbericht, der 1976 veröffentlicht wurde. Dieses Dokument ist heute noch bemerkenswert. Die These darin war, daß es sich bei der bürgerlichen Kleinfamilie um einen „terroristischen Verband" handle. In ihm spiegelten sich die repressiven Herrschafts- und Autoritätsverhältnisse der spätkapitalistischen Gesellschaft wider, und die Unterdrückung der Frau und die Ausbeutung der Mutter stellten einen für die Demokratie so skandalösen Tatbestand dar, daß man meinte, die Zukunft der Demokratie nur dann sichern zu können, wenn man diese terroristische, totalitäre Familienstruktur in der kleinbürgerlichen Familie überwinden würde.

Nun waren jene, die diesen Familienbericht erstellten, in einer großen Verlegenheit und haben die Frage gestellt: Wie überwinden wir die bürgerliche Kleinfamilie? Welche revolutionäre Methode oder Taktik wäre geeignet, um zu dem gewünschten Ziel zu führen? Die Methode zur Überwindung der bürgerlichen Familie nannten sie Metakommunikation. Damit war eine institutionalisierte permanente Selbstproblematisierung der innerfamiliären Beziehungen gemeint mit dem Ziel des Abbaus und der Überwindung von Autorität und allen in der väterlichen Autorität begründeten „repressiven Unterdrückungsverhältnissen". Die Abschaffung der Familie sollte aber nicht durch einen gesellschaftspolitischen Eingriff von außen erfolgen, sondern sie sollte sich sozusagen selber abschaffen. Sie sollte ihre eigene Liquidation zu ihrem eigenen Lebensprogramm machen. Es wäre völlig falsch, zu behaupten, daß der beklagenswerte Zustand, in dem sich die Familie heute befindet, eine Folge dieser permanenten Selbstproblematisierung im Rahmen einer Metakommunikation sei.

Dieser Verfallsprozeß ist ein Vorgang, der auf viel tiefer und weiter zurückliegende Ursachen zurückzuführen ist.

Welche entscheidende Herausforderung ergibt sich daraus? In dem Maße, in dem die Gesellschaft modern wird, das heißt einem interdependenten Sachzusammenhang von Wissenschaft, Technik, Produktion und Konsumtion ausgeliefert ist, organisiert sich die moderne Gesellschaft gegen alle, die nicht mitproduzieren und -konsumieren können, also gegen die Jugend, die Heranwachsenden, die Alten, die Gebrechlichen und die Behinderten. Die für diese Gesellschaft und ihr Selbstverständnis allein maßgebenden Kategorien sind ökonomischer und soziologischer Art. Wir haben uns also zu einer reinen Wirtschaftsgesellschaft entwickelt, deren Inhalt Produktion und Konsumtion ist. Die sich in ihrer eigenen Thematik selbst organisierende Familie ist damit für die moderne Gesellschaft im schlimmsten Falle ein Problem, ein Ärgernis, ein Störfaktor. Die moderne Gesellschaft organisiert sich ihrer eigenen Logik nach auf eine Form hin, in der es Kinder, Alte und Kranke eigentlich überhaupt nicht geben dürfte. Denn was ist schon die Produktions- und Konsumkraft eines 60- oder 70jährigen? Was trägt die heranwachsende Jugend in ihrer entscheidenden bildnerischen Phase zur Produktion und Konsumtion bei? Solange es keine Jugendkultur gab, mit der Milliardengeschäfte gemacht werden konnten, trug diese gar nichts bei. Wenn man der Sprache der Systemtheorie folgt, sind nicht nur diese Kategorien der Bevölkerung, sondern der Mensch überhaupt ein Außenproblem für das System. Es würde viel besser funktionieren, wenn es die aus dieser menschlichen Gebrechlichkeit, biologischen Bedingtheit und Anfälligkeit des Menschen resultierende Form überhaupt nicht gäbe.

Das Jugendproblem ist für eine Gesellschaft, die sich rein

nach den Prinzipien eines ökonomistischen Liberalismus organisiert, ein im Grunde genommen unlösbares Problem. Was hat denn diese moderne Gesellschaft der Jugend an sinnvollen und sinngebenden Idealen und Entwürfen überhaupt zu bieten? Einer inneren Konsequenz folgend, denkt man in Zürich nun darüber nach, den Drogengebrauch zu legalisieren. Nachdem sich dieser Teil der Jugend von der modernen Gesellschaft abgewandt hat und draußen ist, bleibt nichts anderes übrig, als in letzter Konsequenz den Drogenmißbrauch zu legalisieren. Was soll die Gesellschaft anderes machen? Was hat sie dieser Jugend anzubieten, die sich unter der Langeweile und Sinnlosigkeit leidend in diesen Prozeß der Selbstzerstörung begibt? Welche Argumente hat denn die Gesellschaft diesen jungen Menschen entgegenzusetzen, wenn diese in der Selbstzerstörung den einzigen Sinn sehen? Das Jugendproblem ist kein Problem der Jugend, sondern ein Problem der Gesellschaft und der Kultur im Ganzen. Wenn sich die Erwachsenen nicht ändern, werden sie weder die Kraft noch das Recht haben, diese Jugend in die Formen der Gesellschaft zu zwingen, aus denen sie ausgebrochen sind.

Was gehört zum ideologischen Selbstverständnis der modernen Gesellschaft? Was ist der Inhalt, um dessentwillen sie existiert? Die beiden Kernbegriffe heißen Bedürfnis und Interesse. Alle menschlichen Gemeinschaftsformen, die über einen akuten Augenblick hinausgehen, werden gedacht nach der Logik des Vertrages. Jeder geht autonom diesen Vertrag nach seinem Willen ein und kündigt ihn auf, wenn das Ergebnis an Interessen- und Bedürfnisbefriedigung eben nicht erreicht ist. Wenn die herrschenden Kategorien dieser Gesellschaft Bedürfnis und Interesse sind und für das Eingehen einer Gemeinschaft nur noch der hedonistische Lust- und Selbstbefriedigungswert oder der Nutzen für die eigene

Selbstverwirklichung Kriterien zur Beurteilung sind, gibt es überhaupt kein Argument, sich beispielsweise darüber zu beklagen, daß der Unterschied zwischen sexueller Normalität und Perversion abgeschafft wird. Wir erleben dies fast täglich in den öffentlichen Medien und den Talkshows. Der Mensch hat dann eben nur noch naturale Bedürfnisse, und zu diesen gehören in besonderer chronischer Akutheit und Auffälligkeit sexuelle Bedürfnisse. Jeder hat dann das Recht, seine natürlichen Bedürfnisse in den Formen und Weisen zu befriedigen, die ihm eben auf Grund seiner subjektiven Befindlichkeit und seines subjektiven Urteils zur Verfügung stehen. Wenn eine Beziehung nicht das „bringt", was man von ihr erwartet, kündigt man sie auf. Wenn man sich davon überzeugt hat, daß das Gelingen einer Beziehung sehr unwahrscheinlich ist, geht man sie erst gar nicht ein. In unserer Gesellschaft haben wir in der Form der Aufeinanderfolge, nicht der Gleichzeitigkeit, die Mehrehe längst eingeführt.

Es geht um die alles entscheidende Frage, welch einen Begriff von der Kultur wir haben. Das Neue an dieser Krise der Familie und der damit zusammenhängenden Verhältnisse ist, daß diese Krise nicht von der Familie produziert worden ist, daß aber die Krise der Kultur inzwischen im Begriffe ist, die Familie in ihrer sittlichen Substanz auszuhöhlen und aufzulösen. Meine große Sorge ist, ob es möglich ist, in dieser Kulturkrise die Krise an einem erkrankten Organ, der Familie, zu heilen, oder ob es nicht vielmehr einer viel umfassenderen kulturellen Erneuerung bedarf, damit in diesem Zusammenhang auch an eine Regeneration der Familie gedacht werden kann.

Die Grundfrage von Ehe und Familie ist bereits in der Diskussion zwischen Kant und Hegel deutlich geworden. Die in der Rechtsphilosophie von Kant gegebene Definition der Ehe lautet: Die Ehe ist ein Vertrag, der den Vertragschließenden den Genuß der wechselseitigen Geschlechtseigentümlichkeiten auf Lebenszeit garantiert. So formulieren kann nur ein großer Denker, der sich alle Flausen idyllischer oder sonstiger Art abgewöhnt hat und der weiß, daß dies die dem Rechtsverständnis der modernen Gesellschaft angemessene Definition der Ehe ist. Zu dieser Definition hat nun Hegel gesagt, es sei schändlich und ruchlos, den Sinn und Zweck der Ehe in dem wechselseitigen Gebrauch der primären Geschlechtseigentümlichkeiten zu sehen.

Was setzt Hegel dieser Definition Kants, des vielleicht größten Denkers der bürgerlichen Kultur, entgegen? Zunächst im Aufbau der Rechtsphilosophie etwas Aufregendes: Ehe und Familie gehören nicht zu den Kategorien der Gesellschaft. Hegel definiert Ehe und Familie nicht als eine gesellschaftliche Einrichtung, die nach dem Vertragsmodell und nach dem Interessen- und Bedürfniskalkül organisiert wird. Ehe und Familie sind sittliche Institutionen. Zur Idee der Sittlichkeit gehört ebenso der sittliche Staat, der dem allein um die Produktions- und Konsumtionsbedürftigkeit besorgten Staat vorausgeht. In ihrer Bestimmung als eine sittliche Institution versteht Hegel die Familie als kleinste Einheit, als Keimzelle des sittlichen Staates.

Worin besteht nun der entscheidende Unterschied zwischen der Definition Kants, dem Vertragsmodell, und der Bestimmung Hegels, der sittlichen Institution? Die große humane Bestimmtheit und die humanisierende Kraft der Familie liegen darin, daß das, was die Menschen in der Familie aneinander bindet, nicht Interesse und Bedürfnis, sondern, wie Hegel sagt, Pietät ist. Er hat den Mut zu sagen: „Die unmittelbare Einheit derjenigen, die im Empfinden und Gefühl der

Liebe miteinander vereint sind." In der so verstandenen Familie wird der Mensch nicht gemessen an seinem Nutzen oder Leistungswert wie in allen Bereichen der modernen Gesellschaft, sondern er wird angenommen als er selbst und um seiner selbst willen.

Diese Sicht steht in der großen Tradition des Christentums. So hatte Thomas von Aquin, als er über dieselbe Frage nachdachte, folgenden Fall konstruiert: Ein Mann ist zum Verbrecher geworden. Er hat einen Mord begangen. Er wird von der Polizei verfolgt und seine Frau, die ihn versteckt hält, wird gefragt, wo er ist. Thomas von Aquin fragt nun: Darf und soll die Frau ihren zum Mörder gewordenen Mann ausliefern oder nicht? Die Antwort, die Thomas von Aquin gibt, lautet: Nein. Die Frau hat das Recht, ja die sittliche Pflicht, auch den zum Mörder gewordenen Mann in der Einheit des Ethos der Familie und der Verbindlichkeit, die sich daraus entwickelt hat, zu halten. Das ist abendländisches Ethos. Das ist nicht konservativ, sondern modern. Das ist die Einstellung, die allein die Zukunft der Menschheit ermöglichen kann. Wenn wir nicht zu dieser Einstellung und zu diesem Verständnis zurückfinden, ist jeder nur so viel wert wie seine Funktion, und zwar letzten Endes gemessen in D-Mark. Darüber hinaus ist er Lustobjekt und Ausbeutungsobjekt, und die Form der Subjektivität und Humanität, die auch in der modernen Welt ermöglicht wurde, verschwindet. Schwer zu verstehen ist, daß die moderne Gesellschaft nicht begriffen hat, wie sehr es von der Existenz der Familie und ihren kulturellen Formen abhängt, ob die moderne Welt auf die Frage nach dem eigenen Sinn eine Antwort geben kann. Dies stellt eine prekäre Lage für die Familie dar. Wie ich versucht habe anzudeuten, ist sie für die Reproduktion, die Erhaltung und den Bestand der Gesellschaft und Kultur von einer vitalen und entscheidenden

Bedeutung. Max Horkheimer sagt, die Kultur und die Bedeutung der Kultur für eine Gesellschaft sei die, daß die Kultur entweder „Kitt“ oder „Sprengstoff“ sei. Wir legen eine Sprengladung nach der anderen an die Existenz der Familie.

Wenn das Bild rekonstruiert wird, das augenblicklich in den öffentlichen Medien von der Familie und der sexuellen Revolution und Befreiung gezeichnet wird, dann führt das nicht zu dem in der kleinbürgerlichen Familie vermißten Glück. Dies sah kein geringerer als Freud voraus. Der Verlust der sexuellen Scham ist für Freud ein Zeichen um sich greifenden und ausbrechenden Schwachsinns. Es ist schon grotesk, daß wir gegenwärtig eine große feministische Bewegung haben, die einerseits für die Würde und die Rechte der Frau eintritt und andererseits diese scheußlichsten Formen der Entwürdigung und sexuellen Ausbeutung für kommerzielle Zwecke mehr oder weniger tatenlos hinnimmt. Da können wir noch zu Karl Marx in die Schule gehen, der sagt, das humane Niveau einer Gesellschaft werde beurteilt nach der Achtung und der Ehre, die der Frau entgegengebracht werden. Die moderne Gesellschaft ist an einem Punkt angekommen, an dem die Frau wirklich frei geworden ist.

Was versteht man unter dieser Freiheit? Die „Pille“ ist eine Kulturrevolution, deren Ausmaß wir heute wahrscheinlich noch gar nicht realisiert haben. Die moderne Arbeitswelt garantiert der Frau berufliche Erfüllung und eigene unabhängige ökonomische Existenz. In der modernen Welt sind also Bedingungen herangereift, unter denen eigentlich in der Geschichte zum ersten Mal das möglich wäre, was in der Tradition des Christentums unter Ehe und Familie als einer personalen Gemeinschaft immer gedacht, gemeint und gefordert wurde. Die äußeren Abhängigkeiten, die Zwänge ökonomischer, sozialer und sonstiger Art sind weg, und zum ersten

Mal wäre das real möglich, was Paulus sich unter der Ehe vorgestellt hat, wenn er sie als die innigste Form einer personalen Gemeinschaft bestimmt hat, in der der Mann über seine Familie und Frau wacht und sich verhält wie Christus zu seiner Gemeinde und umgekehrt. Unter den Bedingungen der Moderne wäre eine wirkliche personale Gemeinschaft möglich, in der beide Personen in ihrer Verschiedenheit und Unterschiedenheit etwas hervorbringen könnten, was mehr ist als jeder Teil für sich.

Genau zu diesem Zeitpunkt hat die Ausbeutung, die Prostitution der Frau ein so schreckliches Ausmaß in der öffentlichen Kultur angenommen wie nie zuvor. Das liegt nicht in den ökonomischen oder sonstigen Bedingtheiten, sondern daran, daß wir nicht wissen, was ein Mensch ist. Diese Tatsache berührt auch die Erziehung ganz fundamental. Bei der Begründung für die Familie geht es nicht um konservativ oder progressiv, um christlich oder unchristlich, sondern unter den Bedingungen der modernen Welt geht es um die Menschlichkeit des Menschen.

Die Familie ist nicht nur von vitaler Bedeutung für den Erhalt der Gesellschaft, sondern, wenn Hegel die Familie eine sittliche Institution nennt – das heißt der Ort an dem in der Gesellschaft die Grundlage für Sittlichkeit gelegt wird –, ist natürlich der Verlust dieser sittlichkeitsbildenden Kraft der Familie in der Gesellschaft konsequenterweise die Barbarei. Wenn nicht in der Familie in sittliche Formen und Verhältnisse eingeübt, eingelebt und erzogen wird, wo sollte denn das sonst noch in unserer Gesellschaft geschehen, nachdem wir ja auch die Idee der Erziehung für die Schule abgeschafft haben. Die Schule kann nicht kompensieren, was in der Familie ausfällt. Das heißt aber, daß die Familie eine gesellschaftliche Institution von vitaler Bedeutung ist.

Aber sie ist auch eine Gegenkraft gegen die Gesellschaft. Sie hat in der modernen Welt eine konservative Bedeutung, nämlich das an Kultur und Humanität festzuhalten, zu bewahren und einzuüben, was die moderne Gesellschaft nach ihrer Selbstdefinition nicht mehr festhalten und bewahren kann. Sie ist damit eine Institution auch der Gesellschaftskritik. Sie muß beides sein. Früher nannte man das dialektisch. Nur eine dialektische Theorie der Familie ist ihrer realen Bedeutung in der Gesellschaft angemessen. Die bürgerliche Gesellschaft und ihre Kultur sind am Ende, wenn die Familie nicht auch eine Gegenkraft gegen die Prozesse der Vergesellschaftung des Menschen darstellt.

Wenn wir die Krise der Familie und alle die Phänomene, die uns beunruhigen, auf ihren Grund hin betrachten, dann können wir sagen: Was sich gegenwärtig vollzieht, ist die totale Vergesellschaftung der Familie und aller familiären Verhältnisse und Tatbestände. Die Gesellschaft hat über die Idee der bürgerlichen Familie triumphiert. Darum fürchte ich, wird man nicht die Familie allein als den Ort der Rettung und der Heilung wiederherstellen können. Es geht nicht nur um Moral und Unmoral, es geht um geistige und psychische Gesundheit und Krankheit. Wir wissen, daß der Mensch ohne diese Verhältnisse krank wird. Die ständige Anschauung von Pornographie und Verbrechen ist nicht nur ein moralisch skandalöser Tatbestand, sondern dies macht die Menschen krank; und was sie krank macht, das macht sie unglücklich.

Ich kann daher nur hoffen, daß das, was unsere eigene kulturelle und geistige Erneuerungskraft nicht vermag, vielleicht die Geschichte selber mit ihren neuen und harten Erfahrungen den Menschen wieder beibringt und diese lernen werden, was von der Existenz der Familie abhängt, so wie 1945, nach dem folgenschwersten Zusammenbruch Deutschlands seit dem 30jährigen Krieg. Als alles zusammengebrochen, alle Autoritäten abgeschafft, jeder nur noch sich selbst ausgeliefert war, geschah ein großes Wunder: Die Familie hielt stand. Ohne diese Kraft der Familie hätte es den Wiederaufbau Deutschlands und das Wirtschaftswunder nicht geben können. Ich hoffe, wenn wir jetzt zweifellos in einen ernsteren Abschnitt der Geschichte eintreten, daß die Geschichte uns Zeit läßt und daß die Katastrophen so dosiert bleiben, daß wir die Lektionen lernen, ehe der Ernstfall eintritt. Wenn ich mein neues Buch „Der Ernstfall" genannt habe, dann nicht, weil ich nicht glaubte, daß wir vielleicht wieder 2 oder 3 % Wachstumsraten in der Belebung der Wirtschaft erzielen könnten, sondern vom Ernstfall kündet der Zustand unserer Familien. Die CDU hat, seitdem es sie gibt, die Familienpolitik zur Substanz ihrer gesamten Gesellschaftspolitik gemacht. Immer und immer wieder vor den Wahlen verkündet sie uns ihre Sorge und ihr Bemühen um die Familie. Als die Mehrheit der CDU-Fraktion im deutschen Bundestag jedoch der Abtreibung bis zum dritten Monat zuzustimmen schien, war damit dieser Einsatz für die Familie durch diese Partei völlig unglaubwürdig geworden. Eine christliche Partei, die geneigt ist, durch ihre Abgeordneten im Bundestag dem zuzustimmen, ist weder christlich noch lebensfreundlich oder lebensbejahend, sondern verbündet sich mit den destruktiven Kräften unserer Gesellschaft.

Zum Schluß sollten wir uns aber vergegenwärtigen – bei allem, was zuvor zum Nutzen und zum Ruhme der bürgerlichen Familie gesagt wurde –, daß diese auch ihre Schattenseiten hat. Man darf sie nicht idyllisieren, man darf sie nicht verklären. Auch sie hat ihre finsteren Seiten. Daß es in ihr Erfahrungen höllenartigen Charakters geben kann, sollten wir keinen Augenblick vergessen. Wir sollten uns ebenfalls daran erinnern: Wenn jemand in unserer Kultur nur die Familie retten will, rettet er auch die Familie nicht. Denn gehen wir auf das Neue Testament zurück, dann heißt es: Nur der, der Vater und Mutter verläßt, kann mein Jünger sein. Das heißt, die Familie kann auch zu einer Fessel werden. Die Verbrechen des 20. Jahrhunderts wären ohne die Fesselung des Familienvaters und seiner Fixierung auf die Familie wahrscheinlich nicht möglich gewesen. Wenn ich katholisch wäre, würde ich der katholischen Kirche den Rat geben, das Zölibat nicht immer mit dem Argument zu verteidigen, daß die Zölibatäre einer höheren Lust als die Verheirateten teilhaftig würden, sondern daß es einen Stand gibt, der ausgegrenzt ist, etwas Höheres als kleinbürgerliches Familienglück zu verwirklichen. Auch dies ist unverzichtbar für unsere christliche Kultur.

Zur Gefährdung unserer Demokratie – Die fehlende geistige Wende

Ehe wir uns dem ersten Teil dieses Themas zuwenden, der Gefährdung unserer Demokratie, gestatten Sie mir einige Vorbemerkungen zur Demokratie und was ihre geschichtlich manifest gewordenen Gefährdungen ausgemacht hat und ausmachen kann. Zunächst stehen wir vor dem schwierigen Problem zu sagen, was Demokratie ist und was Demokratie bedeutet. Wenn wir die letzte Frage aufnehmen, was Demokratie bedeutet, so gibt es ein reiches Spektrum von großen faszinierenden Verheißungsgehalten, die mit dem Begriff der Demokratie verbunden sind. Wenn wir aber die tatsächliche geschichtliche Rolle der Demokratie in den Blick nehmen, dann ist es die politische Gestalt, in der sich ein Volk sein eigenes Schicksal bereitet. Demokratie ist damit die verantwortungsvollste, aber auch die schwerste politische Regierungsform, die es überhaupt gibt.

Auch wenn ein Verfallsprozeß in der Demokratie eingesetzt haben sollte, kann sich keiner in ihr von der Verantwortung freisprechen, die er für das Schicksal hat, das dieses Volk unter der Demokratie erleidet. Insofern ist die ständig gebrauchte Rede von der Politikverdrossenheit, von der Abwendung der Bürger von ihren Parteien und Politikern kein Entschuldigungsgrund. Jeder, der den Zustand der Demokratie beklagt, muß sich zuerst an die eigene Brust schlagen, denn er trägt selbst mit dafür die Verantwortung. Wenn wir irgend etwas anderes unter Demokratie verstehen, dann reden wir von der Demokratie als Ideologie, aber nicht von der Demokratie als einer historischen Erfahrung und Wirklichkeit. Die zweite Schwierigkeit ist die Frage, was denn eigentlich Demokratie ist? So, wie die Dinge sich entwickelt haben, ist es zunächst entscheidend, diese Frage anders zu stellen: Wer interpretiert, was Demokratie ist, und welche Konsequenzen fordert die Demokratie? Das ist die entscheidende Frage, denn es gibt keinen einheitlichen, in sich kohärenten Begriff von Demokratie, sondern dies ist eine Frage der Interpretation. Damit gehört zur Demokratie auch immer der geistige Kampf um die Frage, was Demokratie eigentlich ist. Die Konservativen, die sich heute in einer extremen rechten Ecke in dieser Republik wiederfinden, sind auch dahin geraten, weil sie diesen geistigen Kampf um den Begriff und das Wesen von Demokratie eben nicht erfolgreich mitgestaltet, sondern anderen geistigen und ideologischen Kräften überlassen haben.

Die ganze Spannbreite der möglichen vielfältigen Interpretationen schwankt zum einen zwischen der Demokratie als einem religiösen Verheißungsbegriff, als einer Art Erfüllungszustand der politischen Utopie, in der die Menschen sich ohne jede Form von politischer Herrschaft und Fremdbestimmung als eigenbestimmte Wesen vorfinden sollen. So steht beispielsweise in dem Programm des demokratischen Sozialismus keine andere Auffassung als die, daß die Demokratie keine stabile beständige Verfassung und Ordnung ist, sondern daß die Demokratie ein Prozeß ist, der prinzipiell ins Unendliche drängt und in dem man sich in unendlich vielen Schritten dem Ende jeder Gestalt von politischer Herrschaft oder Fremdbestimmung annähert – so wie es Willy Brandt gesagt hat, wenn er auch nicht gesagt hat, daß wir ihn erreichen und verwirklichen können.

Die andere Grenze möglichen Politikverständnisses der Demokratie ist die, die unter Demokratie Herrschaft versteht.

Dies ist ein fundamentaler Gegensatz innerhalb des Begriffs der Demokratie selbst, ob man darunter einen ins Unendliche tendierenden Prozeß oder eine bestimmte politische Ordnungs- und Herrschaftsform versteht. Wenn ich unter Demokratie Herrschaft verstehe, dann bedeutet das, daß es eine befristete Herrschaft ist und daß diese Herrschaft nur auf Grund mehrheitlicher Zustimmung und auf Zeit besteht. Während dieser Zeit muß es eine möglichst schlagkräftige politische Opposition geben, die zu dem Programm der jeweilig herrschenden Parteien ein alternatives Programm vorlegt. Die Bürger müssen nach jeweils vier Jahren oder nach der jeweiligen Begrenzung der Legislaturperiode die Entscheidung fällen können, ob sie mit der Art, wie die Herrschaft von den regierenden Parteien ausgeübt wurde, einverstanden waren, ob sie ihr zustimmen oder ob sie die bestehende Opposition als Alternative wollen. Das sind die ganz elementaren Regeln und Grundsätze, die es uns erlauben, von Demokratie als einer eigenen Gestalt politischer Herrschaft und Ordnung zu sprechen.

Die Demokratie ist nicht nur die anspruchsvollste, sondern auch die seltenste Form politischer Ordnung, die es in der Weltgeschichte der Menschheit gibt. Von den gegenwärtig in der UNO vertretenen Staaten sind es vermutlich nicht mehr als zehn Prozent, denen man selbst bei einiger Großzügigkeit zubilligen kann, Demokratien zu sein. Auf Grund der nur selten anzutreffenden Bedingungen und Voraussetzungen ist die Demokratie in ungefährdeter Form überhaupt nicht vorstellbar, sondern das Moment der Gefährdung und Bedrohtheit gehört geschichtlich geurteilt zum Phänomen der Demokratie dazu.

Bevor wir uns unserem Thema im engeren Sinne zuwenden, müssen wir noch die Frage stellen, welche Arten von Bedrohung die Demokratie denn erfahren und welcher sie auch erliegen kann. Hier sind wir dann nicht nur beim Thema der politischen Philosophie, sondern am Anfang der Philosophie überhaupt, denn die politische Philosophie unserer abendländischen Kultur verdankt sich ja der Auseinandersetzung und Herausforderung mit einer Krisenlage der Demokratie, also mit ihrer Bedrohung und Gefährdung, wie sie zur Zeit des Sokrates und Platon vorlag. Die zentrale Aussage Platons auf die Frage, was denn die Demokratie gefährdet und was ihre Grenzen seien, lautet, daß die Demokratie sich durch sich selbst gefährdet. Bis zum heutigen Tag können wir feststellen, daß eine Demokratie in erster Linie an und durch sich selbst zugrundegeht. Platon hat gesehen, daß die tiefste Quelle der Gefährdung der Demokratie verbunden ist mit dem, was die Demokratie für ihr höchstes Gut hält: die Freiheit. Das Bestehen oder Vergehen der Demokratie – und daran hat sich bis zum heutigen Tag nichts geändert – hängt davon ab, wie die Demokratie Freiheit versteht. Der Kampf um das Verständnis und den Begriff von Freiheit ist die eigentliche Überlebensfrage der Demokratie. Wie Platon sagt, geht Demokratie an sich selbst und an ihrem Begriff von Freiheit zugrunde, wenn sie die Freiheit falsch versteht. Ein falscher Begriff und ein daraus folgender falscher Gebrauch von Freiheit ist es, was die Demokratie zerstört. Der Begriff von Freiheit wird dann demokratiezerstörerisch – und das steht bereits bei Platon vor 2500 Jahren –, wenn die Freiheit gleichgesetzt wird mit Willkür und Beliebigkeit. Wenn Freiheit Willkür und Beliebigkeit bedeutet, dann hat die Freiheit keinen Maßstab, und als die maßlos gewordene Freiheit ist sie mit keiner denkbaren Verfaßtheit des Staates oder des einzelnen vereinbar. Dieser Mißbrauch der Freiheit führt dann zur anarchischen Auflösung jeder Ordnung, und die anarchische

Auflösung der Ordnung läßt dann den Ruf nach dem Rettenden laut werden. Was dann aus der anarchischen Auflösung der Gesellschaft allein noch als das Rettende empfunden wird und aus ihr selbst hervorgeht, nennt Platon eine Tyrannei. Die Tyrannei ist nicht von außen wie ein Blitz aus heiterem Himmel über die Demokratie hereingebrochen, sondern sie produziert sich selbst in der Form des anarchischen Mißbrauches der Freiheit, weil auf Dauer kein Staat, keine Gesellschaft und keine politische Ordnung unter den Bedingungen der Anarchie bestehen kann. Die Tyrannei, die aus der anarchischen Auflösung hervorgeht, stimmt natürlich bei uns den Ruf nach dem starken Mann an. Wenn Sie eine Umfrage in der jungen Generation Deutschlands durchführen, werden Sie feststellen, daß in diesem Teil der Gesellschaft der Ruf und die Sehnsucht nach dem starken Mann übermächtig wird, der endlich wieder, wie die Jugend sich ausdrückt, „in den Sauladen Ordnung bringt". Das ist sozusagen eine der ewigen konstitutionellen Bedrohungen der Demokratie aus und durch sich selbst. Ein zweiter großer Augenblick ist natürlich das Demokratieverständnis, das der Französischen Revolution zugrunde liegt. Die Demokratie, die – wenn auch wohl nicht recht verstanden – dem ersten großen Ereignis zugrunde lag, führte zu der Erkenntnis, daß sie, ohne abgeschafft zu werden, auch aus sich selbst heraus die Gestalt totalitärer Herrschaft und damit auch die Ausübung von Herrschaft und Terror annehmen kann. Dieser Erfahrung liegt die Theorie eines der größten Radikaltheoretiker der modernen Welt, nämlich Rousseaus, zugrunde.

Rousseau ist der erste, der den Begriff Demokratie wirklich ernst nimmt. Denn was heißt Demokratie? Demokratie heißt wörtlich übersetzt Herrschaft des Volkes. Demokratie wäre dann in Wahrheit der Zustand, in der das Volk selbst möglichst unmittelbar über sich herrschen und regieren würde. Das große Problem ist dann: Wie kann ich eine politische Herrschaft einrichten, in der man diesem Zustand, daß das Volk über sich selbst bestimmt und herrscht, mindestens nahekommt?

Wir haben heute Rousseau vergessen und damit auch die im Demokratieverständnis steckende Verheißung des Begriffes Volk. Heute haben wir in Deutschland Theoretiker, die der CDU angehören und die dafür plädieren, daß der Begriff Volk aus der Deutschen Verfassung entfernt wird. Es ist völlig klar, daß die multikulturelle Gesellschaft nicht blühen kann, wenn nicht der ethnisch und völkisch durch Abstammungsgemeinschaft definierte Begriff Volk entfernt wird. Dabei stellt sich die Frage: Was ist das deutsche Volk? Wo gibt es überhaupt noch ein Volk? Wer verdient es, als ein solches angesprochen und genannt zu werden? Manche meinen, daß der Begriff Volk, der an und für sich zur republikanischen Verfassung dazugehört, als Fremdkörper aus der deutschen Verfassung ausscheiden müsse. Nur, der Begriff Volk ist der Traditionsbegriff der Französischen Revolution und ist das grundlegende Erbe demokratischer und radikaldemokratischer Traditionen, denen wir es zu verdanken haben, daß das politische Subjekt einer politischen Ordnung und Verfassung das Volk genannt wird. Wenn also die Demokratie herrschen soll, muß – nach Rousseau – der Allgemeinwille herrschen. Was die Herrschenden politisch zu verwirklichen und zu vollstrecken haben, darf nicht der Wille eines Teils des Volkes oder der Gesellschaft sein, sondern demokratisch legitimiert ist der politische Wille nur dann, wenn er Ausdruck des Allgemeinwillens des Volkes ist. Vor kurzem hat ein Symposium in Berlin stattgefunden, auf dem der Ruf erschallt ist, wir bräuchten eine mehr am Allgemeinwohl und am Allgemeinsinn orientierte Politik. Das heißt, im Demokratiebegriff von Rousseau steckt der Begriff des Allgemeinen, der Wille muß der allgemeine sein. Das ist eine der großen Existenzfragen, von der das Überleben auch unserer Demokratie abhängen wird, ob das, was im Interesse des Gemeinwohls liegt, in unserer Demokratie noch eine Chance hat, sich erfolgreich gegenüber dem partikularen Willen von Gruppen und einzelnen zu behaupten und durchzusetzen. Das ist überhaupt die entscheidende Kern- und Überlebensfrage unserer pluralistischen Demokratie, ob das Allgemeine noch eine Chance hat, politisch erkannt und verwirklicht zu werden. Rousseau hat darüber nachgedacht, wie der Allgemeinwille zu ermitteln ist: natürlich durch Wahlen. Aber wieso ist das zusammenaddierte Ergebnis von den bei den Wahlen abgegebenen Stimmen auch bereits identisch mit der Ermittlung des Allgemeinwillens? Denn de facto wird ja regiert auf Grund von Mehrheit. Wir können sagen, daß das, was Rousseau gedacht hat, sich auf die Bestimmung demokratisch legitimierter Mehrheiten reduziert. Dieses Prinzip haben wir heute in allen Zusammenhängen und Bereichen durchgesetzt. Es wird abgestimmt, es werden die Hände gehoben, es wird gezählt, und wenn 51 % für eine Position zustande gekommen sind, ist dies die demokratisch legitimierte Position. Das Volk besteht aber nicht nur aus 51 %, sondern aus 100 %; wenn wir daher den Allgemeinwillen und seine Ermittlung nur arithmetisch verstehen, kann Demokratie in der Realität bedeuten und bedeutet es auch häufig: die Ausübung einer tyrannischen Diktatur der 51 % über 49 %. Das ist ein existentielles Problem unserer Demokratie, wenn es bei der Wahl um große Wenden geht. Was wird aus denen, die vielleicht gegen eine Mehrheit von ein paar hundert Stimmen um die Chancen gebracht werden, an der Regierung beteiligt zu werden? Am Beginn der sozial-liberalen Koalition waren beispielsweise alle, die dann nicht zur Mehrheit gehörten, einem tief in die Kulturverhältnisse eingreifenden Prozeß unterworfen, der von so tiefgreifender Art war und der zu solch unrevidierbaren Ergebnissen führte, daß auch eine Rückkehr der bei dieser Wahl Überstimmten an die Macht nichts mehr hätte ändern können. Das war die Situation, als vor zwölf Jahren diese Koalition abgelöst wurde. In den Jahren der sozial-liberalen Koalition waren unumkehrbare Entwicklungen eingeleitet und nicht nur politische und ökonomische, sondern auch soziale und kulturelle Tatsachen geschaffen worden, von denen sich herausstellte, daß diese Regierung, die mit dem Versprechen einer geistigen Wende angetreten war, vor diesem Erbe der sozial-liberalen Koalition kapituliert hat. Was man ihr vorwerfen muß, ist, daß sie nicht einmal den ernsthaften Versuch gemacht hat, das einzulösen, was sie als sogenannte geistige Wende versprochen hatte.

Wie kann eine Demokratie der durch die reine Arithmetik des Mehrheitsbegriffes verbundenen Gefahr entgehen, selbst zu einer Art Diktatur der Mehrheit der 51 % über die 49 % zu werden? Wenn die 49 % diesen so zustande gekommenen politischen Willen der 51 % innerlich als nicht legitim anerkennen können, dann ist jede Demokratie an einem solchen Punkt in der Gefahr, in einen latenten Bürgerkrieg auszubrechen. Das heißt, eine latente bürgerkriegsähnliche oder mit dem Bürgerkrieg vergleichbare Lage tritt dann ein, wenn die, die verloren haben, den Sieg der anderen nicht als demokratisch legitim anerkennen können.

Heute spricht die Präsidentschaftskandidatin Frau Hamm-Brücher im Blick auf die Bundesrepuplik Deutschland davon, daß der Schatten Weimars über dieser Republik immer größer wird. Das ist ja auch das grundlegend Neue, daß wir seit einigen Jahren im Blick auf die der Demokratie drohenden Gefahren den Zusammenhang mit Weimar herstellen. Was bedeutet Weimar? In Weimar hatte sich die Demokratie aufgelöst, nachdem sich die Gesellschaft in zwei einander tödlich bekämpfenden Bürgerkriegslagern gegenüberstand. Nun wird man heute sagen, daß wir zum gegenwärtigen Zeitpunkt von einem solchen Zustand noch weit entfernt sind, aber manchmal gehen die Entwicklungen viel schneller und dramatischer, als man sich denkt. Beispielsweise gibt es zwischen denen, die rufen: „Deutschland zuerst", und denen, die sagen: „Nie wieder Deutschland" keine Gemeinsamkeit. Wir dürfen nicht vergessen, daß der Fall der Mauer mit einem großen Propagandamarsch von zehntausend Linken durch Frankfurt beantwortet wurde mit dem Ruf: „Nie wieder Deutschland". Zwischen dem Ruf „Deutschland zuerst" und „Nie wieder Deutschland" kann es keinen demokratischen Kompromiß geben. Ich will damit nicht fordern, daß es diesen Kompromiß nicht geben soll, aber wenn es dabei bleibt und wenn dies die Fronten und die Alternativen sind, dann sind diese beiden Formen des politischen Willens nicht mehr demokratisch kompromißfähig. Was heute an den Rändern der äußersten Rechten und Linken aufbricht, ist nichts anderes als ein flackernder Vorschein dieser Art des Bürgerkrieges. Wenn wir dies einmal konkret zur Kenntnis nehmen, so sind die Republikaner eine vom Bundesverfassungsgericht nicht verbotene Partei. Von all denen, die gegen die Republikaner sind und die in der Existenz dieser Partei eine extreme Gefährdung unserer Demokratie sehen, geht keiner zum Bundesverfassungsgericht. Dies ist erstaunlich, denn wir haben ja ein Bundesverfassungsgericht für den Fall, daß ein verantwortlicher Politiker erkennt, daß es in Deutschland eine verfassungsfeindliche Partei gibt, die auf die Zerstörung und den Umsturz der Verfassung hinarbeitet. Dieser ist dann verpflichtet, zum Bundesverfassungsgericht zu gehen und die Feststellung der Verfassungsfeindlichkeit zu verlangen. Merkwürdigerweise macht das aber keiner. Darüber sollten wir einmal nachdenken. Es wird nun gesagt, eine Partei, die nicht verboten ist, wird besser erkannt und kann daher besser bekämpft werden. Dann müssen aber die Formen des Kampfes auch den Regeln unterliegen, die die Verfassung für die Auseinandersetzung von nicht als verfassungsfeindlich erklärten Parteien vorgesehen hat. Die Linken haben vor fünfzehn oder zwanzig Jahren mit dem linken Terror begonnen, und jetzt geht die Saat auf, die sie gesät haben. Vielleicht bekommen wir morgen einen rechten Terror, und dann wird es in dieser Auseinandersetzung genauso gehen. Wenn also das Zusammentreffen jeder noch so harmlosen Gruppierung nationaler oder nationalkonservativer Kräfte als eine demokratie- und verfassungsfeindliche Angelegenheit mit zum Teil terroristischen Mitteln bekämpft wird, dann ist das nichts anderes als der Beginn eines Bürgerkrieges, der sich aus diesen Anfängen entwickeln kann und dem schon einmal die Demokratie in Deutschland in den zwanziger Jahren zum Opfer gefallen ist.

Deshalb geht es hier um die entscheidende Frage: „Gibt es nicht Bedingungen, die der politischen Ordnung zugrunde liegen müssen, damit die überstimmte Minderheit der sie überstimmenden Mehrheit innerlich zustimmen kann?“ Hier ist es wichtig, an Rousseau zu erinnern. Er ist der Meinung gewesen, daß die Bedingung, die auch die Herrschaft eines nur mehrheitlichen Willens legitimiert, die kulturelle Homogenität ist. Es muß für die Bürger einer Demokratie etwas geben, was ihnen gemeinsam ist, was ihnen mehr bedeutet als alle Differenzen im politischen Wollen und was die gemeinsam ihr Leben Teilenden erst zu einer Einheit macht, die es ihnen ermöglicht, auch die Unterschiede und Differenzen auszutragen. Die tiefe aktuelle Bedeutung der Erkenntnis von Rousseau besteht darin, daß er sagt, dies seien die gemeinsam geteilten Lebensformen, und der Inbegriff der gemeinsam geteilten Lebensform sei nichts anderes als die nationale Kultur; das heißt also, die Voraussetzung und die Bedingung der nach demokratischen Spielregeln zustande gekommenen Willensbildung ist die Nationalkultur, und das hat mit Faschismus überhaupt nichts zu tun. Dies ist der Ursprung der modernen, aus der Französischen Revolution hervorgegangenen Demokratie, es ist bestes demokratisches Erbe. Es ist eine der schrecklichen Erfahrungen der Gegenwart, daß wir alles in einen Topf werfen und alles, was nicht links und linksliberal ist, wird heute als präfaschistisch oder faschistisch und damit als demokratiefeindlich bekämpft. Diejenigen, die das auf die Spitze treiben, sind nicht die Linken, sondern Leute wie Herr Pflüger, den gerade Herr Wulff noch als einen besonders nacheifernswerten Vordenker für seine Partei herausgestellt hat.

Ob in einer multikulturell organisierten Gesellschaft Demokratie überleben wird, werden wir erst erfahren, wenn es zu spät ist. Was multikulturelle Gesellschaft auch bedeuten kann, erlebt man, wenn die Kurden ihren Krieg gegen die Türkei in Deutschland auf deutschen Straßen austragen und der Innenminister erklärt, daß er zwar gerne möchte, daß sie abgeschoben würden, aber ob das tatsächlich möglich sei, müsse man erst feststellen. Dies ist eine ernsthafte Angelegenheit. Einerseits kann es sein, daß es den abgeschobenen Kurden in der Türkei übel ergeht und wir auch nicht nachkontrollieren können, ob sich die Türkei ihnen gegenüber nach völker- und menschenrechtlichen Grundsätzen verhält. Andererseits können wir uns hier aber auch nicht primär um die

Kurden, die hier Terror ausüben, Sorgen machen, solange gleichzeitig deutsche Polizisten mit Benzin übergossen und angezündet werden. Auch noch so humanitär gemeinte Beschwörungen helfen in diesem Konflikt überhaupt nichts. Wir können aber dabei lernen, daß multikulturelle Gesellschaft auch Krieg, Kampf und Terror der einen gegen die anderen bedeuten kann, und daher können wir den Kurden geradezu dankbar sein, daß sie uns dies vielleicht gerade noch rechtzeitig in Erinnerung gerufen haben. Das ist vielleicht die größte Gefährdung unserer Demokratie.

Die geistige Wende wollte und sollte eigentlich eine Antwort darauf sein, daß die tiefste Dimension aller demokratiedestabilisierenden Prozesse seit mehr als 20 Jahren ihren Grund hat in der Auflösung einer gemeinsam geteilten kulturellen Lebensform. Die Zerstörung der kulturellen Grundlage und der kulturellen Gemeinsamkeit ist das eigentlich Bedrohliche am Zustand unserer Demokratie. Mit allem anderen könnten und würden wir fertig werden, aber wenn die Erosion der kulturellen Gemeinsamkeit und Grundlage – auch unserer Verfassung – so weitergeht, wird es zwar zu keinem zweiten Weimar kommen, aber es wird einen Verfaulungsprozeß unserer Demokratie geben, der für sie in den Folgen genauso gefährlich werden kann wie das, was 1933 in Weimar passiert ist.

Wir dürften eigentlich nicht von der Gefährdung der Demokratie, sondern wir müßten von der Gefährdung unserer Verfassung reden. Denn die Demokratie ist unendlich interpretationsfähig und -bedürftig, aber was Verfassung ist, das kann man nachlesen in dem Dokument, in dem sie zu Papier gebracht worden ist. Wenn ich mir nun ansehe, von welchem Ort unserer Gesellschaft die verfassungbedrohenden Wirkungen ausgehen, dann ist es nicht der Ort, an dem die antifaschistische Volksfront heute den Feind vermutet. Nehmen Sie zum Beispiel – und dies ist ein fundamentaler Eingriff in die kulturellen Voraussetzungen und Grundlagen unserer Verfassung – die Diskussion, die wir um die sogenannte Abtreibung führen. Daß unter dieser Verfassung Millionen von ungeborenen Kindern zerstückelt wurden und in der Mülltonne gelandet sind, sagt keiner. Auch kein Politiker der CDU wagt, dies mehr zu sagen. Daß wir es verschweigen, schafft aber nicht die Tatsache aus der Welt, daß dies unter dieser Verfassung geschieht; der Verfassung, die die großartigste ist, die wir uns als demokratische Verfassung überhaupt vorstellen können, die der Würde als dem höchsten Staatszweck gewidmet ist, die die Bürger auf die Einhaltung des Sittengesetzes verpflichtet und die die Väter der Verfassung vor Gott gegeben haben. Was wir erleben, sind Proteste gegen die armen Schweine, und es ist eine Barbarei, wie diese netten Tiere, die uns morphologisch so ähnlich sind, behandelt werden; dort gehen sie auf die Straße, aber die Millionen ungeborener Kinder sind nichts, was unsere politische Klasse, von wenigen Abgeordneten abgesehen – vielleicht vierzig oder fünfzig aus der CDU/CSU-Bundestagsfraktion –, noch aufzuregen scheint.

Damit stehen wir vor der fundamentalen Frage, was Recht ist? Unsere Demokratie soll nach der Verfassung ein Rechtsstaat sein. Da stehen wir nun vor der Frage – und das meine ich mit der Erinnerung an unsere kulturellen Grundlagen und Voraussetzungen: „Woraus leben die Idee des Rechtes und die sittliche Verpflichtung, dem Recht zu folgen und dem Recht auch seinen eigenen Willen zu unterwerfen, wenn er dem Recht widerstreben sollte?" Hier wäre eine große Debatte mit den Erfahrungen der Totalitarismen des 20. Jahrhunderts am Platze. Wir müssen heute aber feststellen, daß das 20. Jahrhundert keine neue Quelle zum Sprudeln hat bringen können, woraus ein neues Rechtsbewußtsein hätte hervorgehen können, sondern daß mit der Abschaffung unserer Kultur und mit der fortschreitenden Entchristlichung unseres Volkes das Recht und der Rechtsgehorsam immer mehr seinen einsehbaren und verpflichtenden Sinn verliert. Wir haben heute astronomische Zahlen bei der Kriminalität mit steigender Tendenz. Wir haben eine sich ausbreitende latente Gewaltbereitschaft, die man in den öffentlichen Medien fast jeden Tag propagiert; aber jede Klage über die sich ausbreitende Gewaltbereitschaft ist ja Heuchelei, wenn man ständig die Gewalt- und Pornographieverherrlichung in unseren Medien sieht. Mit der Auflösung der Kultur und dem gemeinsam geteilten Kulturverständnis wird auch die Sittlichkeit aus unserem öffentlichen Leben als ein verpflichtender Imperativ für die Politik entfernt. Der tiefste Kern aller totalitären Herrschaftsformen ist ihr Wille, die Sittlichkeit zu vernichten, und das haben sie auch getan.

Wir hören fast jeden Tag von dem, was aus 1933 alles geworden oder hervorgegangen ist. Auch der Bundespräsident hat gesagt, das deutsche Verhängnis begann 1933. Von all denen, die nach 1933 ihr Leben verloren haben, getötet, ermordet oder vergast worden sind, werden wir damit keinen wieder zum Leben erwecken können. Aber was wir an Weimar lernen können, ist die Antwort auf die Frage, woran eine Demokratie zugrunde gehen kann und was die wahren Ursachen und Bedingungen des Untergangs der Weimarer Republik gewesen sind. Haben wir aus Weimar etwas gelernt? Das Ergebnis wäre trübe gewesen, denn sonst könnte heute nicht die Bedrohung unserer Demokratie im Lichte einer möglichen Wiederholung von Weimar erscheinen. Das muß doch den Gedanken nahe legen, daß wir etwas falsch gemacht haben. Diese Art von Vergangenheitsbewältigung, die zur

Wiederkehr dessen führen könnte, was man verhindern wollte, kann wohl nicht ganz die richtige gewesen sein. Was ist das, was unsere Demokratie von innen her bedroht und uns an eine solche Wiederkehr in anderer Form und in anderer Gestalt denken läßt? Nehmen wir den ersten und fundamentalen Punkt heraus, nämlich den, daß unsere repräsentative Demokratie nur solange stark ist, wie sie in der Lage ist, die wichtigsten Positionen der Gesellschaft in angemessener Weise zu repräsentieren. Das ist quasi die „conditio sine qua non" für die Stärke der repräsentativen Demokratie. In dem Maß aber, in dem sich immer größer und stärker werdende Gruppen auch zahlenmäßig nicht mehr in dieser parlamentarischen Demokratie repräsentiert sehen oder einer Politik begegnen, mit der sie nicht übereinstimmen können, oder einer Sprache der politischen Klasse, die sie nicht teilen oder nicht verstehen können, unterliegt die repräsentative Demokratie der Untergrabung ihrer eigenen Stabilität. Wenn also rund dreißig Prozent der Wahlberechtigten in den letzten Jahren nicht mehr zu den Wahlen gegangen sind und sich zehn bis fünfzehn Prozent oder noch mehr in den als legitim anerkannten Parteien nicht wiederfinden und sich mit ihnen nicht identifizieren können, dann bricht eine Kluft auf zwischen der politischen Kaste, die die Macht hat, und dem Volk, dem sie nach demokratischen Regeln zur Verwirklichung seines Willens verhelfen soll. Die tiefste Krise unserer Demokratie ist, daß sich die Politik in ihrer organisierten Form so automatisiert und verselbständigt hat und eine eigene Sprache spricht, die das Volk nicht mehr versteht und teilt.

Zum ersten Mal nach 1945 gibt es intelligente und verantwortungsvolle Menschen in diesem Lande, die sagen, daß die politischen Klassen eine Politik betreiben, die gegen die Interessen des eigenen Volkes gerichtet sind. Wenn das ein sich verdichtender Eindruck ist – und in der Demokratie genügen Eindrücke, denn es geht in der Demokratie nicht um die Wahrheit, sondern um Meinungen, die man von dem hat, was man für wahr hält –, dann ist diese Demokratie potentiell am Ende.

Warum sammeln sich die Menschen an der Basis? Warum koppeln sie sich immer mehr von den Machtapparaten ab? Ein feiner Seismograph ist der ehemalige Bundespräsident Richard von Weizsäcker, der oftmals empfahl, plebiszitäre Elemente in die Verfassung einzubauen, das heißt, die Basisdemokratie – eine Erfindung der linken Kulturrevolution – zu fördern. Damit stehlen sich die Politiker aber zu schnell aus der Verantwortung, denn plebiszitäre Elemente und Basisdemokratie bedeuten, daß die Politiker beginnen, ihre Verantwortung an die Basis zurückzugeben. Wenn das Volk dann die schweren Entscheidungen trifft, sind natürlich die Politiker aus dem Schneider und brauchen keine Verantwortung mehr zu tragen. Ich war bisher immer ein Gegner der plebiszitären Demokratie, denn wir haben in Weimar damit die verheerendsten Erfahrungen gemacht. Seitdem aber diese politischen Parteien den Maastricht-Vertrag konsequent und unbeirrt realisieren können, ohne dem Volk die Gelegenheit zu geben, seine Meinung dazu zu sagen, und es zu fragen, ob es das überhaupt will, seitdem muß man eigentlich zwangsläufig für eine solche plebiszitäre Demokratie sein. Denn es gibt Entscheidungen, die so tief in das Leben jedes einzelnen und in das Selbstverständnis einer ganzen Nation eingreifen, daß dies nicht einfach von einer Mehrheitsabstimmung im Bundestag abhängen kann. Wenn es letztlich um die Zukunft und den Grad der Souveränität geht, den die Deutschen im eigenen Haus noch behalten sollen – denn darum geht es ja bei Maastricht –, dann müssen in einer Demokratie die Bürger das selbst entscheiden. Das ist eines der Urrechte der Demokratie. Wenn solche schicksalhaften Fragen vom Volke nicht mitentschieden werden sollen, verliert der Begriff Demokratie fast jeden Sinn.

Dies ist kein Plädoyer gegen oder für Europa, es steht aber fest, daß diese Politik tiefer als alle anderen Politiken seit 1945 in das Leben des deutschen Volkes eingreifen wird. Wenn die Deutsche Mark durch ECU ersetzt sein wird, wird man in unseren Zeiten fragen, was die Souveränität eines Staates noch wert ist, der keine Souveränität mehr über die eigene Währung hat. Was ist dann noch Souveränität? Aber solche Fragen muß das Volk entscheiden. Wenn das nicht geschieht, könnte sich dieses ganze Europa morgen als ein großer Flop herausstellen. Es war doch kein geringerer als Günter Grass, der der Meinung war, daß Deutschland als Wiedergutmachung wegen Auschwitz ewig geteilt bleiben müsse. Dieser gleiche Günter Grass sagt heute, daß ohne einen aufgeklärten und modernen Patriotismus die Deutschen eine Gefahr für Europa sein würden. Sie werden ein unberechenbares und unkalkulierbares Element sein, das heißt, daß es ohne ein in seinem nationalen Verständnis gefestigtes Deutschland Europa nicht geben wird. Da können die Linken und Liberalen in der CDU jeden Abend auf dem Bildschirm erscheinen und uns das Gegenteil sagen. Dies wird nichts an dieser Erkenntnis ändern, zu der Günter Grass heute gefunden hat und die er so formuliert hat, daß wir um willen Europas diese Handlungsfähigkeit und Verläßlichkeit brauchen, die es ohne eine eigene Identität nicht geben kann.

Alles, was ich jetzt angesprochen habe, sind Entwicklungen, die im Prinzip alle schon vor zwölf Jahren vorhanden waren, als solche erkannt und analysiert wurden, zum Teil auch mit dem gleichen Ergebnis. Damals war die Forderung nach einer geistigen Wende. Dies sollte die Antwort der CDU/CSU im Falle ihrer Rückkehr an die Macht auf diese Situation sein. Heute stellen sich die Probleme radikalisiert und verschärft dar. Was vor zwölf Jahren eine Art Redewendung des Überbaus war, ist heute zu einem Imperativ der Selbsterhaltung geworden. Geistige Wende ist nicht das, was jenseits der Probleme liegt, sondern geistige Wende ist die Bedingung der Lösbarkeit der wichtigsten Überlebensimperative unserer Republik. Wir werden mit den Herausforderungen der Strukturkrise der deutschen Einheit und vielen anderen säkularen Problemen nicht fertig, wenn wir nicht durch eine geistige Erneuerung den Geist in dieses Volk und in diese Menschheit wieder zurückholen und zurückerkämpfen, ohne den es eben keine Lösung geben kann. Denn das Gesamtbewußtsein, das wir gegenwärtig in der Gesellschaft haben, ist der ohnmächtige illusionäre Wille, die Verhältnisse von gestern gegen die Zukunft zu verteidigen. Die Geschichte ist immer mächtiger als ein ohnmächtiger, an Überkommenem festhaltender Wille. Wir müssen in dieser Beziehung fast revolutionär werden, das heißt, wir müssen wieder bereit sein, Opfer zu bringen, Risiken zu übernehmen, Verantwortung zu tragen und auch Verantwortung zuzumessen und zuzuteilen. Dies bedeutet nichts anderes als eine innere Neugestaltung unserer Republik. Es ist fast ironisch zu sagen, aber man kann sich kaum vorstellen, wie die Bedingungen erreichbar wären, ohne das, was man mit Fug und Recht eine Art konservative Kulturrevolution nennen kann. Denn all die Kräfte, die jetzt benötigt werden – und das liegt in der Natur der Sache –, sind konservative Tugenden. Was wollen sie dem liberalen Zerfall der Gesellschaft denn anderes entgegensetzen als die Kraft eines erneuerten, eines auch um seine Irrtümer und Fehler wissenden Konservativismus? Denn es gibt keine progressive

Revolution mehr. Gestern konnten wir noch sagen, die Konservativen sind die, die das bewahren, was die Sozialisten ihnen noch zum Bewahren übriglassen. Dagegen gibt es heute kein operatives Modell des Sozialismus mehr, nach dem man die Probleme in Rußland oder auch die in Deutschland lösen kann. Gibt es aber den progressiven Sozialismus nicht mehr, dann muß sich auch der Konservativismus auf eine ganz neue Lage hin neu verstehen, auslegen und organisieren. Im Oktober 1994 wurde in Deutschland gewählt, und viele glaubten, daß das die große Entscheidungsschlacht über die Zukunft Deutschlands wäre. Ich glaubte dagegen, daß alle zum damaligen Zeitpunkt vorstellbaren Lösungen im Prinzip eine geschwächte Regierung zur Folge haben würden und sich einer Lage gegenübersähen, in der sich die Probleme weiter verschärfen würden. Die Entwicklung hat mir recht gegeben. Damit können wir alle gemeinsam nur noch zum Himmel flehen, daß uns die Geschichte noch vier Jahre Zeit läßt, in der dann die Voraussetzungen für eine echte Alternative in Deutschland geschaffen werden können. Angesichts der fast totalen Beherrschung der öffentlichen Medien durch die Generation der 68er, die ein liberal-universales Weltbild mit allen ihnen zur Verfügung stehenden, auch sehr subtilen Mitteln durchsetzen wollen, bleibt uns eigentlich nichts anderes übrig, als den Weg der wahren Demokratie zu gehen, nämlich den Weg der Selbstbestimmung des Volkes, das sich selbst zusammenschließt, das sich zusammenfindet, das sich selbst sammelt und versucht, aus sich selbst heraus die Alternative hervorzubringen, die nur noch wenige von einer Regierung – nicht einmal mehr von einer von der CDU/CSU allein geführten – noch erwarten.

Geistige Grundlagen der Deutschen Einheit

In der Mitte der achtziger Jahre wurde in der Bundesrepublik über die Notwendigkeit einer operativen Politik zur Wiederherstellung der Deutschen Einheit diskutiert. Welche Ausgangssituation lag dieser Diskussion zugrunde und welche Positionen wurden vertreten? Es gab zwei divergierende Positionen: Die eine, die auch weitgehend von der CDU übernommen wurde, vertrat die Ansicht, daß die Bundesrepublik Deutschland ein elementares Interesse an der Stabilität der damaligen DDR haben müsse, denn von dieser Stabilität hinge der Frieden ab. Wenn wir unseren Brüdern und Schwestern in der DDR helfen wollten, müßten wir, da das die Realitäten in dieser Welt nun einmal so forderten, die Machthaber in der ehemaligen DDR unterstützen. Diese Position war damals politisch fast unumstritten.

Die SPD ging noch einige Schritte weiter: Egon Bahr, einer der bis heute konsequentesten Nationalisten unter den führenden Politikern in Deutschland, ging von der richtigen These aus, daß der Schlüssel zur deutschen Einheit in Moskau liege. Er vertrat die Überzeugung, daß eine Politik nach dem Motto „Wandel durch Annäherung“ notwendig sei. Diese Politik müsse darauf gerichtet sein, eine Situation herbeizuführen, in der die damalige Sowjetunion ein Interesse daran haben müsse oder könne, der Deutschen Einheit zuzustimmen.

Die „Gesellschaft für Deutschlandpolitik“ versuchte darauf antwortend, in drei Punkten eine abweichende Position zu vertreten. Zum einen bräuchten wir keine ständige Beschwörung der Deutschen Einheit, sondern eine operative, auf die Herbeiführung der Einheit selbst gerichtete Politik. Es ist falsch, zu unterstellen, daß eine solche operative Politik grundsätzlich unmöglich gewesen wäre. Der damalige amerikanische Gesandte und jetzige Botschafter Kornfeld beispielsweise beklagte immer wieder händeringend, daß die Vereinigten Staaten in der Politik der Bundesregierung und in Deutschland keine Bundesgenossen für eine solche operative Politik finden könnten. Eine operative Deutschlandpolitik wäre sicher nur schwer möglich, aber nicht unmöglich gewesen.

Der zweiten These, daß allein die Stabilität der DDR den Frieden garantieren könne, begegneten wir mit der Gegenthese, daß nichts den Frieden in Europa mehr gefährden würde als die Teilung Deutschlands. Wer für die Sicherung des Friedens sei, könne nur an der Aufhebung und der Beseitigung der Teilung arbeiten. Es waren durchaus Situationen vorstellbar und naheliegend, in denen sich sehr bald und sehr deutlich gezeigt hätte, daß der friedensverhindernde Grund und die wirklich explosive Gefahr für den Frieden in Europa das Weiterbestehen der deutschen Teilung war. Es ist vielmehr ein gütiges Schicksal, wenn nicht göttliche Vorsehung gewesen, die verhindert hat, daß diese durchaus vorstellbaren Situationen eingetreten wären.

Die dritte These, daß man dem Regime helfen müsse, um den Menschen zu helfen, bedeutete de facto die Prolongierung des Systems. Das heißt, das Weiterbestehen der Situation, in der sich damals ein doch nicht unerheblicher Teil der Deutschen in der DDR befunden hat. Der Verzicht auf eine operative Deutschlandpolitik erstickte jede Hoffnung auf eine Deutsche Einheit im Keim und mußte die Menschen in der ehemaligen DDR auf Dauer in die totale Resignation treiben. Es wird heute häufig beklagt, daß es im Unterschied zu den übrigen von der Sowjetunion dominierten Ländern in der ehemaligen DDR keinen politisch organisierten Widerstand gegeben habe. Man erklärt das mit bestimmten Eigenschaften des deutschen Charakters und auch mit den unglückseligen Entwicklungen der deutschen Geschichte. Diese Erklärungen verfehlen den Kern der Sache. Der Umstand, durch den sich die DDR von anderen Ländern unterschied, hatte seinen Grund vielmehr darin, daß im Laufe der Jahre drei Millionen Menschen die DDR freiwillig verlassen hatten, daß Tausende von Menschen zum Teil unter Inkaufnahme von Lebensgefahr aus der DDR flüchteten oder als potentiell widerstandswillig oder -fähig „emigriert“ wurden.

Die Existenz der Mauer war ein Faktum, das bei keinem, der über eine normale Wahrnehmungsfähigkeit verfügte, einen Zweifel über den Charakter des dortigen Regimes aufkommen lassen konnte. Wenn das System in der DDR ein System gewesen wäre, das man mit dem Begriff von Sozialismus, mit seiner Theorie und den Hoffnungen von Generationen auch nur im entferntesten hätte in Verbindung bringen können, hätte es die Mauer nicht geben dürfen. Wäre das Regime so gewesen, wie es vorgab zu sein, dann hätte es sich nicht durch eine Mauer mit Stacheldraht, mit Scharfschützen und Hunden selbst schützen müssen. Vielmehr hätte es dann genau umgekehrt sein müssen: Dann hätte sich die kapitalistische, menschenfeindliche, menschenunterdrückende ehemalige Bundesrepublik durch die Mauer schützen müssen, damit die Menschen nicht – ergriffen von der unwiderstehlichen Anziehungskraft der Segnungen sozialistischer Befreiung – zu Millionen die Grenze Richtung Osten überschritten hätten. Tatsache ist, daß die Zahl derjenigen, die den Wunsch hatten, den Kapitalismus in Sozialismus umzuwandeln, denkbar gering war. Die ehemalige Bundesrepublik brauchte keine Mauer.

Was bedeutet die Wende 1989? Das völlig unbegreifliche Wunder in der deutschen Geschichte sind die berühmten Tage in Leipzig gewesen. Hunderttausende von Menschen in der ehemaligen DDR riefen zuerst: „Wir sind das Volk." Daraufhin haben viele Intellektuelle akrobatische semantische Übungen veranstaltet, diesen Ruf zu interpretieren. Sie stellten fest, daß sich die Demonstranten mit dem Ruf „Wir sind das Volk" noch voll in die Gemeinschaft der Staatsbürger westlicher, republikanischer, aufklärerischer Tradition der Französischen Revolution eingeordnet hätten. Damit wird aber der zweite, bald darauf folgende Ruf verschwiegen: „Wir sind ein Volk." Auf einer internationalen Tagung von Marxismusforschern bin ich auf heftigen Widerstand gestoßen, als ich sie auf diesen zweiten Ruf aufmerksam machte. „Ein Volk" ist eine Formulierung, die die damals gewünschte Interpretation eben nicht zuließ. Der Sinn des Rufes „Wir sind ein Volk" läßt keinerlei Interpretation zu, von welchem Willen, von welcher Erwartung und von welchem Wunsche diejenigen beseelt sind, die sich an diesem Ruf beteiligt haben. Es gehörte zu den konstituierenden, programmatischen Sätzen, nach denen diese Republik geistig, moralisch und politisch lebte, daß es das deutsche Volk nicht mehr geben dürfe. Das deutsche Volk habe durch die Verbrechen der Nazis für alle Zeit das Recht verloren, ein Volk zu sein und die Rechte in Anspruch zu nehmen, die jedes andere Volk der Welt in Anspruch nimmt.

Ich glaube, daß ein großer Teil der nicht leicht zu begreifenden Schwierigkeiten, die wir heute mit dem Vollzug der inneren Einheit haben, damit zusammenhängt, daß der Ruf der Hunderttausenden „Wir sind ein Volk" bis heute keine politische Antwort gefunden hat. Dieser Ruf verlangte von der Bundesrepublik Deutschland nicht nur eine emotionale

Antwort, wie sie in den ersten Tagen nach dem Fall der Mauer ja auch gegeben wurde. Es waren Hunderttausende, wenn nicht Millionen, die sich wie getrennte Brüder und Schwestern in die Arme gefallen sind, als die unglückselige Mauer gefallen war. Aber bis heute hat er keine politische Antwort erhalten. Der Ruf der Menschen in der DDR „Wir sind ein Volk" hat das politisch-ideologische Weltbild der ehemaligen Bundesrepublik Deutschland, für die eine deutsche Einheit inzwischen in weite Ferne gerückt war, in den Fundamenten erschüttert, wenn nicht zerstört. Es wäre nicht nur eine politisch konkrete, auf Maßnahmen abzielende Antwort erforderlich gewesen, sondern ein grundlegendes Umdenken der Situation und der Lage der Deutschen in dieser Welt. Von einem solchen Umdenken, das wir heute von unseren Brüdern und Schwestern in der ehemaligen DDR wie selbstverständlich verlangen, ist bei uns in der alten Bundesrepublik wenig zu spüren. Aus dieser inneren, auch geistig-moralischen Verweigerung folgt, daß wir heute eigentlich keine Sprache mehr haben, in der wir angemessen von der deutschen Einheit reden können.

Worin besteht das Dilemma, in dem wir uns gegenwärtig befinden, wenn wir von der deutschen Einheit sprechen wollen? Entweder ist man für die deutsche Einheit und bekennt sich ohne Wenn und Aber zu dieser Einheit als einer glücklichen Wendung in der deutschen Geschichte. Dann besteht die Gefahr, als atavistischer Nationalist diffamiert oder möglicherweise sogar als ein Rechtsextremer bekämpft zu werden. Oder man verdammt die deutsche Einheit und beklagt sie als ein Unglück, das im Kern die politische Kultur der westlichen Bundesrepublik bedroht. Es ereignet sich gegenwärtig ein geradezu surrealistisches Schauspiel: Einerseits haben die von der Frankfurter Schule inspirierten Linken, die die Bundesrepublik vierzig Jahre wie ein kapitalistisches, ausbeuterisches System bekämpft haben, nichts anderes erweckt als die Hoffnung, daß wir uns endlich zum Sozialismus bekehren sollten. Am liebsten hätten sie Erich Honecker die Türen weit geöffnet mit der Aufforderung, uns doch endlich auch mit den Errungenschaften des Sozialismus zu beglücken. Und genau diese gleichen Linken stellen sich nun, nachdem der Schritt zur deutschen Einheit erfolgt ist, als die großen Apologeten und Verteidiger der Bundesrepublik Deutschland und dieser Demokratie dar mit der Begründung, die große weltgeschichtliche Leistung in der Bundesrepublik hätte in der Verwestlichung dieses Landes bestanden. Endlich hätten sich die Deutschen im Westen die Demokratie in ihrem emanzipatorischen Sinn angeeignet. Aus dieser Sicht sei die Wiedervereinigung Deutschlands eine Bedrohung und mögliche Gefährdung der westlichen demokratischen und emanzipatorischen Errungenschaften der alten Bundesrepublik. Diese Argumentation ist grotesk. Es wird geradezu alles auf den Kopf gestellt. Die Begriffe und die Vorzeichen der politischen Begriffe sind verkehrt und stimmen nicht mehr.

Die Folge ist, daß es Leute gibt, die auf die Straße gehen – zum Zeitpunkt des Mauerfalls waren es Zehntausende in Frankfurt – und den Ruf ausstoßen: „Nie wieder Deutschland“. Dann haben sie den britischen Bombergeneral Harrys beschworen und sich gewünscht, daß er mit seinen Bombergeschwadern nach Deutschland käme, um dieses wiedervereinigte Deutschland als eine potentielle Gefahr für den Frieden und die Errungenschaften der Menschheit zu vernichten, so wie die Bombergeschwader damals Dresden sinnlos zerstört und vernichtet haben. Und auf der anderen Seite gehen Leute auf die Straße und rufen: „Deutschland zuerst“, „Deutschland nur den Deutschen“ und „Ich bin stolz, ein Deutscher zu sein“, die dann als drohende Gefahr des Neofaschismus, als extreme Rechte erfolgreich ausgeschaltet und in den politischen Untergrund getrieben werden.

In welcher Sprache sollen wir nun von der Nation und der Einheit der Nation sprechen? Es wäre nicht erstaunlich, wenn die Deutschen in West und in Ost selbst in einigen Jahren politisch so weiterdenken und sich verhalten würden, als wäre dieses welthistorische Ereignis nicht geschehen. Die einen denken weiter in liberaler, westlich-aufklärerischer Tradition, ohne die Kategorien Volk und Nation zu kennen. Die anderen orientieren sich langsam aber sicher um im Blick auf die Errungenschaften, die es in der ehemaligen DDR gegeben habe, mit dem Wunsch, das sozialistische Experiment unter günstigeren Bedingungen, unter anderen Vorzeichen vielleicht doch noch einmal erneuern zu können. Der Wahlkampfleiter und stellvertretende Vorsitzende der PDS, Brie, gab vor einiger Zeit im Fernsehen die Erklärung ab, daß das Scheitern der DDR notwendig und richtig gewesen sei. Die DDR mußte scheitern, und sie sei letzten Endes an nichts anderem gescheitert als an ihren eigenen Fehlern. Genauso sei der ganze Sozialismus in Osteuropa einschließlich der Sowjetunion nicht an der Verteidigung der Prinzipien der westlichen Welt zusammengebrochen, sondern nur durch sich selbst. Nun schlägt Herr Brie vor, man müsse die Fehler analysieren. Diese bestünden darin, daß dieser Sozialismus antidemokratisch und antiemanzipativ gewesen sei. Daraus folgt aber, daß man die Fehler korrigieren und noch einmal einen Versuch unternehmen müsse, einen demokratischen und emanzipatorischen Sozialismus zu verwirklichen.

Wenn diese Ansicht politisches Gewicht erhielte, dann würde in Deutschland statt der Einheit eine Polarisierung eintreten, wie es sie zu Zeiten der Mauer nie gegeben hat.

Es würde nicht nur eine Spaltung im Bewußtsein der Menschen, im Denken und im Fühlen eintreten sondern diese Spaltung würde politisch und ideologisch neu zementiert werden. Es könnte eine Situation eintreten, die sich von dem Schicksal der Weimarer Republik nicht sehr unterscheiden würde.

Im Angesicht dieser brisanten geschichtlichen Ausgangslage und ihrer möglichen Entwicklung ist es trotzdem gelungen, den Wahlkampf erfolgreich zu entpolitisieren. Dies muß in seiner zeichenhaften Bedeutung zur Kenntnis genommen werden: In einer Zeit des epochalen weltgeschichtlichen Umbruchs, einer der bewegendsten Zeiten der jüngeren deutschen Geschichte, führen die Parteien einen Wahlkampf, in dem es letztlich nur darum geht, aus welchen Taschen das Geld beschafft wird. Weiter kann man die Entpolitisierung nicht treiben. Es zeigt nur, welchen Grad dumpfester Bewußtlosigkeit Deutschland – gemessen an der wahren Größe dieses Umbruchs – erreicht hat.

Dies ist eine Lage, in der wir zum Denken verurteilt sind. Die inneren Widersprüche und Probleme, die heute in beiden Teilen Deutschlands bestehen, auch bei denjenigen, die heute in der ehemaligen DDR Gregor Gysi und die PDS wählen, sind so evident, daß es sich nicht lohnt, darüber zu sprechen. Die Marktwirtschaft ist nicht nur eine Gießkanne, die ihre Segnungen über das Land ausgießt, sondern sie hat auch eine Gestalt, die viele unter die Räder kommen läßt. Daß in dem Einigungsprozeß viele Menschen in schwere existentielle Krisen geraten, daß die Lose ungerecht und ungleich verteilt sind, daß sich viele Menschen in ihrem Lebenssinn und ihrem beruflichen Erfolg durch den Einbruch der Geschichte betrogen sehen, ist alles verständlich für die, die mit genauester Aufmerksamkeit die Gesprächsrunden verfolgen, in denen jeder über seine Probleme offen reden kann. Gespräche allein sind aber keine Antwort auf die Probleme.

Meine erste These lautet: Die deutsche Einheit ist da. Sie ist eine Wirklichkeit ganz unabhängig davon, wie wir uns zu ihr verhalten. Die deutsche Einheit werden wir so oder so gestalten und gestalten müssen. Und mit dieser Gestaltung der deutschen Einheit werden wir uns unser Schicksal bereiten, nicht nur das Schicksal der Menschen in der ehemaligen DDR, sondern genauso das Schicksal der Menschen in der ehemaligen Bundesrepublik. Was wir hier erfahren können, ist die Richtigkeit der trivialen Feststellung, daß diese Nation eine Wirklichkeit ist. Ich kann sie moralisch mißbilligen, ich kann sie ideologisch bekämpfen, ich kann politisch sogar an ihrer Zerstörung arbeiten, aber das ändert nichts daran, daß diese Nation eine Realität ist. In diesem Vorgang bewahrheitet sich das, was heute ständig bestritten wird, nämlich daß die Deutschen in ihrer Einheit eine Schicksalsgemeinschaft sind. Wolfgang Schäuble hat in seinem neuen Buch „Und der Zukunft zugewandt" das Wort gebraucht von der deutschen Schicksalsgemeinschaft. Die Reaktion war, daß man wie die wütenden Hunde über ihn herfiel und erklärte, Schicksal sei etwas Irrationales und kein Begriff, den ein aufgeklärter Politiker gebrauchen dürfe.

Angesichts der überwältigenden Tatsache, daß die Deutschen und jeder einzelne bis in seine privatesten Lebensformen das Produkt eines gemeinsamen deutschen Schicksals sind, sind das doch Luftblasen. Warum gibt es die völlig diskussionslose Selbstverständlichkeit, daß die reiche Bundesrepublik in jedem Jahr hundertfünfzig bis hundertachtzig Milliarden Mark in die ehemalige DDR transferiert? Warum schicken wir sie denn nicht, wie es manche Linke vorgeschlagen haben, nach Afrika mit der Begründung, daß die Menschen dort dies doch viel dringender brauchten? Warum schicken wir sie nicht nach Polen und nicht in die ehemalige Sowjetunion? Weil wir eine Nation sind. Das heißt, daß wir nunmehr ein gemeinsames Schicksal haben werden. Alles, was heute in Ostdeutschland passiert, wird morgen das Schicksal der Westdeutschen bestimmen und umgekehrt. Die Anerkennung der nationalen Einheit ist – technokratisch ausgedrückt – selbstverständlich die einzige Begründung für diese Transferleistungen. Würde es sich nicht um Deutsche handeln, und würde es sich nicht um die Verpflichtung der anderen Deutschen handeln, hier helfend einzutreten, gäbe es dafür überhaupt keine Begründung. Für die Ostdeutschen gibt es eine Perspektive, in zehn oder fünfzehn Jahren den Normalzustand der Lebensformen wie in Westdeutschland zu erreichen. Aber dies ist nur möglich auf Grund der Tatsache, daß es sich um Deutsche handelt. Selbst die elementarsten und persönlichsten Interessen der Menschen in diesem Land sind davon abhängig, daß sich die Deutschen als eine Nation begreifen.

Wir führen gespenstige Kämpfe um die Frage, ob man eine Nation ist, oder ob man keine ist, ob man eine werden darf, oder ob man keine werden darf. Der elementarste Akt der Antwort der Deutschen auf die Situation nach 1989 ist die Fähigkeit, anzuerkennen, was ist und wer sie sind. Es geht in der Frage der Nation nicht um Ideologie und Moral, sondern es geht ausschließlich um die Anerkennung der Wirklichkeit.

Hier besteht allerdings auch Grund zur Sorge, denn wenn ein Volk über die geradezu unglaubliche Fähigkeit verfügt, Wirklichkeiten und Realitäten zu ignorieren und eine Politik gegen die Wirklichkeit zu machen, dann sind es die Deutschen. Die Deutschen sind eines der begabtesten Völker, aber politisch sind sie durch die Absenz politischer Urteilskraft in einer ständig ihre Existenz bedrohenden Weise heimgesucht.

In diesem Sinne haben wir aus den Verbrechen der Nazis und der Sozialisten nichts gelernt. An dem Mangel an politischer Urteilskraft hat sich auch bis heute nicht viel geändert, wie es die Konzeptlosigkeit beweist, dem in die Krise geratenen Liberalismus zu begegnen. Wenn wir die Wirklichkeit zur Kenntnis nähmen, würden wir erkennen, daß die deutsche Einheit an sich ohne ein Verständnis der Nation nicht möglich ist. Die gemeinsame Sprache, die gemeinsame Abstammung und die gemeinsame Kultur sind alles Faktoren, die bei der Nationwerdung der Nation eine Rolle spielen.

Der in der Moderne entscheidende Faktor ist aber – und das ist meine zweite These –, daß nur die Nation eine Nation ist, die auch eine Nation sein will. Das Fundamentale ist, daß wir keine Nation sein wollen. Alle Diskussionen um Geschichte, Kultur und Abstammung sind völlig akademisch in einer Situation, in der es diesen Willen zur Nation nicht gibt. Ernest Renan, einer der großen französischen Theoretiker des 19. Jahrhunderts, nannte die Nation ein tägliches Plebiszit. Die Nation definiert sich durch eine tägliche Willenserklärung und Willenssetzung. Von einem solchen Willen zur Nation und einer Politik zur Erzeugung eines solchen Willens kann in Deutschland gegenwärtig keine Rede sein.

Hier schließt sich meine dritte These an. Wir haben keinen Maßstab, um Politik überhaupt zu definieren, geschweige denn Politik machen zu können. Von dem Bewußtsein und dem Willen der Deutschen zur Einheit der Nation hängt nicht mehr und nicht weniger ab als die Politikfähigkeit Deutschlands. In einem Land, das seine Politik nicht national definieren kann, ist das, was stattfindet, keine Politik. Bisher haben wir Politik durch Wirtschaftspolitik zur Erzeugung des Wachstums ersetzt. Der tatsächliche Begriff von Politik – wenn wir einmal von den moralischen Überhöhungen der

Politik bei uns und den ideologischen in der ehemaligen DDR absehen – ist reine Sozialpolitik. Die historische, die Nation betreffende Dimension von Politik hatte überhaupt keine Chance, wahrgenommen zu werden. Wenn diese geschichtliche Dimension von Politik nicht vorhanden ist, dann gibt es nicht nur keine Politik, sondern dann kann durchaus das eintreten, was Manfred Miegel in seinem Buch „Das Ende des Individualismus" analysiert hat als eine Lage, in der die Deutschen im Begriffe seien, sich als Deutsche zu liquidieren und abzuschaffen. Die Ursache seien demographische Umbrüche, wie sie in der neueren Geschichte ohne Beispiel sind.

Um willen welcher Ziele und Aufgaben ist es denn notwendig, daß die Deutschen politikfähig werden? Es gibt ein schönes Wort im Tagebuch von Hebbel, der geschrieben hat, die Deutschen seien von Feinden umgeben und alle wünschten, daß die Deutschen verschwinden mögen. Aber wenn die Deutschen endlich im Grabe seien, so Hebbel, dann würden sie alle kommen und dieses Deutschland wieder aus dem Grabe hervorbuddeln, weil sie erst dann begreifen würden, was sie damit kaputtgemacht hätten. Es ist völlig klar, daß die Schwächung oder das Verschwinden Deutschlands, um auch diese historische und weltpolitische Dimension anzusprechen, nicht nur das Ende Europas bedeutet, sondern auch die Einleitung eines Prozesses der progressiven Schwächung der gesamten westlichen Welt. Es könnte die Machtverhältnisse in der Welt so grundlegend und dramatisch verändern, daß die, die den Deutschen heute dieses Grab wünschen, ihnen morgen folgen würden. Wir mögen es bedauern, aber es ist ein Faktum, daß die Deutschen eine weltpolitische Bedeutung haben, die sie selber ablehnen.

Worum geht es politisch in der nationalen Frage? Die einen, allen voran der mögliche zukünftige Außenminister

Joschka Fischer sagen, wir müßten aus der Unglücksgeschichte der Deutschen seit Bismarck, die mit innerer Konsequenz zu Auschwitz und zur Selbstvernichtung der Deutschen geführt habe, die richtige Konsequenz ziehen, und das bedeute: Nie wieder Macht für Deutschland. Wir brauchten nicht nur keine Aspiration auf eine hegemoniale Machtkonzentration, sondern einen fundamental gemeinten Verzicht auf Macht und auf jede Form der Anwendung von Macht in der Durchsetzung politischer Ziele. Konkret heißt dies, daß die Deutschen in Zukunft bei der Lösung der Weltkonflikte die Rolle des Roten Kreuzes spielen sollten. Merkwürdigerweise glauben die Vertreter dieser Position, daß die Welt entzückt sei über die konsequente Negierung des Machtgebrauchs als eines Mittels der Politik in Deutschland. Es wird unterstellt, daß beispielsweise die Vereinigten Staaten sich vor Begeisterung darüber gar nicht fassen könnten, wenn die Deutschen dem Geist des Militarismus nun endgültig entsagt hätten. Diese Position würde in der Realität nichts anderes bedeuten als die Wiederholung des deutschen Sonderweges. Der Weg, der dazu gedacht war, einen Rückfall in den deutschen Sonderweg zu verhindern, würde ihn geradezu herbeiführen. Denn ein solcher Rückzug und Verzicht der Deutschen würde in keiner Weise mit den Erwartungen übereinstimmen, die die Mächte der Welt mit Deutschland verbinden.

Rußland etwa hat nur den Wunsch, daß es bald wieder ein großes und mächtiges, ein leistungsstarkes und kooperationsfähiges Deutschland gibt, mit dem es aus den Trümmern und Ruinen herauskommen kann, in die es siebzig Jahre Sozialismus geführt haben. Die Russen haben kein Ressentiment gegenüber einem starken, seine eigenen Interessen definierenden und verteidigenden Deutschland, weil sie wissen, daß diese deutschen Interessen auf längere Sicht mit den Interessen Rußlands konvergieren. Die Vereinigten Staaten von Amerika wissen, daß sie einen verläßlichen und effizienten Bundesgenossen brauchen, um auch nur halbwegs die Anarchisierung der politischen Weltordnung zu stoppen. Und wir dürfen nicht vergessen, daß wir den Vereinigten Staaten die deutsche Einheit verdanken. Als es um den Zwei-plus-vier-Vertrag ging, war es nur dem Einfluß der Vereinigten Staaten auf Frankreich und England zu verdanken, daß Helmut Kohl die Einheit vollziehen konnte. Natürlich erwarten die Vereinigten Staaten, daß sie damit in einem wiedererstarkten, auch nationalbewußten Deutschland den Bundesgenossen finden, den sie zur Aufrechterhaltung oder Herbeiführung einer demokratischen Weltordnung brauchen.

Wenn wir uns weiter so entwickeln, wie wir es gegenwärtig tun, bewegen wir uns wieder aus der Geschichte heraus. Wir würden genau das provozieren, was verhindert werden soll. Und es würde sich zeigen, daß wir aus der Geschichte gar nichts gelernt haben. Eine Isolation könnte für Deutschland tödlich sein, denn die Überlebensfähigkeit der Deutschen hängt von starken Bundesgenossen ab. Die Diffusion des deutschen Nationalbewußtseins beunruhigt sowohl die Amerikaner als auch die Russen. Aus der Entnationalisierung Deutschlands ziehen sie keinerlei euphorische Erwartungen, weil ein geschichts- und nationsloses Volk politisch völlig unberechenbar ist. Die Herstellbarkeit Europas setzt als handlungsfähige Subjekte Nationen voraus. Sie können die Einheit Europas nicht mit einem nationvergessenen Deutschland bauen. Es wird eher eine explosive Gefahr in der Völkergemeinschaft Europas sein. Wer gegen die Nation ist, ist gegen Europa. Es ist der reinste Irrsinn, zu meinen, wir müßten uns alternativ entweder für Europa oder für die Nation entscheiden. Ohne die Nation werden wir kein Bauelement Europas sein können.

Die große Hoffnung und Zukunftsperspektive der deutschen Politik ist, da sich die Deutschen in einem supranationalen Europa so europäisieren, daß sich das nationale Problem erledigt haben wird. Wenn wir Europäer würden, wären wir das ganze Elend mit der nationalen Frage los. Demgegenüber wird die Tatsache ständig verschwiegen, daß weder die Franzosen noch die Engländer im Traum daran denken, ihre nationale Identität in welchem Europa auch immer aufzugeben. Sie stellen nicht einmal ihre nationale Souveränität zur Disposition. Was für ein Supraeuropa soll nach deutscher Vision denn hergestellt werden? Mit wem zusammen wollen denn die Deutschen diese Vision verwirklichen, wenn sie es in Ost und West nur mit Nationen zu tun haben? In Osteuropa sind es zusätzlich chauvinistisch und nationalistisch geprägte Nationen. Es ist eine verdrängte, aber weitgehend bestimmende Realität in den westlichen Völkern, daß sich die Angst vor einem unveränderten, möglicherweise aggressiven Deutschland im Kern nicht geändert hat. Die Vorstellung, die wir mit den Amerikanern teilen, wir müßten vom Rest der Welt geliebt werden, ist völlig irrig. Eine Nation muß geachtet werden. Sie muß Respekt genießen. Ein Volk, das seine Achtung in der Welt bis zu diesem Grad verliert, wird diese Achtung nicht wiedergewinnen, indem es sich in nationalem Masochismus selbst kastriert, sondern damit wird dieser Prozeß eher unheilvoll zunehmen.

Aus den dargelegten Zusammenhängen ist die Frage nach den geistigen und kulturellen Grundlagen der Deutschen Einheit die Kernfrage für die Herstellung der Einheit überhaupt. Der Transfer von Milliarden Mark, der Aufbau von Verwaltungs- und Infrastrukturen, der Wiederaufbau der Industrie und die Regelung der Eigentumsfrage sind alles wichtige Dinge. Nur ist es ein Ausdruck vulgär-materialistischen, primitivmarxistischen Denkens, zu glauben, daß die Einheit Deutschlands die Folge veränderter sozioökonomischer Bedingungen in den neuen Bundesländern sei. Die Einheit Deutschlands wird von dem abhängen, was die Menschen an Begriffen und Vorstellungen in den Köpfen haben, was sie an Perspektiven und Erwartungen in ihren Herzen haben. Es wird ein Kampf um die Menschen und um das menschliche Selbstverständnis, ja um das menschliche Selbstbewußtsein sein. In letzter Konsequenz handelt es sich um einen Kampf um das geschichtlich-politische Weltbild. Solange sich diese Weltbilder in den Köpfen in Westdeutschland und in Ostdeutschland nicht ändern, wird an eine Einheit Deutschlands überhaupt nicht zu denken sein. Es geht nicht um die Herstellung eines Einheitsdeutschen, indem alle gleich denken und gleich fühlen. Das hat es nie gegeben, das kann es nicht geben, und das wird es auch nicht geben. Aber die Faktoren, die an der Koordination und der Orientierung eines Volkes in der Welt und in der Geschichte maßgeblich beteiligt sind, müssen eine gewisse Gemeinsamkeit haben, sonst sind all die Voraussetzungen nicht erfüllbar, die ich eben als Bedingung für eine erfolgreiche Politik genannt habe.

Seit zwei Jahren führe ich Gespräche mit Anatolij Frenkin, einem Mann, der dreißig Jahre lang als Professor der politischen Philosophie Marxismus und Leninismus gelehrt und verbreitet hat und jetzt Mitglied der Moskauer Akademie der Wissenschaften ist. Unsere Frage ist, welche geistig-kulturellen Konsequenzen aus dem Zusammenbruch des Sozialismus am Ende unseres Jahrhunderts resultieren. Es ist ein Glück, dieses Gespräch mit einem russischen Philosophen in

Deutschland führen zu können, nachdem mein Interesse, auch mit einem ostdeutschen, ehemals marxistischen Philosophen über diese Frage zu diskutieren, keine Resonanz fand. Die erste Einsicht war, daß zwar mit dem Zusammenbruch des Sozialismus die sozialistische Idee nicht aus der Welt gewichen ist. Es ist falsch, aus dem Zusammenbruch zu folgern, der Sozialismus sei tot. Die konzentrierte Macht eines modernen Staates wird zwar nicht mehr einer Clique von sozialistischen Ideologen ausgeliefert werden, die diese Macht unkontrolliert in den Dienst der Umsetzung ihrer mehr oder weniger subjektiven Vorstellungen von Sozialismus stellen können. Das ist vorbei, genauso wie es nie wieder einen Hitler oder eine nationalsozialistische Machtübernahme in Deutschland geben wird. Es wird keine Wiederholung des sozialistischen Experimentes in Deutschland geben. Sozialismus als Utopie, als Vision von einem anzustrebenden Endzustand der Geschichte, als Ziel aller irdisch politischen Bemühungen kann nicht mehr glaubhaft vertreten werden. Mit dem Sozialismus ist die ganze Moderne mit allen ihren progressiven, atheistischen, politischen und ideologischen Formationen in eine tiefe Krise geraten.

Wenn also nicht die Neuproduktion von Utopien zum Ziel genommen wird, dann ist daraus eine zweite Folgerung zu ziehen: Als einzige Kraft und Medium der Orientierung und Reflexion bleibt dann nur noch die Geschichte. Eine zukünftige Politik in Deutschland kann nur noch gedacht werden als das Ergebnis einer reflektierenden, denkenden Auseinandersetzung mit unserer Geschichte. Die Geschichte als Quelle politischer Orientierung zu nehmen ist heute der Kern des Konservativen. Konservativ denken heißt heute nichts anderes, als geschichtlich denken. In diesem Sinne haben wir die Erfahrungen unseres Jahrhunderts in keiner Weise bewältigt, nicht einmal angedacht. Es wird keine Zukunft Deutschlands geben, die nicht das Ergebnis einer wirklichen, ernsthaften Konfrontation und Auseinandersetzung mit der Geschichte der Deutschen im 20. Jahrhundert ist. In diesem Sinne sind wir dazu verurteilt, konservativ zu sein. Es geht nicht um die Vorstellungen und Ideologien von Geschichte, sondern um die wirkliche Geschichte. Dazu gehört beispielsweise, daß der Nationalsozialismus mindestens so kommunistisch war, wie der existierende Kommunismus faschistisch. Das ist keine Frage der Ideologien. Ideologisch ist das völlig anders. Aber in der historischen Wirklichkeit waren sie nie die Antagonisten, die man aufteilen kann zwischen links und rechts, zwischen progressiv und konservativ, sondern sie waren eigentümliche Amalgamierungen von beidem.

Drittens hat eine solche über das Individuum hinausgehende Aneignung der Lehren der Geschichte nichts anderes zur Voraussetzung als die Nation. Durch die gemeinsame Geschichte sind die Deutschen eine Schicksalsgemeinschaft. Ob die Deutschen sich als Deutsche verstehen oder sich als Deutsche hassen, ist gleichgültig; für den Rest der Welt bleiben sie trotzdem Deutsche. Wer sagt: „Ich komme zwar aus Deutschland, aber ich bin kein Deutscher", macht sich nur lächerlich. Was eine Nation substantiell ausmacht, ist nichts anderes als die gemeinsam geteilte Geschichte. Die Geschichte hat keinen anderen Ort, vergegenwärtigt zu werden als im historischen Gedächtnis der Nation. Nation heißt Gedächtnisgemeinschaft. Darum haben Totenkulte und Denkmäler für die Selbstkonstitution der Nation eine solche zentrale Rolle gespielt.

Der Direktor der philosophischen Abteilung der Moskauer Akademie der Wissenschaften, Herr Stjopin, der sich selber vielleicht noch als Atheist bezeichnen würde, sagte, daß es ohne eine Renaissance des Christentums keine Zukunft für Rußland geben könne, denn das Fundament auch der kollektiven Moral sei das Christentum. Zerstören wir das Christentum, zerstören wir auch die kollektive Moral. Dann brauchen wir uns nicht zu wundern, daß an die Stelle der alten Kader nun mafiaähnliche Verbrecherorganisationen treten, die in diesem Land beginnen, die Macht auszuüben. Das ist die direkte Folge, wenn die kollektive Moral zerstört wird und sich kein tragfähiges Fundament im Bewußtsein der Menschen und in der Kultur mehr findet. Dies ist die Überzeugung einer großen Zahl von humanistisch, ja atheistisch gesonnenen Intellektuellen in Rußland. Damit steht Rußland in der logischen Konsequenz des Grundsatzes von Karl Marx, daß die Religionskritik die erste Form aller Kritiken sei. Welche Konsequenzen der kollektiv erzeugte Atheismus in Ostdeutschland auf die Dauer haben wird, darüber werden sich auch die Funktionäre der PDS noch wundern.

Die tiefste Dimension der Krise der Moderne, deren Ausdruck der Zusammenbruch von Nationalsozialismus, Sozialismus und Kommunismus ist, ist eine Glaubenskrise. Der Verlust jedes Glaubens führt früher oder später zum blanken Nihilismus. Aber mit Nihilismus ist die Selbstbehauptung eines einzelnen oder eines Volkes auf die Dauer nicht zu vereinbaren. Die Glaubenskräfte der Moderne haben sich erschöpft. Die letzte große säkulare Religion ist der Sozialismus. Wo der Sozialismus heute noch überlebt, überlebt er nicht als operatives, gesellschaftsveränderndes Modell, sondern er überlebt als Religion. Ob wir eine gemeinsame geistige Basis in Deutschland finden, ist im Kern eine Glaubensfrage. Entweder finden wir uns zusammen in einem neuen hedonistischen Nihilismus, oder wir finden uns zusammen in dem mühseligen, aber auf immer breitere Resonanz stoßenden

Versuch, die erloschenen Flammen der säkularen Religionen, Nationalismus und Sozialismus, neu aufzuwärmen. Oder wir gewinnen aus der Vergegenwärtigung unserer Geschichte und aus der begriffenen Erfahrung der Gegenwart die Kraft, auch wieder tiefere Quellen von Glaubensgewißheiten zu erkennen, und die Fähigkeit, uns darum zu bemühen.

Kommunismus als Vollendung der Moderne hat sich nicht als Fortschritt und Vollendung, sondern als einen Rückfall hinter das bereits erreichte Niveau und den Standard der Geschichte erwiesen. Wenn das zutrifft, dann stimmen die ganzen Kategorien der Französischen Revolution nicht mehr. Dann wissen wir nicht, was vorne und hinten ist, nicht, was progressiv und was konservativ ist. Denn das, was progressiv zu sein schien, war offenbar etwas anderes. Und das, was als konservative Politik galt, stellt sich heute als die erfolgreichste Politik Europas dar. Der Sieg der CSU in Bayern ist über alle „Amigoaffären" und Schwächen hinaus natürlich eine Folge der Tatsache, daß in der CSU noch eine relativ geglückte Vermittlung zwischen Modernität und konservativen Lebensformen erreicht ist. Die Erhaltung auch konservativer Lebensformen und sogenannter konservativer Werte ist nicht ein zu überwindendes Hindernis auf dem Weg eines sich demokratisch und emanzipativ erklärenden Sozialismus, sondern ist die Bedingung geworden, unter der es morgen überhaupt noch eine Gesellschaft geben kann, ganz egal ob sie rechts oder links, sozialistisch oder nationalistisch ist.

Geistiger Umbruch – Deutschland nach der Wahl

Im Wahlkampf 1976 ging es um eine fundamentale Entscheidung. Die Entscheidung, vor die damals die Menschen gestellt waren und die die Gemüter erregte und auch viele mit Angst und mit Schrecken erfüllte, fand ihren Niederschlag in der Losung: „Freiheit oder Sozialismus". Das war für viele eine inakzeptable Losung, weil sie mit dieser Formel einen Begriff von Sozialismus verbanden, der zweifellos keine Chance hatte, sich in Deutschland zu etablieren. Diese Leute dachten bei dem Wort Sozialismus an den real existierenden Sozialismus oder – wie Helmut Schmidt sagte – an den vegetierenden Sozialismus, wie er in den sogenannten sozialistischen Staaten praktiziert wurde. Manchen war aber damals bereits deutlich geworden, daß es noch ganz andere Formen des Sozialismus und vor allen Dingen auch andere Wege zum Sozialismus gibt. Das beweist das damalige Wahlergebnis. Die Partei, die für Freiheit stand oder vorgab, für Freiheit zu stehen, hat damals – abgesehen vom jüngsten Wahlsieg Biedenkopfs in Sachsen – den größten Wahlsieg ihrer Geschichte errungen. Dies ist scheinbar Historie.

Die Frage ist aber, ob wir uns nicht erneut in einer Situation befinden, in der es um eine vergleichbare Grundentscheidung geht. Das Bedauerliche des Wahlergebnisses vom 16. Oktober 1994 ist, daß die Bürger in dieser Wahl nichts entschieden haben. Die Bürger haben sich – vielleicht sogar mit guten Gründen – geweigert, eine klare Entscheidung zu fällen. Aus dieser Wahl ist ein Zustand der parlamentarischen Demokratie und der repräsentativen Vertretung im Deutschen Bundestag hervorgegangen, der kaum noch eine von einer regierungsfähigen Mehrheit getragene Politik zuläßt. Die CDU hat gerade noch einmal mit der FDP, die mit 3–4 % Leihstimmen der CDU den Bundestag erreicht hat, eine knappe Mehrheit erhalten. Es stellt sich dennoch zwangsläufig die Frage, ob die CDU überhaupt noch einen Bundesgenossen hat. Denn die FDP, die jetzt in den Bundestag zurückgekehrt ist, ist kaum mehr als eine Phantompartei. Sie ist aus fast allen bundesdeutschen Landtagen verschwunden, und sie wäre vielleicht auch nicht mehr im Bundestag vertreten, wenn sie nicht mit dem Slogan Wahlkampf geführt hätte: „Wer will, daß Helmut Kohl Kanzler bleibt, der muß FDP wählen." Desweiteren ist die CDU im Bundesrat von der Zustimmung der SPD abhängig. Durchgreifende politische Maßnahmen und Reformen werden ohne die Zustimmung des Bundesrates, in dem die SPD die Mehrheit hat, wohl nicht möglich sein.

Eines zeigt das Wahlergebnis sehr deutlich: Bis in vier Jahren zeichnet sich, wenn die Regierung nicht schon vor Ablauf der Legislaturperiode abdanken muß, eine neue strukturelle Mehrheit ab. Diese Perspektive ist durch den Einzug von 30 Abgeordneten der PDS in den deutschen Bundestag geschaffen worden. Wenn mit Ausnahme der konservativen Kräfte in der SPD, die drei dem linken Spektrum angehörenden Parteigruppierungen zusammenkämen, hätten wir in Deutschland eine eindeutige Mehrheit für ein Linksbündnis. Auf der anderen Seite des Parteienspektrums zeichnet sich dagegen die Entwicklung ab, daß die CDU ihren Koalitionspartner verlieren könnte. Bedenken wir: Dies ist die partei-politische Konstellation in einer Situation, in der die Bundesrepublik Deutschland mit einer solchen Fülle von ständig eskalierenden Herausforderungen konfrontiert wird und in der gleichzeitig die politische Basis einer möglichen Lösung dieser Probleme immer mehr dahinschwindet. Auf der einen Seite nimmt der Problemdruck für eine konstruktive, auch den Bedürfnissen einer Reform genügende Politik ständig zu, während auf der anderen Seite die Chancen einer Lösung dieser Probleme infolge der sich abzeichnenden Lähmung des politischen Systems und der parlamentarischen Vertretung dahinschwindet. Diesen Fall, der sich hier abzeichnet, könnte man durchaus einen Ernstfall nennen. Nicht ein Ernstfall, der da ist, aber einer, der eintreten könnte. Daher ist es wichtig, sich noch einmal die Paradoxie der Lage zu vergegenwärtigen, in der wir uns befinden.

Der weltgeschichtliche Umbruch, dessen Zeugen wir seit einigen Jahren sind, ist dadurch bestimmt, daß der Sozialismus in der ehemaligen Sowjetunion zusammengebrochen ist. Mehr noch: Der Zusammenbruch des Sozialismus ereignete sich auch in all den Ländern, die einst durch das sowjetische Imperium beherrscht worden waren. Der Sozialismus ist aber auch darüber hinaus in allen seinen Varianten geschichtlich gescheitert. Natürlich gibt es – um sofort den wichtigsten Einwand vorwegzunehmen – den Sozialismus noch in China. Aber Kommunismus in China bedeutet, daß die chinesische Führung bereit ist, alle Elemente des privaten Kapitalismus bis zu der Grenze zu dulden, an der der Monopolanspruch der eigenen Partei in Frage gestellt wird. Die conditio sine qua non für die Chinesen ist der Anspruch der Partei, ihren Herrschaftsanspruch über China aufrechtzuerhalten. Soweit dieser Herrschaftsanspruch nicht gefährdet ist, sind die Chinesen auf Grund ihrer konfuzianischen Tradition, aber auch wegen ihrer Nähe zum amerikanischen Pragmatismus bereit, alle Elemente eines durch Privatinitiative getragenen Sozialismus in ihrem Lande zuzulassen. Hätte das die Sowjetunion rechtzeitig vor zehn Jahren getan, gäbe es sie vielleicht heute noch! Das ist der Unterschied zwischen einem dogmatischverhärteten und einem pragmatischflexiblen Kommunismus.

Aber sehen wir von China einmal ab, müssen wir feststellen, daß der Sozialismus in allen seinen bisher bekannten Modellen gescheitert ist; nicht nur der Sozialismus in Kuba, sondern auch der jugoslawische Sozialismus. Und wenn wir das Wohlfahrtsmodell Schwedens auch als eine Art Sozialismus interpretieren wollen, dann ist dieses Modell ebenso gescheitert wie Mitterands Sozialismus in Frankreich. Mitterand hat sich nur deshalb solange als Präsident halten können, weil er seit Jahren seine gesamte Wirtschaftspolitik auf einen Weg gebracht hat, der mit Sozialismus nichts mehr zu tun hat. Der Zusammenbruch des Sozialismus in allen seinen Spielformen ist ein welthistorisches Ereignis. Es gibt seit undenkbaren Zeiten, mindestens seit dem Ausgang des Zweiten Weltkrieges, kein Ereignis in der Weltpolitik, das so grundlegend die weltpolitische Konstellation verändert hat.

Die entscheidende Frage ist nun, wie wir diesen weltgeschichtlichen Umbruch interpretieren und welche Konsequenzen wir daraus ziehen. Dieser welthistorische Umbruch, der durch das Scheitern aller bekannten Modelle des Sozialismus gekennzeichnet ist, stellt zunächst eine Herausforderung an das Denken dar. Wir müssen angesichts dieser Situation darüber nachdenken, ob unsere Begriffe und Kategorien überhaupt noch stimmen. Es ist schließlich nicht nur ein zentrales Verwaltungssystem in den Ländern des ehemaligen Ostblocks zusammengebrochen, sondern mit diesem kommunistischen Modell ist ein ganzes Weltbild zerfallen. Ein Weltbild in diesem Zusammenhang ist Inbegriff der Begriffe und Vorstellungen, mit denen wir uns ein Bild von der Welt machen, in denen wir uns die Welt zurechtlegen, auslegen und ordnen. Aufgrund dieses Koordinatennetzes sind wir dann zum Beispiel imstande, zu sagen, was progressiv und was konservativ, was links und was rechts ist. Der durch den Kommunismus antizipierte geschichtliche Endzustand ist das verschwiegene, aber auch ganz offen eingestandene Ziel gewesen, auf das sich die ganze moderne Welt seit der Französischen Revolution hinbewegt hat. Politisch ging es, vereinfacht ausgedrückt, um die Verwirklichung einer Gesellschaft, in der alle Menschen gleich und in dieser Gleichheit alle frei sind.

Man ging davon aus, daß durch die moderne Industriegesellschaft eine solche Fülle an materiellem Reichtum geschaffen würde, daß nicht nur Not und Elend aufhören würden, sondern daß auch, wie das immer zur marxistischen Perspektive gehörte, die politische Herrschaft verschwinden würde. Die Menschen würden reich sein, sie könnten sich den ganzen Reichtum der Natur aneignen, und politische Herrschaft als Herrschaft von Menschen über Menschen würde absterben. Die Menschen könnten unter den Bedingungen von Freiheit und Gleichheit aus diesem produzierten Reichtum aus der Natur nehmen, was sie benötigen, um alle ihre Bedürfnisse zu befriedigen. Es lag das schöne Bild von den Kindern zugrunde, die am Geburtstag der Tochter vor einem Tisch versammelt sind, der unter der Last des Kuchens zusammenzubrechen droht, und wo jedes Kind zugreifen darf, soviel es will. Dann gibt es kein Problem mehr, denn dann haben wir so etwas wie den paradiesischen Zustand, der am Anfang der Geschichte war und der am Ende der Geschichte wiederhergestellt sein wird. Das war die Vision des Sozialismus.

Wenn wir fragen, nach welchen Kriterien wir in der Bundesrepublik in den letzten 20 Jahren die Politik beurteilt haben, dann werden wir entdecken, daß wir ausdrücklich oder unausdrücklich immer den gleichen Maßstab zugrunde gelegt haben. Wir hielten jeden Schritt nach mehr Abbau von Herrschaft, jeden Schritt in Richtung der Steigerung des Massenwohlstandes, jeden Schritt zu mehr Gleichheit und jeden Schritt zu mehr Emanzipation für erstrebenswert. Jeder Politik, die diesen Bedingungen genügte, waren wir fast diskussionslos bereit, das Prädikat der Progressivität zuzubilligen. Deshalb galt jede andere Politik, die hier retardierend wirkte, im weniger schlimmen Falle als konservativ, und jede Politik, die gar als Progreßbremse wirkte, als reaktionär. So haben wir auch die Parteien und innerhalb der Parteien unterschieden nach rechts und links, nach liberal, linksliberal und konservativ und so fort. Wir tun das heute noch, als hätte es diesen welthistorischen Umbruch überhaupt nicht gegeben.

Wir müssen also feststellen, daß wir auf diesen welthistorischen Umbruch nicht nur keine Antwort gefunden haben – das wäre vielleicht in der Kürze der Zeit auch gar nicht möglich –, sondern daß wir uns auch weigern, diesen Umbruch überhaupt in seiner ganzen Tiefe zur Kenntnis zu nehmen. Wir denken und reden so, als wäre nichts geschehen. Auch für diese etwas betrübliche, eigentlich deprimierend stimmende Bilanz ist der Ausgang der Wahl ein Beweis. Wenige Meter entfernt von der Mauer, die bisher Deutschland in zwei Teile gespalten hat, wählen in einem Berliner Bezirk 40 % die Nachfolgepartei der SED. Rudolf Scharping hat gesagt, die PDS sei keine demokratische Partei, sie gehöre nicht zu den Parteien, die auf dem Boden der Verfassung der Bundesrepublik ständen, und er lehne jede Form der Zusammenarbeit mit dieser Partei ab. Nach der Wahl sind die Verhandlungen – vorerst auf Landesebene – in vollem Gang. Wer zweifelt im Ernst daran, daß ein Wechsel zu einer Regierungskoalition aus SPD und Grünen in vier Jahren stattfände, wenn die

Bildung dieser Koalition – toleriert oder mitgewählt durch die ehemalige SED – möglich wäre. Sondierungsgespräche führen heißt herausfinden, ob die PDS als Koalitionspartner in der Regierung in Frage kommt, welche gemeinsame Politik möglich ist und welche nicht. Dies kann man Sondierungsgespräche, aber auch Verhandlungen nennen. Auf jeden Fall ist es der Nachfolgeorganisation der SED, dieser für die DDR und ihr Schicksal maßgeblich verantwortlichen Partei, in wenigen Monaten gelungen, sich als eine demokratische, potentiell koalitionsfähige Partei zu etablieren. Wenn es heute eine strategiefähige, eine mit einer realistischen Konzeption ausgestattete, mit reichen finanziellen Mitteln versehene und mit einem politisch hochgeschulten Führungspersonal ausgestattete Partei gibt, dann ist das sicher die PDS. Das ist eine große konzeptionelle und strategische Leistung dieser Partei. Wir müssen uns darauf einstellen, daß dieser Vorgang, der jetzt abgeschlossen ist, keine Art der Auseinandersetzung mehr zuläßt, wie wir sie bisher geführt haben. Einfach zu sagen, die PDS-Funktionäre seien nicht demokratisch, sie seien rot lackierte Faschisten, sie seien rote Socken, das ist nicht mehr relevant.

Die Diskussion, die wir jetzt führen müssen, gipfelt in der Frage: Welche Ziele verfolgt diese Partei? Welches Programm hat sie? Was versteht die PDS unter dem Begriff „demokratischer Sozialismus"? Dies ist der Moment, der an die Diskussion erinnert, die wir vor 18 Jahren geführt haben. Wir müssen uns, ob wir wollen oder nicht, darauf einrichten, daß wir eine „Sozialismusdiskussion" führen müssen. Man muß diese Partei ernst nehmen, man muß sie beim Wort nehmen. Man muß sie fragen, wie der rettende und bessere Weg zum Sozialismus aussehen soll, nachdem doch alle bisherigen Varianten des Sozialismus gescheitert sind.

Der Cheftheoretiker der PDS hat klipp und klar folgendes erklärt: Zum einen sei der Sozialismus in der ehemaligen DDR an seinen eigenen Fehlern zugrunde gegangen. Weiter sagte er, diese Fehler müßten wir analysieren und aus der Analyse dann die richtigen Konsequenzen ziehen, um einen besseren und erfolgreicheren Sozialismus auf den Weg zu bringen. In allererster Linie ist dies eine intellektuelle, eine geistig-politische Herausforderung, die die Bundesrepublik zwingen wird, sich über die Inhalte in der Politik zu unterhalten. Die politischen Diskussionen hatten bisher mit Inhalten sehr wenig zu tun. Ständig ist von Steuern die Rede, und alle stellen nur die Frage: Wem ziehen wir wieviel zugunsten von wem aus der Tasche?

Von allen anderen entscheidenden, das Leben dieser Republik bestimmenden Kernfragen des Politischen war im Wahlkampf kaum die Rede. Es wurde vielmehr die Frage gestellt: Weckt dieser Politiker die nötige Zuversicht? Hat er die sonore, durchdringende, Vertrauen erweckende Haltung und Stimme? Wir haben in einem welthistorischen Umbruch, in einer Situation, in der wichtige politische Entscheidungen über das Schicksal dieses Landes zu treffen sind, einen Wahlkampf um Personen und keinen Wahlkampf um Inhalte geführt. Und warum haben wir einen personalisierten Wahlkampf geführt? Wir haben ihn so geführt, weil erstens die konkurrierenden Parteien keine konkreten Inhalte mehr anzubieten haben und weil zweitens die jeweiligen Ideologien, aus denen diese Parteien bisher ihre politische Orientierungsfähigkeit geschöpft haben, verbraucht sind. Was soll denn die Beschwörung des Sozialen angesichts der 3,5 Millionen Arbeitslosen, die sich, in den Fundamenten ihres sozialen Selbstwertgefühles angeschlagen, als halb Ausgestoßene in dieser Gesellschaft fühlen, wenn wir weitgehend sprachlos und gelassen über diese Herausforderung hinweggehen?

Meine These ist, daß wir uns innenpolitisch in einer Situation befinden, in der eine Entscheidung fallen muß. Die Demokratie ist die politische Form, in der die Völker sich ihr Schicksal selbst bereiten. Die Völker müssen die Folgen der Entscheidung, die sie getroffen haben, auf sich nehmen und sie auch durchstehen. Das kann aber das Volk nur, wenn die politischen Parteien ihnen klare, alternative Konzeptionen vorlegen, zwischen denen sie sich entscheiden können. Wenn die gegenseitige Annäherung der Parteien bis auf ein Minimum vorangeschritten ist, können die Bürger auch keine Entscheidung mehr treffen. Darum liegt es nicht nur an den Bürgern, die sich geweigert haben, in dieser Wahl eine Entscheidung zu treffen, sondern auch an den Parteien, die entweder nicht fähig oder nicht willens waren, die Bürger mit der ganzen Härte der Entscheidungsalternative zu konfrontieren, die uns jetzt bevorsteht.

Die erste und wichtigste Entscheidung ist, daß der Staat mit seinen politischen Handlungsmöglichkeiten bald am Ende ist, wenn die Höhe der Verschuldung der öffentlichen Hände von über 2,1 Billionen DM nicht zurückgeführt wird und wenn der Staat sich nicht wieder einen Handlungsspielraum verschafft. Wenn große staatliche Programme zur Lösung einer Vielzahl von Problemen umgesetzt werden, dann stellt sich doch die Frage, womit der Staat diese Programme finanzieren soll. Da er keine Kredite mehr aufnehmen kann, kann er dieses Geld nur noch vom Bürger holen, indem er die Steuern erhöht. An dieser Stelle taucht das erste große Problem auf. Dieses Problem besteht darin, daß der Industriestandort Deutschland sich heute weltweit in einem Konkurrenzkampf befindet, in dem die deutsche Wirtschaft Waren zu vergleichbaren Preisen, wie sie auf dem Weltmarkt üblich sind, und – wenn möglich – in einer besseren Qualität anbieten muß. Ich brauche hier keine Zahlenreihen aufzuführen, die belegen, daß die Belastung der Arbeitnehmer und der Betriebe einen inzwischen mit keinem anderen Industrieland vergleichbaren Spitzenwert erreicht hat. Wenn man die gleichen Produkte in einem Land mit nur den halben Lohnkosten produziert, kann man die Konsequenzen voraussehen, die dies für die Wettbewerbsfähigkeit einer Industriegesellschaft wie der unsrigen hat. Wenn wir wettbewerbsfähig bleiben wollen, wenn wir die Märkte, die wir verloren haben, oder die Märkte, in denen unsere Spitzenposition bedroht ist, halten wollen, ist eine Politik der Entlastung der Arbeitgeber und Unternehmer unausweichlich.

Das ist die eine Herausforderung. Wir müssen uns darüber im klaren sein, daß an der Antwort auf diese Herausforderung und ihren Folgen mehr hängt als nur unsere Wettbewerbsfähigkeit. Von der Wettbewerbsfähigkeit Deutschlands hängt im Grunde genommen alles ab, in letzter Instanz sogar unsere Demokratie. Denn nichts anderes als unser vorbildlich entwickelter Sozialstaat hat bisher unsere Demokratie stark gemacht und stabilisiert. Aber dieser Sozialstaat kostet die Bundesrepublik inzwischen in jedem Jahr eine Billion D-Mark – mit steigender Tendenz. Die zweite Frage lautet daher: Wie können wir die sozialstaatlichen Leistungen halten und gleichzeitig die Konkurrenzfähigkeit auf dem Weltmarkt zurückgewinnen, um das Geld zu verdienen, mit dem wir den Sozialstaat bezahlen können? Der Sozialstaat hängt nicht von der sozialen Gesinnung der Unternehmer oder dem sozialen Kampfgeist der Gewerkschaftsführer oder der Parteien ab, sondern er hängt ausschließlich vom Wettbewerbserfolg der Deutschen auf dem Weltmarkt ab.

Wir müssen als drittes hinzufügen, daß der Sozialstaat in der vorbildlichen Weise, wie er ausgebildet worden ist, auch der Garant unserer Demokratie ist. Die Stärke der Demokratie in Deutschland liegt in der Steigerung des materiellen Lebensstandards in nahezu allen Schichten. Aber wir haben unser ganzes Gemeinwesen auf der Prämisse errichtet, daß im Prinzip eine jährliche Wachstumssteigerung von 3–6 % erreichbar sei. An dieser Steigerung hänge der sukzessive Ausbau des Sozialstaates. Unsere Parteien haben sich angewöhnt, Wahlen zu gewinnen, indem sie überall im Lande nachfragen, ob es noch sozial unbefriedigte Wünsche gibt. Sie haben ihre Wahlkämpfe gewonnen, indem sie im Falle ihrer Wahl einen weiteren Ausbau der sozialen Sicherheit in Aussicht gestellt haben. Dies hat eigentlich die ganze ideologische Substanz der Parteien zerrinnen lassen.

Die weitere Komponente, die die Bundesrepublik nicht zuletzt durch die Kulturrevolution von 1968 bestimmt hat, ist der Gedanke der Emanzipation. In unserer Gesellschaft entwickelte sich das Bemühen eines jeden um die Emanzipation des anderen zu einer Dauerveranstaltung. Das Ziel besteht darin, daß jeder, autonom über sich selbst verfügend, sich selbst bestimmend, seine Bedürfnisse selbst definierend, um die Befriedigung seiner Bedürfnisse besorgt ist. Diese Sorge um die Bedürfnisbefriedigung trug man entweder allein oder in der Kooperation mit Menschen gleichgerichteter Wünsche.

Der welthistorische Umbruch und das Scheitern aller kommunistischen und sozialistischen Modelle impliziert nun die traurige und betrübliche Nachricht, daß dies alles – dauerndes Wirtschaftswachstum, ständiger Ausbau des Sozialstaates und der Prozeß der Emanzipation – der historischen Vergangenheit angehört. Wir können zwar noch versuchen, uns an die vertrauten alten Ziele und Gewohnheiten zu halten, den Umbruch zu verzögern, aber wir werden ihn nicht aufhalten können. Die entscheidende Herausforderung der Politik liegt nun darin, daß sich nicht nur die Parteien, sondern die ganze Gesellschaft neu definieren muß, daß wir als Voraussetzung für das Bestehen der neuen Herausforderungen so etwas wie ein neues geistig-politisches Weltbild brauchen. Wir müssen uns in der Welt neu orientieren, und wir müssen nach neuen Kriterien entscheiden, was unter diesen neuen Bedingungen eigentlich konservativ und was progressiv ist. Ist es beispielsweise noch progressiv, den Ausbau des Sozialstaates in der bisher auf Egalität ausgerichteten Form weiterzutreiben, oder ist nicht vielmehr der progressiv, der sich entschließt, das Abenteuer und das ganze Risiko einer Unternehmerexistenz auf sich zu nehmen und Arbeitsplätze zu schaffen? Ist derjenige progressiv, der die Segnungen, die andere erarbeitet haben, wie selbstverständlich in Anspruch nimmt, oder derjenige, der selbst kreativ ist und Investitionen und Arbeitsplätze schafft, die es ermöglichen, den sozialen Standard zu erhalten?

So könnte man bei vielen unserer Probleme die Frage stellen, was denn in Zukunft progressiv und was konservativ ist. Das betrifft auch die Frage nach der Individualisierung, die wir immer als einen Fortschritt gefeiert haben. Wir können heute beobachten, daß in dem Maß, in dem sich die Gesellschaft nach den Prinzipien der Liberalität und der Sozialität organisiert, nicht die große Endrevolution des Marxismus, eintreten wird, sondern das, was Nietzsche die „atomistische Revolution“ genannt hat. Atomistische Revolution heißt nichts anderes, als daß die Gesellschaft sich von innen her auflöst. Alles Verbindende, alle Gemeinschaft schaffenden und bildenden Lebensformen, alle diese haltenden und integrierenden Formen lösen sich auf. Die atomistische Revolution ist die Revolution der radikalen Individualisierung. Es werden nur noch Singles übrig bleiben; einsame „Monaden“ (Leibniz), die um sich, d. h. um ihre Ansprüche und ihre Bedürfnisse vergeblich und verzweifelt kreisen.

Dies kann man heute beobachten, wenn man sich die Situation der Familie vergegenwärtigt. In den großen Ballungsgebieten der Bundesrepublik, zum Beispiel in Stuttgart, sind 50 % Single-Haushalte. Dies hängt mit dem Vorgang zusammen, der eine der großen, vielleicht die größte Kulturrevolution unseres Jahrhunderts darstellt: Die bürgerliche Familie ist sukzessive einem inneren Auflösungsprozeß unterworfen. In erster Konsequenz ist die biologische Reproduktion dessen betroffen, was man früher das Volk genannt hat. In der DDR gab es vor der Wende 200.000 Geburten, jetzt sind es in den neuen Bundesländern nur noch 76.000 Geburten. Meinhard Miegel, ein enger Mitarbeiter von Kurt Biedenkopf, hat ein Buch geschrieben unter dem Titel: „Das Ende des Individualismus. Die Selbstzerstörung der westlichen Kultur“. Dieses Buch läuft auf zwei Thesen hinaus. Erstens seien die Deutschen dabei, sich biologisch zu dezimieren, so daß sogar die nationale Identität zur Disposition steht. Zweitens müsse man, um die sozialen Leistungen auch in Zukunft bezahlen zu können, daran denken, Millionen Menschen aus dem Ausland nach Deutschland einwandern zu lassen. Miegel meint, daß unter diesen Umständen an eine Selbstbehauptung der kulturellen Identität der Deutschen auf Dauer überhaupt nicht zu denken sei. Dieses Modell schreckt andere, der CDU nahestehende Wissenschaftler überhaupt nicht, sondern sie propagieren dieses sogar. Manche verbinden damit die Faszination, daß die Deutschen in der Geschichte, wieder einmal allen Völkern der Welt voraus, bei sich verwirklichen werden, was wir die multikulturelle Gesellschaft nennen. Helmut Schmidt erklärte dazu, die multikulturelle Gesellschaft sei eine „absurde Idee".

Die zweite Konsequenz ist eine kulturrevolutionäre: Die Familie wurde in ihrer Erziehungskraft fast bis auf ein Minimum geschwächt. Wie soll die Familie noch erziehen können, wenn in vielen Schulen selber nicht mehr das stattfindet, was man früher Erziehung genannt hat? Hier ist ein Folgeproblem der kulturrevolutionären Emanzipation ausgelöst worden, vor dem unsere Politiker rat- und hilflos dastehen. Es kann doch kein Politiker mehr sagen, was denn die Politik über finanzielle Zuwendungen hinaus zur Stärkung der Familien und ihrer Erziehungskraft beitragen kann.

Dies alles bedeutet, daß der Zerfall dieser elementaren Grundlagen der Gesellschaft ein metapolitischer Vorgang ist, der sich der politischen Steuerung grundsätzlich entzieht. Es ist nicht damit getan, daß durch Steuererhöhungen das Kindergeld erhöht wird. Davon kehrt die Erziehungskraft der Familie nicht zurück. Genausowenig ist hilfreich, wenn man die Pflege der Alten und Kranken mit Milliarden organisiert. Wenn in diesem Lande unter sozial nicht auch wieder das verstanden wird, was man einmal darunter verstanden hat, nämlich menschliche Liebe, Barmherzigkeit und Zuwendung den Alten, Schwachen und Kranken gegenüber, dann kann es auch keine Pflege geben, die diesen Namen verdient. Wenn diese alten und kranken Menschen nicht diese menschliche Zuwendung bekommen, werden die Milliarden, die dort eingesetzt werden, überhaupt nichts nutzen! Das ist der Punkt, an dem wir feststellen müssen, daß dieser innere Zerfall auch damit zusammenhängt, daß wir mit dem Begriff „sozial" nur noch Umverteilung verbinden. Wir haben übersehen, daß das soziale Ethos unter dem Prozeß der bürokratisch gelenkten und gesteuerten Umverteilung in offenem Zerfall begriffen ist.

Damit kommen wir zur entscheidenden Frage, wie eine Reintegration unserer Gesellschaft, unseres Volkes erfolgen kann und wie diese Erosionsprozesse aufgehalten werden können? Wenn man das Problem so formuliert, dann sieht man sich sofort dem häßlichen Verdacht ausgesetzt, man sei ein Konservativer. Wer über die Erhaltung unserer Gesellschaft und deren Überlebensfähigkeit nachdenkt, der ist heute konservativ. Sie dürfen verrückt sein, Sie dürfen Exhibitionist sein und sich mit allen Perversitäten einverstanden erklären. Das alles geht in Ordnung, denn Sie beweisen damit Ihre liberale Gesinnung. Wenn Sie aber über die Reintegration und den Erhalt unserer Gesellschaft nachdenken, dann sind Sie konservativ, und morgen sind Sie ganz schnell ein Rechtsextremer.

Blicken wir noch einmal einen Moment nach Rußland. Der Sozialismus hat dort nur Verwüstungen hinterlassen. Nicht nur eine materielle, nicht nur eine Naturvernichtung, nicht nur eine Vernichtung der industriellen Kapazitäten, sondern auch eine kulturelle, geistige und moralische. Die Kriminalität, auch die organisierte Kriminalität, nimmt gigantische Ausmaße an. Die Mafia ist dabei, nicht nur die Wirtschaft, sondern auch den Staat zu übernehmen. So weit sind wir in Deutschland noch nicht. Aber wenn man sich die Politik der FDP ansieht, könnten wir durchaus noch so weit kommen, weil diese Partei nicht begreift, daß der Bürger nicht nur vor dem Staat, sondern auch durch den Staat geschützt werden muß. Wie soll sich denn der Bürger vor dem internationalen organisierten Verbrechen schützen, wenn ihn der Staat nicht schützt? In dieser Situation kommen immer mehr Russen, ungeachtet ihrer Parteizugehörigkeit, zu der Überzeugung, daß ohne eine Wiedergeburt des Christentums und ohne die Vermittlung der Grundsätze der christlichen Moral auf die

Dauer an eine Wiederauferstehung Rußlands überhaupt nicht zu denken ist. Eine Eindämmung der zunehmenden Kriminalisierung der Gesellschaft ist in Rußland ohne eine neue Moral, die im Grunde die alte ist, überhaupt nicht möglich. Die Russen beginnen, sich daher auf die eigene Geschichte zu besinnen. Wenn sich die Russen heute die Frage stellen, wovon und wie sie geistig überleben wollen, wenden sie sich ihrer Geschichte zu. Dann taucht die Erinnerung an die große Geschichte von tausend Jahren Rußland wieder auf. Die Russen hält, nachdem ihre Ideologie zerfallen ist, das zusammen, was wir Nationalismus nennen. Alle aus dem Zusammenbruch des Sozialismus hervorgegangenen Völker sind in diesem Prozeß der Renationalisierung begriffen. Selbst die Religion erfährt eine Renaissance. Wenn Boris Jelzin ins Parlament geht, nimmt er vorher mit siebzig seiner Abgeordneten an einem orthodoxen Gottesdienst teil. Die Hoffnung dieses verzweifelten und unendlichen Leiden unterworfenen russischen Volkes richtet sich also auf geistige Kräfte und Traditionen, von denen wir uns immer noch befreien wollen. Es vollzieht sich in Rußland eine Art konservativer Revolution, die die geistigen und kulturellen Fundamente grundlegend verändert. Die Russen orientieren sich nicht mehr an dem Revolutionsmodell von 1917, sie orientieren sich zum Teil nicht einmal mehr am Modell der Französischen Revolution; es sind ältere Ursprünge und Quellen der Geschichte, auf die sie ihren Blick richten, wenn sie überhaupt noch den Willen zur Zukunft haben.

Damit zurück zu unserer Lage in Deutschland: Der Vorgang, aus dem sich alles bisher Geschilderte ableitet, betrifft den Entchristlichungsprozeß in unserer Gesellschaft. Entchristlichung heißt, daß das Christentum in einer im Vergleich und seiner bisherigen Geschichte beispiellosen Weise privatisiert wird. Hat jemand religiöse Bedürfnisse, dann interessiert er sich für die Religion, hat er keine, ist die Sache für ihn lautlos, ohne große antichristliche Propaganda erledigt. Hat jemand religiöse Bedürfnisse, dann geht er in die nächste Buchhandlung und findet dort die religiöse Ecke, in der die Literatur aller Religionen ausgebreitet ist. Von den Naturreligionen und der Mystik bis zum Buddhismus sind dort alle Weltreligionen vertreten. Man wählt unter dem Angebot das aus, wovon man meint, daß die religiösen Bedürfnisse am besten befriedigt werden.

Wolfgang Schäuble hat in seinem Buch „Und der Zukunft zugewandt" versucht, ein Programm vorzulegen. Darin findet sich nichts anderes als eine Art konservatives Erneuerungsprogramm für Deutschland. Schäuble stellt fest, daß die entscheidende Frage darin bestehe, ob wir die Gemeinschaftsfähigkeit der Menschen wieder stärken können. Die eine Möglichkeit dazu liege in der Wiederbelebung der Religion. Aber diese Variante scheide aus, weil die Deutschen nicht mehr christlich sind und es auch nicht mehr sein wollen. Wenn man sich in der Tat die Debatten im Fernsehen anhört, dann wird dort ein Bild von der zweitausendjährigen Geschichte des Christentums gezeichnet, das einem wahren Horrorgemälde gleicht: Das ganze Christentum sei eine permanente Geschichte der unmenschlichen Unterdrückung, der Ausbeutung – vor allen Dingen der Frau. Das Christentum sei geprägt durch hinterlistige Priester, die die Leute um willen ihres Herrschaftsinteresses manipuliert hätten. Eine hierarchisch autoritäre Struktur habe die Menschen permanent unterdrückt, und nun müßten wir uns alle davon befreien. Wir haben heute in Deutschland eine Gesetzgebung, die das religiöse Empfinden der unter uns weilenden Ausländer schützt, aber gleichzeitig wird jede Niedertracht, jede Gemeinheit und jeder destruktive Wille gegen das Christentum als ein großer Sieg der Freiheit und des Fortschritts gefeiert!

Die zweite Möglichkeit, die Schäuble nennt, ist der Gedanke der Nation. Es ist nicht zu leugnen, daß der Gedanke der Nation ein demokratischer Gedanke ist. Nicht Hitler hat die Nation erfunden, sondern die Nation ist eine Frucht der großen Französischen Revolution. Hitler hatte mit der Nation gar nichts im Sinne, er ist vielmehr ein internationalistischer Rassist gewesen, der gar nicht die Probleme des deutschen Volkes, sondern die der ganzen Welt lösen wollte. Wenn jemand die Nation für seine Zwecke ausgebeutet und zerstört hat, so ist das Adolf Hitler gewesen und kein anderer! Hitler hat nach dem verlorenen Krieg kurz vor seinem Tod erklärt, nun hätten die Deutschen keine Existenzberechtigung mehr, denn sie hätten versagt, und es sei angebracht, daß sie aus der Geschichte verschwinden würden. Heute haben wir es geschafft, daß jeder, der in Deutschland das Wort Nation in den Mund nimmt, als ein Präfaschist und Rassist bekämpft wird. Schäuble ist deshalb den Kritikern ins offene Messer gelaufen. Denn er gebrauchte ein Wort, das in der Tat hochgefährlich ist. Schäuble sagte, daß die Nation auch die Dimension der „Transzendenz" erfüllen könne. Er meinte damit, daß die Nation die Rolle einer Art Religionsersatz im 19. und 20. Jahrhundert gespielt habe.

Daran hat sich in Amerika und in Frankreich, von Großbritannien ganz zu schweigen, bis heute nichts geändert. So ordnete auf dem Höhepunkt des Golfkrieges der damalige Präsident Bush einen nationalen Gebetstag an, und die Amerikaner eilten in die Kirche, um für den Sieg ihrer Nation zu beten. Was würde denn diese Demokratien zusammenhalten und sie politikfähig erhalten, wenn die Nation nicht auch eine Art Religionsersatz wäre? Offenbar hat Schäuble an etwas

Ähnliches gedacht. Jetzt stellt sich heraus, daß ihm dieser Gedanke übel vermerkt wird. Denn er wird nun jedesmal gefragt, ob er ein Nationalist und damit ein geistiger Brandstifter sei, der die Verantwortung dafür trage, daß Skinheads betrunken und lärmend durch die Straßen ziehen und Feuerwerkskörper in von Ausländern bewohnte Häuser werfen.

Wir stehen vor der Alternative, entweder den Prozeß der Individualisierung mit allen Konsequenzen fortzusetzen, oder darüber nachzudenken, was die Deutschen eigentlich noch eint, wenn der Kitt des Sozialstaates nicht mehr hält. Nun hat natürlich diese Phobie gegen das Nationale seinen berechtigten Grund. Ich brauche diesen Grund nicht zu nennen; er ist jedem bekannt, der einen Blick auf die Geschichte wirft. Es ist also die große Frage, ob es eine Antriebskraft für die Wahrnehmung einer nationalen, am Allgemeinwohl orientierten Verantwortung gibt, die nichts mit Nationalismus zu tun hat. Wir müssen bedenken, daß der Nationalismus der Nazis vorbereitet wurde durch die sogenannte „Konservative Revolution". Diese war bestimmt durch zwei verhängnisvolle Zielsetzungen, die dann den Weg zum Nationalsozialismus geebnet haben. Erstens war die Konservative Revolution atheistisch und bekämpfte das Christentum, zweitens war sie antiliberal und verhöhnte die Demokratie. Ich habe hier gelernt, daß es in der Tat eine patriotische Verantwortung aus dem Bewußtsein des Christen geben kann. Ein Christ kann ein Patriot sein. Wenn die Motivation für die Übernahme der Verantwortung für das Allgemeine eine christliche wäre, dann hätten wir die Lektion aus dem Nationalsozialismus gelernt. Wir können die christliche Freiheit wieder in einen verantwortlichen Zusammenhang für die Geschicke des Allgemeinen bringen. Unsere politischen Gegner weisen uns immer auf Amerika hin. Wenn wir etwas lernen wollten, sollten wir nach Amerika schauen. Amerika sei das erfolgreichste Land der Aufklärung, dort seien die Menschen mündig und rational und sie hätten die Demokratie verstanden. Wenn man heute nach Amerika blickt, kann man etwas Erstaunliches entdecken. In Amerika bildet sich eine große christliche Koalition, an der 500.000 Menschen aktiv teilnehmen. Diese christliche Koalition will nichts anderes, als die amerikanische Kultur retten. Der Einfluß dieser christlichen Koalition wächst ständig, und die Aussicht, daß Clinton die nächsten Wahlen noch einmal gewinnen wird, schwindet täglich. Es ist durchaus möglich, daß bald eine republikanische Partei, die durch diese „fundamentalistisch-christliche Bewegung" inspiriert wurde, in Amerika die Schaltstellen der Macht erobert. Die beiden großen Mächte des vergangenen Weltkonfliktes, Amerika und Rußland, stehen im Zeichen christlicher Aufbrüche. So kann ich eigentlich nur empfehlen: Schauen wir über unsere Provinz hinaus in die Welt! Denn nach wie vor wird unser Schicksal von diesen beiden großen Ländern abhängig sein. Vor allem die Entwicklung in Rußland wird unser Schicksal beeinflussen, mehr als wir es uns heute vorstellen können. Wir haben eine große Chance, diese Gunst, die uns die Geschichte gewahrt hat, auch zu nutzen. Die Welt erwartet, daß das wiedervereinigte Deutschland seiner internationalen Verantwortung gerecht wird und eine größere, umfassendere Verantwortung übernimmt. Über die Fähigkeit zu einer solchen verantwortungsvollen Politik entscheiden aber nicht nur die Parteiprogramme und ihre Personen, sondern die dahinterstehende geistige Kraft, aus der alle große Politik lebt. Diese Kraft war und ist das, was man früher Glauben genannt hat. Der große Vordenker der „Frankfurter Schule", Theodor W. Adorno, hat einmal gesagt: Politik ohne Theologie ist nur noch Geschäft. Daran will ich erinnern.

Religion und Politik in der Krise der Moderne

Das Thema „Religion und Politik“ ist ein Thema, das sich eigentlich in allen Zeiten, in allen Kulturen und unter ständig wechselnden Bedingungen immer wieder und auch neu stellt. Die Religion – und das heißt für uns das Christentum – ist eine Wirklichkeit in dieser Welt, und sie kann damit auch den politischen Folgen, Wirkungen und Konsequenzen ihres Daseins nicht entgehen. Jedes Wort, das heute in Deutschland von der Kanzel verkündet wird – und wir dürfen nicht vergessen, daß trotz des Niedergangs der christlichen Kirchen sich immerhin ein paar Millionen sonntäglich in den christlichen Kirchen versammeln –, hat eine öffentliche und damit eine politische Bedeutung. Ganz gleichgültig wie sich der Pfarrer zur Politik verhält und wie er sie versteht, welche politischen Ziele er aus seiner Sicht für förderungswürdig und welche er für bekämpfenswert hält, sein Wort stellt eine politische Wirklichkeit dar.

Damit ist in der Tat bereits ein charakteristisches Kennzeichen des Christentums angesprochen worden, daß die Verkündigung der Wahrheit des Evangeliums ein öffentliches Wort ist. Wenn die Christen sich in ihre privaten Refugien und Nischen zurückziehen und öffentlich nicht mehr hörbar und wahrnehmbar sind, bedeutet das nicht nur eine schwere Beeinträchtigung für die Politik, sondern auch eine ernsthafte Beschädigung des Christentums selber. Auf der anderen Seite hat die Politik neben allen anderen Wirkungs-, Daseins- und Lebensbereichen des Menschen auch eine herausragende Bedeutung, denn in der Politik geht es um den Ernst, weil in jeder politischen Entscheidung, in jeder politischen Programmatik, in jedem politischen Willen auch Folgen eingeschlossen sind, die über das Schicksal von Menschen, von Völkern und Staaten und von Kulturen entscheiden können. Uns ist dieser Ernst inzwischen abhanden gekommen, weil wir aus der Politik eine Veranstaltung der öffentlichen Medien mit sinkendem Unterhaltungwert gemacht haben. Wir haben die Begriffe der Postmoderne auf bestimmte Typen von Politikern übertragen und sind der Meinung, daß an der sonoren Stimme oder vielleicht auch an der Krawatte eines Politikers Bedeutsameres für das Schicksal einer Gesellschaft abhängt als von dem, was er ist und was er eigentlich politisch will. In der Politik stehen die letzten Fragen, wenn auch nicht immer deutlich und unmittelbar erkennbar, auf längere Sicht aber immer an. Deshalb gehört zur Politik – so wie die Religion eine politische Dimension hat – unaufhebbar eine theologische Dimension. Nur wenn aus der Politik der Ernst gewichen ist, können wir uns einbilden, daß es auch eine Politik frei von allen religiösen Inhalten geben könnte. Einer der bedeutendsten Vertreter der Frankfurter Schule, Theodor W. Adorno, hat einmal den Satz gesagt, den ich unverkürzt für richtig halte, daß Politik ohne Theologie nicht mehr ist als ein Geschäft. Ich glaube, daß die zunehmende innere Erosion der Idee des Politischen uns fast täglich Anschauungsmaterial für die Wahrheit und für die Richtigkeit dieses Satzes liefert.

Das Zweite, was ich zur Vorbemerkung noch sagen will, ist, daß die Konstellation von Politik und Religion für Europa von einer im Vergleich zu anderen Kulturen einzigartigen Bedeutung ist. Das Entscheidende am Verhältnis von Politik und Religion für die Geschichte des europäischen Abendlandes ist, daß hier – in der Gestalt der berühmten durch die theologische Reflexion der Jahrhunderte hindurch bewahrten und tradierten Lehre von den zwei Reichen – streng unterschieden wird zwischen Politik und Religion. Augustinus hat

Gründungsbedeutung für unsere ganze europäische Kultur dadurch, daß er getrennt hat zwischen der „civitas Dei“ und der „civitas terrena“. Er hat getrennt zwischen dem Staat der Menschen und dem Reich Gottes. Sie sind nicht eins, sondern durchmischt, aber doch getrennt. Sie gehen von unterschiedlichen Ursprüngen aus, auf unterschiedlichen Wegen durchs Leben und auf unterschiedliche Ziele in dieser Geschichte zu, bis jenseits der Geschichte die Trennung und die saubere Scheidung der Bürger der „civitas Dei“ und der Bürger der „civitas terrena“ eintritt.

Wenn wir fragen, was eigentlich das Geheimnis und der Grund für die Dynamik Europas ist, was der Grund für den Reichtum und die Vielfältigkeit der Kulturen und der Lebensformen ist, was Europa ausmacht und worin sich Europa von anderen Kulturen unterscheidet, dann ist es diese Trennung der beiden Reiche. Was die Unterscheidung von Politik und Religion tatsächlich für die Europäer bedeutet hat, wird uns in der Begegnung und zum Teil auch in der Konfrontation mit dem Islam in einer ganz neuen Weise zum Bewußtsein gebracht. Denn für den gesamten Islam, wie immer man ihn interpretieren mag, ist grundlegend, daß diese Unterscheidung zwischen Politik und Religion nicht vollzogen wird, sondern daß die Politik nichts anderes ist als die Form der Verwirklichung der Religion, letzten Endes des Willens Allahs in unserer Welt. Was das für konkrete Konsequenzen hat oder noch haben wird, darüber werden wir in Zukunft ganz sicher noch Gelegenheit haben nachzudenken. Wir müssen aber auch sofort hinzufügen, daß eine Unterscheidung zwischen Politik und Religion für die Geschichte Europas und seine Kultur bis zum 18. Jahrhundert nicht bedeutet hat, daß sie gar nichts miteinander zu tun hatten und sie zu zwei völlig verschiedenen Welten gehörten. Politik und Religion müssen zwar unterschieden, aber sie dürfen nicht getrennt werden. Wir haben es also mit einem sehr komplizierten Verhältnis zu tun, das sowohl durch die Unterscheidung wie auch durch die Einheit bestimmt ist. Beide Momente, das der Einheit und das der Trennung, sind für das Verhältnis, wie in Europa Politik und Religion gedacht wurde, in gleicher Weise entscheidend.

Warum ist es für eine Politik, die sich nur auf die Regelung und Ordnung der irdischen Dinge, der Wohlfahrt und des Gemeinsinns begrenzt, so wichtig, daß sie zu ihrem Gegenüber die Religion und – als institutionalisierte Form – die Kirche hat? Das ist so wichtig, damit die Politik gegenüber der Religion und ihrer Wahrheit eine Möglichkeit hat, zu erkennen, was die Politik kann und was sie nicht kann. Ohne ein Gegenüber der Religion hat die Politik die fast unwiderstehliche Neigung sich zu entgrenzen. Sie verfügt dann über keinen Maßstab mehr, mit dem sie unterscheiden kann, was ihrer Verfügung unterliegt und was nicht. Wenn die Politik diesen Maßstab und das Wissen nicht hat, über was sie verfügen kann und was grundsätzlich und definitiv ihrer Verfügung entzogen ist, dann überschreitet sie eine Grenze. Wenn die Politik über diese Grenzen hinübergreift und totale Ansprüche erhebt, dann bedeutet das, wie wir aus der Erfahrung unseres Jahrhunderts wissen, auch die Selbstzerstörung der Politik.

Auf der anderen Seite ist auch die Religion darauf angewiesen, daß sie zu ihrem Gegenüber eine von ihr unabhängige und selbständige Politik hat, die nur den Maßstäben und den Imperativen der Vernunft unterworfen ist. Wenn die Religion ihrerseits eine solche Grenze nicht anerkennt und beginnt, Politik in einer Form zu spielen, in der unmittelbar religiös christliche Forderungen politsch durchgesetzt werden sollen, dann haben wir es mit der Gefahr religiös bedingter Intoleranz, religiösen Wahns und religiösen Fanatismus zu tun. Dies kann sich für die Völker und die Kulturen, aber auch für die Frommen und die Kirchen in fast vergleichbarer Weise katastrophal auswirken wie umgekehrt eine Politik, die sich in den Dienst der Verwirklichung quasi-religiös inspirierter Heilsverheißungen stellt.

Was die Menschlichkeit des Menschen oder die Wurzel der Freiheit ausmacht, hängt davon ab, ob es gelingt, Politik und Religion zu unterscheiden, aber nicht zu trennen. Sie sind beide in gleicher Weise aufeinander bezogen und aufeinander angewiesen. Wenn dieses Verhältnis zerstört wird und der Versuch gemacht wird, das eine oder das andere auszuschalten, dann stehen wir vor dem, was als Krise der Moderne bezeichnet wird. Dies ist eigentlich noch ein sehr harmloser Begriff, denn dann stehen wir vor den größten Tragödien unseres Jahrhunderts und werden Bedingungen erleben, in denen möglicherweise neue Tragödien heranreifen können. Darum möchte ich im zweiten Teil auf das für die europäische Kultur konstitutive Verhältnis von Politik und Religion eingehen, das offensichtlich aus der Balance geraten ist.

Was ist das Neue? Wir wollen uns an die Position von Karl Marx erinnern, der am radikalsten verstanden hat, worum es hier geht, und der auch am entschlossensten daraus die Konsequenzen gezogen hat. Bereits eine der ersten kritischen Schriften von Karl Marx – die kritische Auseinandersetzung mit der Rechtsphilosophie von Hegel – beginnt mit der Feststellung, daß die erste aller Kritiken die Kritik an der Religion sei. Noch vor der Kritik an der Politik und noch vor der Kritik an der Nationalökonomie und der Wirtschaft ist die erste, alles fundierende Kritik die Kritik an der Religion. Wir vergessen häufig, daß Karl Marx wie kaum ein anderer sich darüber bewußt war, welch entscheidende Bedeutung die

Religion für die Verwirklichungschancen seines eigenen revolutionären Willens hatte.

Das Zweite, an das wir uns erinnern müssen, ist, daß Marx das Problem der Kritik der Religion viel tiefer begriffen hat als die Vertreter einer mehr oder weniger vulgären und materialistischen Religionskritik. Denn Karl Marx war immer der Meinung, daß eine bloß theoretische Kritik nicht ausreicht, um die Religion zu vernichten und zum Verschwinden zu bringen. Die Religion kann nur dann aufgehoben werden, wenn man die Wurzel herausreißt, von der die Religion lebt. Diese Wurzel ist das, was Karl Marx die Selbstentfremdung des Menschen genannt hat, die unter den sozioökonomischen Bedingungen des Kapitalismus hervorgebracht wurde. Der Oberbegriff, unter dem der Kampf – auch der politische Kampf – gegen die Religion geführt wird, ist Ausdruck und Form menschlicher Selbstentfremdung. Der Mensch hat nicht Religion, um Mensch zu sein, sondern der Mensch hat Religion oder bildet Religion, um etwas anderes zu sein als ein Mensch, und wenn man den Menschen zu seiner wahren, authentischen Menschlichkeit bringen will, muß er sich von der Religion befreien. Die Gesellschaft, die Welt muß dann revolutionär umgestaltet und verändert werden, und es müssen Bedingungen entwickelt und geschaffen werden, unter denen der Mensch in der neuen Welt das Bedürfnis nach Religion verliert. Wenn wir von diesem für Marx grundlegenden Begriff der Religion als Gestalt und Ausdruck menschlicher Selbstentfremdung ausgehen, die nur dann verschwindet, wenn die Bedingungen beseitigt werden, unter denen der Mensch in der Welt ein entfremdetes Wesen ist, dann ist das Bestehen von Religion und von Religionskritik – als Form des Kampfes gegen Religion – selbst ein Indiz dafür, daß die menschliche Selbstentfremdung nicht aufgehoben ist.

Wir wissen, was aus dem praktischen Versuch dieses Willens zur Destruktion, Aufhebung und Überwindung der Religion in der Praxis des 20. Jahrhunderts geworden ist. Das ist ein Experiment, das von höchster Wichtigkeit für unser Thema ist, denn wir diskutieren den Untergang des Sozialismus als Scheitern eines sozioökonomischen Experimentes. Wir sind doch der Meinung, daß wenn die Sozialisten etwas vernünftiger gewesen wären und das Privateigentum an Produktionsmitteln nicht beseitigt hätten, sie vielleicht eine etwas klügere Kombination von Plan und Markt gefunden hätten und sich der Segnungen des Marktes besser bewußt gewesen wären, das System vielleicht doch funktioniert hätte. Das ist die Ebene, auf der wir den Untergang des Sozialismus diskutieren. Auch den bürgerlichen Parteien stehen keine zusätzlichen und höheren Quellen der Einsicht zur Verfügung, die es ihnen erlauben würden, dieses gescheiterte Experiment anders zu interpretieren als eben eine sozioökonomisch bedingte Fehlentwicklung.

Der Sozialismus kommunistischer Prägung ist eines der grandiosesten – wenn auch verhängnisvollsten und tragischsten – Experimente, auf die sich die Menschheit in ihrer Geschichte je eingelassen hat. Dieses Experiment war der Wille, eine neue Menschheit, eine neue Gesellschaft und die totale Verwirklichung von Freiheit und Gleichheit durch den radikal praktizierten Atheismus zu schaffen. Wir glauben, und das hat Karl Marx schon immer als eine merkwürdige Ideologie des Kleinbürgers bezeichnet, daß Atheismus eine Sache der Meinung sei. Von der Religion oder von Gott etwas zu halten oder nicht, liegt in der Meinung jedes einzelnen begründet. Es ist eine für das Schicksal einer Kultur, eines Volkes, oder einer Gesellschaft irrelevante Angelegenheit. Ob die Bürger einer Gesellschaft religiös sind und was die Regierenden und Führer dieser Gesellschaft von der Religion wissen oder nicht wissen, das ist nach unserem Erkenntnisstand sozusagen völlig belanglos.

Was unsere Politiker im Kopf haben, ist, daß die Produktivkräfte und die Umsätze steigen, daß das Bruttosozialprodukt 3 bis 4 % im Jahr ansteigt, damit die Mühlen der Umverteilung weiter in Schwung gehalten werden können und das Volk zufrieden ist. Sie übersehen dabei, daß mit dem nun gescheiterten Sozialismus eines der radikalsten praktischen Experimente mit dem Atheismus im 20. Jahrhundert gemacht worden ist. Denken wir nur an die Tragödie, die sich in Rußland in den letzten siebzig Jahren abgespielt hat. Wir wissen heute, daß dieses Experiment das Leben von 40 bis 60 Millionen Menschen gekostet hat, daß ein total ruiniertes Land zurückgeblieben ist, ein Land, das im Begriff ist, sich innerlich aufzulösen, und daß Kriminalität und Anarchismus, aber auch wilde und vernunftlose Gewaltbereitschaft die Kennzeichen des Landes sind, das aus diesem Experiment eines über siebzig Jahre praktizierten Atheismus hervorgegangen ist. Wenn man sich vergegenwärtigt, daß Marx der Meinung war, daß die Religion im Sozialismus marxistischer Prägung aussterben würde, wer hätte da gedacht, daß die russische Kirche wieder zu einer politischen Instanz im nachkommunistischen Rußland werden könne. Alle Machthaber, ganz gleich wie sie sich ideologisch orientieren mögen, erkennen jetzt diese neue Autorität an.

Das zweite große Paradigma für die durch die Aufklärung aus der Balance geratene Konstellation von Politik und Religion ist natürlich die Erfahrung des Dritten Reiches. Die Wissenschaftler haben lange darüber nachgedacht, was die tieferen Gründe und Ursachen für dieses weltgeschichtliche

Phänomen des Nationalsozialismus gewesen sind. Die Feststellung, daß Hitler und die, die ihn gewählt haben, nur Verrückte und Verbrecher gewesen seien, erklärt nicht, warum dieses Phänomen den Gang der Weltgeschichte und das Gesicht dieser Erde so tief verändert hat. Vielleicht müssen wir im Blick auf unsere doch in mancher Hinsicht gescheiterte Vergangenheitsbewältigung noch einmal neu und tiefer über dieses „Phänomen“ nachdenken. Wenn man das tut, dann wird man nicht daran vorbeikommen, daß auch der Nationalsozialismus ein nachchristliches, quasireligiöses Phänomen war. Ohne die Fähigkeit dieses unheimlichen Mannes, der an der Spitze der Deutschen stand, um die amorph und ins Diffuse abgedrängten religiösen Energien der Deutschen zu sammeln und aus ihnen eine politische Kraft zu machen, wäre dieses Phänomen nicht möglich gewesen. Wir wissen heute, daß Teile dieses Volkes diesen Mann nicht nur wie einen politischen Führer, sondern wie einen Retter, wie einen Erlöser, wie einen neuen Heilsbringer begrüßt und angebetet haben. Hier wird deutlich, daß, genauso wie der Kommunismus aus einer quasireligiösen nachchristlichen Form der Religiosität heraus seine innersten Antriebskräfte und Energien bezogen hat, dies in gleicher Weise auch für den Nationalsozialismus zutrifft.

Das Dritte ist, daß diese beiden neototalitären Erfahrungen eine wichtige Lehre enthalten. Wenn die gewachsene und geschichtlich gewordene Herkunftsreligion einer Kultur sich auflöst und ein religiöses Vakuum eintritt, dann zeigt die Geschichte, daß dieses Vakuum nicht leer und unbesetzt bleibt. Entgegen all den verbreiteten Säkularisationstheorien gibt es in der Geschichte auf Dauer kein religiöses Vakuum. Wenn man die authentische geschichtliche Religion vernichtet, dann brechen in diesen Raum quasireligiöse, letzten Endes dämonische Mächte und Gewalten ein. Wenn es einen großen Denker gibt, der sich dieser Zusammenhänge völlig bewußt war, dann ist es kein anderer als Dostojewski. Dostojewski hat in fast gleicher Weise und zur gleichen Zeit wie Marx die Kernfrage gestellt, von der er der Überzeugung war, daß es von der Antwort abhängt, wie die Zukunft Rußlands – von ihm aus gesehen – bis ins nächste Jahrhundert hinein entschieden wird. Er hat diese herausfordernde Frage auf die Formel gebracht: „Wenn Gott tot ist, dann ist alles erlaubt.“ Von dieser Prämisse ausgehend hat er zu Ende gedacht, daß unter den konkret geistigen und gesellschaftlich sozialen Bedingungen Rußlands der Sieg des atheistischen Sozialismus die geistesgeschichtliche Konsequenz sein würde. Dieser atheistische Sozialismus wird den Menschen und die in der christlichen Kultur begründete Idee von der Person des Menschen vernichten. Der Mensch wird eine Ameise in einem großen Ameisenhaufen sein. Die Gesellschaft wird nichts anderes sein als ein „Kristallpalast“, eine Veranstaltung, in der die wissenden Sozialingenieure nach den Eingebungen und Erkenntnissen der modernen Wissenschaft versuchen werden, die Gesellschaft zu organisieren und den Menschen nach ihrem Willen zu modellieren. Genau dies hat Stalin bewogen, ohne daß ihn eine Regung des Gewissens daran gehindert hat, 7 bis 14 Millionen Kulaken auszurotten, weil dies eine Voraussetzung war, um das wissenschaftliche Modell von einer sozialistischen Gesellschaft zu verwirklichen.

Nun hat Dostojewski noch hinzugefügt, daß der Versuch eines atheistischen Sozialismus zusammenbrechen wird und daß es dann eigentlich nur noch die Alternative gibt, daß die Menschen sich dann entweder wieder auf ihre religiösen Ursprünge zurückbesinnen oder sie werden beginnen, sich auszurotten wie Ungeziefer. Es gibt bei Dostojewski dieses unglaubliche Bild, wo am Schluß noch zwei oder drei übrig sind, und die bringen sich auch noch um. Im Augenblick hat man den Eindruck, daß an Stelle der von Dostojewski erhofften und erwarteten Besinnung auf die religiösen Wurzeln und Ursprünge jetzt mehr ein anarchischer Kampf aller gegen alle das Panorama der Welt bestimmt.

Der nächste Punkt, auf den ich eingehen möchte, ist die Frage, ob die Deutschen – nach den Erfahrungen, die sie mit dem Nationalsozialismus und dem atheistischen Sozialismus gemacht haben – etwas aus der Geschichte für die Bestimmung des Verhältnisses von Religion und Politik gelernt haben. Zweifellos hätte es eine neue und politisch konstruktive Idee nicht gegeben ohne den Entschluß der Gläubigen beider Kirchen, sich politisch zu einer gemeinsamen Partei zusammenzuschließen, um zu verhindern, daß ein solcher Absturz und Rückfall in die Barbarei noch einmal als Folge der Abwendung der Deutschen von ihrer christlichen Herkunftsreligion passieren könnte. Das war ein großer Augenblick. Denn ohne den Willen dieser politischen Idee, die auch eine neue Bestimmung des Verhältnisses von Religion und Politik zur Voraussetzung hatte, wäre der Wiederaufbau Deutschlands und der unvorstellbare wirtschaftliche Erfolg innerhalb von nur 19 Jahren nicht möglich gewesen. Man kann es heute rückblickend nur noch als ein Wunder bezeichnen, wie den Deutschen aus dieser Nullpunktsituation nach 1945 dieser Aufstieg gelang.

Nun hatte dieses Wunder Konsequenzen. Eine der wichtigsten Konsequenzen ist die, daß wir dabei sind, zu vergessen, was die Grundlagen sind, mit denen dieser Aufbau Deutschlands gelungen ist. Was wir heute beobachten können, ist eine progressive Privatisierung der Religion und des Christentums. Die Prozesse der modernen Industriegesellschaft und der damit verbundene Ausbau des Sozialstaates führen dazu, daß den Menschen alle Risiken des Lebens durch sozialstaatliche Leistungen und Zuwendungen abgenommen werden. Die Folge davon ist die radikalste bisher zu beobachtende Privatisierung des Christentums. Damit hat die Religion und damit das Christentum heute aufgehört, noch eine für die Politik schöpferische Macht zu sein und der Politik Grenzen zu setzen. Ich habe manchmal den Eindruck, daß sich in den letzten 10 bis 20 Jahren ein Prozeß der Entchristlichung der Deutschen vollzogen hat, der in seiner Radikalität noch über das hinausgeht, was die Nationalsozialisten während ihrer Zeit dem Christentum zugefügt haben. Als Beispiel führe ich nur die Debatte an, die wir um die sogenannte „Abtreibung" geführt haben. Dies ist ein Menetekel für den hier angesprochenen Prozeß der Privatisierung und Entchristlichung. Wenn die Tötung unschuldigen, wehrlosen Lebens – und unschuldiger und wehrloser als ungeborene Kinder kann keine menschliche Kreatur sein – für rechtens gehalten und für straffrei erklärt wird, dann wanken die Fundamente unseres Rechtsstaates.

Die Verfassung der Bundesrepublik Deutschland ist zum einen gegeben vor Gott, wovon wir aber keinen Gebrauch gemacht haben. Sie hat die Würde und damit das Leben des Menschen zum höchsten Gut des Staates erklärt, und sie hat das natürliche Sittengesetz anerkannt. Wenn sich aber die Einsicht in die sittliche Natur solcher Verhältnisse in unserer Gesellschaft auflöst – und ich habe den dringenden Verdacht und die Sorge, daß ein solcher Erosions- und Verflüchtigungsprozeß der Sittlichkeit in unserem Lande stattfindet –, dann kann auch der Rechtsstaat auf Dauer nicht mehr bestehen. Ein Rechtsstaat, der zu seiner Grundlage und Voraussetzung nicht die gelebte Sittlichkeit seiner Bürger hat, wird sich auf die Dauer vernichten und neue Formen der Barbarei ermöglichen, von denen wir einige Erfahrungen in unserem Jahrhundert schon gemacht haben.

Auch das gehört zu den Einsichten von Dostojewski, daß in der modernen Welt, in der modernen Industriegesellschaft das Christentum die einzige Quelle ist, aus der Sittlichkeit entstehen kann. Genau die gleiche Einsicht finden wir bei Goethe, von dem wir wissen, daß er einer der großen Förderer des Neuheidentums der Deutschen bis ins 20. Jahrhundert gewesen ist. Was wir aber weitgehend übersehen haben, ist, daß der alte Goethe diese neuheidnischen Ideen restlos überwand mit der späten Einsicht, daß Christus die Inkarnation der höchsten Idee der Sittlichkeit ist, zu der sich die Menschheit in ihrer Geschichte erhoben hat. Der wichtigste Beitrag, den das Christentum für eine an Freiheit und Recht orientierte Politik leisten kann, ist die Bildung des sittlichen Bewußtseins. In der modernen Welt haben dafür die Kirchen allein die Verantwortung und auch die Möglichkeit, und wenn sie dort versagen und nicht die sittlichen Grundlagen für den Rechtsstaat bereitstellen, kann auch die Politik in eine schwierige, manchmal aussichtslose Situation geraten. Die Aussichtslosigkeit zeigt sich daran, daß an die Politik ständig Erwartungen und Hoffnungen geknüpft werden zur Herstellung innerweltlicher, kollektiver Heils- und Glückszustände, so wie auch Feuerbach sagt, daß in der modernen Welt die Politik an die Stelle der göttlichen Vorsehung treten soll.

Wir müssen aber feststellen, daß alle diese an die Politik herangetragenen Erwartungen und Hoffnungen von keiner Politik auf dieser Welt erfüllt werden können. Auch wenn wir lauter Genies als Politiker hätten, wären sie nicht imstande, diese irdischen, heilsanalogen Ziele politisch zu verwirklichen. In der Enttäuschung darüber, daß die Politik diese Erwartungen nicht erfüllen kann, erleben wir den tiefsten Grund der Krise, in der sich unsere Demokratie, unser freiheitlicher Rechtsstaat befindet, nämlich einen dramatischen Vertrauensverlust. Die Menschen verlieren das Vertrauen in die von ihnen selbst gewählten Politiker. Dreißig Prozent Nichtwähler – mit steigender Tendenz – trauen diesen Parteien nicht mehr die Lösung der Probleme zu, vor denen wir stehen. Es tritt jetzt eine dramatische Erosion nicht nur der präpolitisch-sittlich-religiösen Grundlagen, sondern auch eine dramatische Erosion der Grundlagen unseres demokratisch-freiheitlichen Rechtsstaates ein. So gibt es heute führende Politiker, die der Meinung sind, daß wir uns bereits in einer präfaschistischen Situation befinden, das heißt, daß sich beim Fortgang dieser Erosionsprozesse das Schicksal Weimars wiederholen könnte. Löst sich die religiöse, christliche Substanz in unserer Gesellschaft weiterhin so auf, wie das bisher der Fall ist, nähern wir uns auch dem Ende der Möglichkeit, eine vernünftige Politik zu machen; das heißt eine Politik, die an den konkreten Bedingungen dieser Welt und an den realen Möglichkeiten orientiert ist, die uns zur Verfügung stehen und uns nicht nötigen, uns an Zielen zu orientieren, die nicht von dieser Welt sind. Die auch für die Politik selbst katastrophal durchschlagenden Konsequenzen der Aufhebung unserer Herkunftsreligion vollziehen sich in einer Weltsituation, in der wir die Wiederkehr der Religion und auch der großen Weltreligionen erleben.

Ich hatte mir vor zwanzig Jahren erlaubt, die These zu vertreten, daß am Ende unseres Jahrhunderts nicht mehr die Ökonomie, sondern die Religion das entscheidende Thema der Zukunft sein wird. Davon gibt es bei uns kaum ein Anzeichen. Aber wenn wir die Welt als Ganzes nehmen, dann ist die Antwort auf den Zusammenbruch der sozialistischen

Heilshoffnung auf die progressiv fortschreitende Säkularisation westlicher Gesellschaften und die daraus hervorgehende Häufung der Dekadenzphänomene eine weltweit sich abzeichnende Wiederkehr der Religion, vor allen Dingen des Islam. Die Religionen kehren in die Politik zurück. Religion wird wieder zu einer politischen Größe und politischen Macht. Politik und Religion schaffen wieder politische Fronten, auch wieder politische Freund-Feind-Verhältnisse. Das ist das, was sich vor unseren Augen vollzieht, und meine Sorge ist, daß wir auf Grund unserer christlichen Dekadenz nicht mehr die Kraft finden könnten, auch eine politische Antwort auf eine neue Lage der Welt nach dem Ende des Kommunismus zu geben.

II

Die Wiederkehr der Geschichte

Ende der Utopien – Wiederkehr der Religion?

Worum geht es bei unserem Thema? Es geht um eine ganz schlichte Frage: Was bedeutet der Zusammenbruch des existierenden Sozialismus, den Altbundeskanzler Helmut Schmidt den „vegetierenden“ Sozialismus genannt hat? Wir haben den Zusammenbruch zur Kenntnis genommen und auch begonnen, darüber zu diskutieren, was der Zusammenbruch des Sozialismus eigentlich bedeutet. Aber wird die Diskussion, die wir um die Bedeutung dieses Ereignisses führen, werden die Kategorien, die uns dabei zur Deutung zur Verfügung stehen, der ganzen Tiefe und der ganzen Tragweite dieses Ereignisses gerecht? Mir scheint, daß wir vielleicht doch allzuschnell zur Tagesordnung übergegangen sind. Sicherlich, wir haben das zur Kenntnis genommen, haben auch die enormen aus diesem Zusammenbruch sich ergebenden Probleme und Schwierigkeiten registriert. Aber woran liegt es denn, daß wir so relativ schnell über die Frage nach der Bedeutung dieses Vorganges zur Tagesordnung übergegangen sind?

Es liegt vermutlich daran, daß wir die Antwort vorher schon wußten. Wenn wir nämlich dieses Ereignis interpretieren als den Zusammenbruch eines zentralen verwaltungswirtschaftlichen Systems, dann hat sich damit natürlich etwas erfüllt, was nicht alle, aber doch viele als in der Natur dieses Experimentes liegend erwartet haben. Es war unsere begründete Überzeugung, daß im Vergleich zu einem Zentralverwaltungssystem ein System der freien Marktwirtschaft oder genauer gesagt der sozialen Marktwirtschaft unvergleichlich effizienter ist. Und es kann auch kein Zweifel darüber bestehen, daß der Sozialismus nicht so früh, möglicherweise auch nicht in dieser Form zugrunde gegangen wäre, wenn er nicht an seiner ökonomischen Ineffizienz gescheitert wäre. Wenn er ökonomisch effizienter gewesen wäre, dann hätte dies zwar auf etwas längere Sicht an seinem Zusammenbruch auch nichts geändert, aber er hätte sich länger behaupten können. Es ist ja nicht wahr, wie immer wieder behauptet wird, daß man den Zusammenbruch des Sozialismus nicht hätte vorhersehen können. Die meisten Experten waren zwar der Überzeugung, daß wir uns auf einen jahrhundertewährenden evolutionären Prozeß einstellen müßten, bei dem die beiden Systeme sich langsam evolutionär soweit annähern würden, daß die konfliktschaffenden Merkmale und Eigenschaften sozusagen von selbst verschwänden. Es gab aber durchaus auch Leute, die davon überzeugt waren, daß man den Zeitpunkt des Zusammenbruchs aufgrund der nicht vorhandenen ökonomischen Effizienz ausrechnen könnte.

Die zweite weit verbreitete Antwort, auf die Frage nach dem Grund seines Scheiterns ist, daß der Sozialismus eben utopische Ziele verfolgt habe und natürlich als eine solche Utopie scheitern mußte. Auch wenn wir den Vorgang so interpretieren, fühlen wir uns natürlich nur bestätigt. Denn genauso wie wir wußten, daß eine freie soziale Marktwirtschaft effizienter ist als eine Zentralverwaltungswirtschaft, waren wir natürlich ebenso sicher, daß eine Utopie, wenn man sie als raum- und zeitlose, der Phantasie entsprungene Konstruktion einer wünschenswerten, denkbar besten Gesellschaft versteht, natürlich scheitern muß. Denn es gehört zum Begriff der Utopie, daß man sich ihr vielleicht annähern kann, aber daß sie niemals in die geschichtliche Realität umgesetzt werden kann.

Die dritte gängige Antwort wird schon kontroverser diskutiert. Es geht hierbei nämlich um die Frage, ob der Sozialismus nicht notwendigerweise, also von vornherein zum Scheitern verurteilt gewesen sei. Es kann ja kein Zufall sein, daß man eigentlich allen bisher ausprobierten Varianten des Sozialismus – mit Ausnahme natürlich noch von China, aber das müßte man genauer analysieren, warum der chinesische Sozialismus sich da anders verhält – nicht gerade eine Erfolgsgeschichte nachsagen kann. Vielleicht ist von allen Varianten des demokratischen Sozialismus derjenige in Deutschland wohl noch der erfolgreichste gewesen!

Diese dritte These impliziert dann die Frage, was denn der Zusammenbruch dieses Systems für die Zukunftschancen der sozialistischen Idee als solche bedeutet? Da dieses System sich selber als Sozialismus bezeichnet hat und man zunächst einmal davon ausgehen muß, daß er eben derjenige ist, als der er sich ausgibt, so ist es meines Erachtens müßig, zu fragen, ob dieser gescheiterte Sozialismus denn überhaupt zu Recht Sozialismus genannt werden kann. Wir haben uns leider angewöhnt, jemanden nicht als den zu behandeln, als den er sich ausgibt, sondern so, wie wir vermuten, daß er in Wirklichkeit sei. Natürlich hängt die Beantwortung unserer Frage, was denn der Zusammenbruch dieses Systems für die Zukunftschancen der sozialistischen Idee bedeutet, sehr davon ab, ob man diesem zusammengebrochenen System überhaupt zubilligt, Sozialismus gewesen zu sein. Ich staune immer wieder, wie viele Leute daran interessiert sind, das System vom Verdacht, sozialistisch gewesen zu sein, zu reinigen! Immerhin haben dieselben Leute in dem existierenden Sozialismus eine Menschheitshoffnung sich realisieren sehen. Zwar galt der realexistierende Sozialismus noch als mit großen inneren Widersprüchen behaftet, er rang auch noch verzweifelt um die angemessenen Lösungen, aber er hat es dennoch geschafft, den berühmten qualitativen Bruch mit der Vorgeschichte, mit der „Finsternis“, in der alle vollkapitalistisch und gemischtkapitalistischen Gesellschaften verweilen, zu vollziehen.

Was bedeutet der Zusammenbruch des real existierenden Sozialismus für die Zukunft des Sozialismus? Ich bin sehr beunruhigt darüber, daß viele meinen, daß mit dem Scheitern des real existierenden Sozialismus das Thema Sozialismus von der Tagesordnung der Geschichte verschwinden würde. Diese Vermutung scheint mir keineswegs zwingend und plausibel zu sein. Denn kein Glaube – und ich nehme in der Tat an, daß hinter diesem gigantischen sozialistischen Experiment eine Art Glaube gesteckt hat, – ist durch die kruden Fakten dieser irdischen Welt widerlegbar. Jeder hat, wie wir seit Friedrich Schiller wissen, die Möglichkeit, angesichts der Hoffnungslosigkeit und Misere dieser Welt seinen Blick zu den Sternen zu erheben. Und wenn die Realität noch so sehr den Ideen zu widersprechen scheint, so bleiben die Ideen, auf die sich der Glaube richten könnte, von dieser Misere unangefochten.

Ein vierter Gesichtspunkt betrifft die Frage nach der Zukunft des Marxismus. Diese Frage führt schon in etwas kompliziertere, theoretische Gefilde. Der real existierende Sozialismus hat sich unmittelbar auf Lenin und auch auf Marx berufen. Was bedeutet also der Zusammenbruch des Sozialismus für die Zukunft des Marxismus? Ich hatte vor einigen Jahren Gelegenheit, bei den „Salzburger Humanismusgesprächen“ mit Marxismusexperten nicht der ganzen, aber wohl der halben Welt zusammenzukommen. Damals waren eigentlich alle anwesenden Experten der Meinung, daß die Wahrheit des Denkens von Marx und die Bedeutung seiner Theorie für die Zukunft der Menschheit durch das Scheitern dieses sozialistischen Experimentes im Kern überhaupt nicht betroffen sei. Diese Meinung spiegelt sich heute in der parteipolitischen Diskussion in der PDS wider. Wenn wir uns einmal die hochinteressante Diskussion innerhalb der PDS gegenwärtig ansehen, dann geht es hier um eben diese Frage nach der Zukunft des Marxismus. Man muß sich doch einmal vorstellen, ob es in irgendeinem anderen europäischen Lande denkbar wäre, daß nach den Erfahrungen mit dem realexistierenden Sozialismus in einer postkommunistischen, um einen demokratisch-sozialistischen Weg ringenden Partei eine junge Dame ein Papier verfaßt, in dem sie die Frage stellt, durch welches Ereignis denn der Untergang des Sozialismus begonnen habe, und sie dazu sagt, er habe mit der Rede, die Chruschtschow am Beginn der Entstalinisierung gehalten hat, begonnen. Diese Rede sei der Anfang vom Ende des Sozialismus gewesen, sie sei der Verrat gewesen. Und man müsse nun korrigierend, differenzierend, nicht pauschal verdammend auch die Leistungen von Josef Stalin würdigen und erkennen, wie unverzichtbar manches bei Stalin auch für jeden zukünftigen, noch zu realisierenden Sozialismus sei. Dieses Beispiel zeigt, daß die Frage nach der Zukunft des Marxismus keineswegs beantwortet und erledigt ist.

Ich möchte dazu in etwas zusammengeraffter, idealtypischer Weise zwei Dinge sagen:

1. Wenn ich von dem ausgehe, was Karl Marx gedacht hat, dann hat dieser Sozialismus mit Karl Marx gar nichts zu tun gehabt. Es gibt keine Möglichkeit, den realexistierenden Sozialismus durch das zu legitimieren, was Karl Marx mit dem Gedanken an den Sozialismus verbunden hat.

2. Auf der anderen Seite muß man auch Ernst Bloch recht geben, wenn er sagt, daß in diesem existierenden Sozialismus der Marxismus bis zur „Kenntlichkeit“ entfremdet worden sei. Was ist das, was da kenntlich geworden ist? Eigentlich etwas ganz Banales. Was Karl Marx gedacht hat, haben schon viele vor ihm und andere nach ihm gedacht. Daß die

Geschichte das Resultat der Auseinandersetzung von Klassenkämpfen ist, das ist nicht allzu originell. Selbst die Analyse der Untergangsgesetze des Kapitalismus war noch nicht einmal neu. Das weltrevolutionär Originelle bei Marx ist doch vielmehr dessen Anspruch gewesen, im Besitz des Hebels zu sein, mit dem man die versteinerten, entfremdenden Verhältnisse in Bewegung setzen und überwinden könne. Das Bemerkenswerte ist doch, daß dieser Karl Marx meinte, gewußt zu haben, wie man aus dieser drohenden Finsternis und der damit verbundenen Perspektive der Barbarei herauskommt. Seine berühmte Antwort lautete: durch die Aufhebung des Privateigentums an den Produktionsmitteln.

Ich sage das mit einer gewissen Genugtuung, weil, wenn man heute von Sozialismus und Marxismus redet, von diesem schlichten Umstand kaum noch die Rede ist. Nun kann man zwar der ehemaligen Sowjetunion alles Mögliche an Verrat am Marxismus nachsagen, aber man kann nicht bezweifeln, daß hier das Privateigentum an Produktionsmitteln tatsächlich aufgehoben worden ist. Bei Marx heißt es allerdings, daß es vergesellschaftet werden sollte. Faktisch wurde es aber nicht vergesellschaftet, sondern verstaatlicht.

Aber was heißt hier „Vergesellschaftung"? Das Mysterium der marxistischen Theorie liegt doch in dieser Rede von der „Gesellschaft" verborgen. Wer ist das Subjekt, das das Privateigentum an sich nimmt, wenn es den Privateigentümern weggenommen worden ist? In wessen Verfügung kommt es, damit der Einsatz dieser Produktionsmittel so geplant werden kann, daß das voranleuchtende Ziel, nämlich die Herstellung einer entfremdungslosen Gesellschaft, in der das Individualinteresse zum Allgemeininteresse geworden ist, auch erreicht werden kann? Nun, wir wissen heute, wer darüber verfügt hat. Es war eine staatliche Bürokratie, ja, in letzter Instanz das

Politbüro und im Zweifelsfalle und in bestimmten Zeiten ein einziger Mann, der darüber entschieden hat. Und das ist natürlich das Problem, über das es sich lohnt nachzudenken. Denn was bedeutet es, wenn ein Gremium oder ein einziger Mann letzten Endes die Verfügungsgewalt über den Einsatz der Produktionsmittel der Gesellschaft in der Hand hält? Es bedeutet, daß er eine Art Despotie ausüben und jedes Individuum der Gesellschaft in totaler Abhängigkeit halten kann, ein Vorgang, den sich keiner der vielen sozialistischen Gläubigen im 19. Jahrhundert vorstellen konnte. Dieser real existierende Sozialismus war nicht der große Fortschritt, die Transformation der geschichtlichen gesellschaftlichen Systeme auf ein bisher nie dagewesenes Niveau; er war nicht der Schritt, in dem die Identität von Freiheit und Gleichheit realisiert worden ist, sondern er bedeutete die Regression auf Stufen der gesellschaftlichen Entwicklung, die man meinte, längst überwunden zu haben.

Natürlich kann man sich andere sozialistische Modelle vorstellen. Aber auch dort hat es sich als das entscheidende Problem herausgestellt, daß die „Gesellschaft“ kein Subjekt sein kann, dem man bestimmte verantwortbare Handlungen zurechnen kann. Die entscheidende Kernfrage, die aus der völligen Ungeklärtheit dieses Begriffes „Gesellschaft“ und „Vergesellschaftung“ resultiert, ist natürlich die: Wer interpretiert die Gesellschaft? Das ist die Kernfrage, die – abgelöst von der Erfahrung mit diesem sozialistischen Experiment – auch für uns heute von erheblicher Bedeutung ist. Die deutsche Wirtschaft hat vielleicht bis heute noch nicht begriffen, daß das Entscheidende die Beantwortung dieser Frage ist. Wenn die Wirtschaft nicht auch selber über die intellektuelle, sagen wir philosophische Kompetenz verfügt, sich an dem Interpretationskampf zu beteiligen, wird sie immer auf schlechte

Zeiten setzen müssen, in der die Evidenz der Nöte das Maß an Einsicht fördert, dessen die Wirtschaft bedarf, um das leisten zu können, was man von ihr erwartet.

Es hat durchaus einen guten Sinn, den Zusammenbruch des existierenden Sozialismus mit der Fragestellung des möglichen Endes der Utopie zu verknüpfen. Verwirklichung einer Utopie bedeutete in der Realität den Vorgang, in dem eine Gruppe von Berufsrevolutionären sich der konzentrierten und gesammelten Macht eines modernen Staates bemächtigte und diese Mittel nach den subjektiven Vorstellungen, die sie von Sozialismus oder von Bedürfnisbefriedigung hatte, mit Gewalt und der totalen Unterwerfung eines jeden Individuums durchzusetzen versuchte.

Meine These hierzu ist, daß es diesen Sozialismus in Zukunft so wenig geben wird, so wenig es je zu einer Wiederholung der nationalsozialistischen Machtübernahme von 1933 in Deutschland kommen wird. Wenn es eine Zukunft des Sozialismus geben sollte, dann wird das etwas anderes sein als das bisher Bekannte. Ich warte mit großer Spannung darauf, daß die sozialistische Intelligenz in unserem Land uns einen neuen operativen Entwurf vorlegt, der besser funktioniert und der zu einer größeren Annäherung an die Ziele führt, die auf diese bedauernswerte Weise bei dem letzten Versuch nicht erreicht werden konnten. Darum ist es wenig hilfreich, die PDS als Nachfolgeorganisation der SED oder „ungeläuterte" SED zu beschimpfen.

Man sollte stattdessen die PDS beim Wort nehmen. Der Landesvorsitzende Brie hat gesagt, das Sozialismusexperiment in der DDR sei gescheitert, weil es nicht demokratisch und nicht emanzipatorisch gewesen sei. Nun müßten wir genau analysieren, warum das Fehlen von Demokratie und Emanzipation zum Scheitern dieses Sozialismus geführt habe.

Es wäre doch geradezu spannend, von der PDS eine Antwort darüber zu bekommen, wie dieses Modell eines Sozialismus, der nun demokratisch und emanzipatorisch sein soll und der auch die ökonomischen Probleme des Sozialismus lösen will, aussieht. Der Soziologe Claus Offe hat die schlichte Feststellung getroffen: Ein operatives Modell von Sozialismus haben wir nicht. Was kann denn konkret und praktisch Sozialismus bedeuten, wenn damit nicht mehr die Vergesellschaftung der Produktionsmittel gemeint ist? Zwei Antworten sind da immer wieder zu hören: Der zukünftige Sozialismus zielt ab auf eine solidarische Gesellschaft. Das ist sicher ein schönes und erstrebenswertes Ziel, aber das wollen in der Bundesrepublik Deutschland, wenn man sich die Parteien und ihre Erklärungen ansieht, doch eigentlich alle. Selbst die FDP will eine solidarische Gesellschaft herstellen.

Macht dann aber die Anwendung der Kategorie Utopie auf dieses Experiment überhaupt noch einen Sinn? Ich meine eben doch, daß der Zusammenbruch dieses Sozialismus und die tiefgreifenden Umbruchprozesse, die er ausgelöst hat, auch den, der diesen Glauben an die Erfüllbarkeit sozialistischer Verheißungen nie geteilt hat und nie teilen wird, doch interessieren müßte. Denn die Forderungen nach der Einheit von Freiheit und Gleichheit, der Beseitigung aller in der modernen Gesellschaft angelegten Strukturen, die ausbeuterischen und fremdbestimmenden Charakter haben, sind ja gar nicht spezifisch sozialistisch, sondern sie gehören zu den Grundpostulaten der progressiven Moderne schlechthin, seitdem diese mit der Französischen Revolution in die Geschichte eingetreten ist. Der Sozialismus verkörpert nur die konsequenteste Logik des progressiven Entwurfs der Moderne.

Denn was sollte, gemessen an den Axiomen und Prinzipien der Moderne, erreicht werden? Das Ziel, das dem Sozialismus voranleuchtete, war die Herstellung einer Gesellschaft, in der der Mensch befreit von allen Abhängigkeiten in den Besitz der totalen Verfügung über sich selbst, sprich zur Selbstbestimmung gelangt wäre, und in der alle sozialen, gesellschaftlichen, politischen und vielleicht sogar in letzter Konsequenz auch alle naturalen Bedingungen vom Menschen selber gesetzt werden sollten. Das Ganze war angelegt auf die Abschaffung der Herrschaft von Kontingenz. Die Verheißung der Moderne war gerichtet auf die „Defatalisierung des Schicksals" (Proudhon), das heißt: die Aufhebung, Beseitigung aller Formen unverfügbarer, unsteuerbarer und unkontrollierbarer Abhängigkeiten, denen der Mensch durch seine Kontingenzunterworfenheit ausgesetzt ist.

Wenn man den Sozialismus nicht aus der politologischen, sondern aus dieser religionsphilosophischen Perspektive betrachtet, dann wird natürlich völlig klar, daß es hier um etwas geht, was zutiefst den Sehnsüchten nicht nur einer, sondern vieler Religionen entspricht. Eine Menschheit, die sich an die Verwirklichung eines solchen Zieles macht, ist dann auch zu unvorstellbaren Opfern bereit. Man tötet ja nicht 40, 50, 60 Millionen Menschen um einer Kleinigkeit willen. Diese Tatsache ist ja nicht das Ergebnis einer Politik, die einer politökonomischen Belehrung über die Ablaufgesetze der Gesellschaft gefolgt ist, sondern dies ist zweifellos etwas, was nur auf der Basis einer quasireligiösen Absicht zu verstehen ist. Diese Radikalität und Konsequenz sind vielleicht noch am ehesten bei den Deutschen anzutreffen. Denn wenn die Deutschen radikal und konsequent werden, kennen sie keine Rücksicht mehr auf Kontingenzen und andere Dinge, die den Entwurf deformieren könnten.

Die Frage, die sich damit stellt, ist die, ob mit dem Sozialismus nicht eigentlich die Religion der Moderne selber in ihren tiefsten Gründen, Antrieben, Motiven und Fundamenten erschüttert worden ist? Anders ausgedrückt: Gehören nicht auch dieses Experiment und sein Ausgang in eine noch zu schreibende nachchristliche Religionsgeschichte? Wobei ich sofort hinzufügen würde, daß es sogar fraglich ist, ob man im Falle des Kommunismus überhaupt von einer nachchristlichen Religionsgeschichte sprechen kann. Denn so grauenhaft die Erscheinungsformen des Kommunismus waren, gemessen an den Inhalten der Zielvisionen, die ihm voranleuchteten, wird man eher von einer christlichen Häresie sprechen müssen. Und das trifft nicht nur für diese Version des Sozialismus zu, sondern für alle, die auf diesem Wege an der Befreiung der Menschheit arbeiten und um eine brüderlichere, eine menschlichere und solidarischere Welt bemüht sind. Niemand wird gegen die Werte und Inhalte als solche etwas sagen können. Insofern ist der Kommunismus eben nicht nachchristlich, sondern er ist in der Tat eine Art christliche Häresie gewesen. Wenn man den Kommunismus so interpretieren kann, ist dann nicht auch der Zusammenbruch des Sozialismus ein religionsgeschichtliches Ereignis, das für uns genauso aufregend, interessant, wichtig und spannend sein müßte wie beispielsweise für die Russen?

Ich führe seit vier Jahren ein ständiges Gespräch mit einem ehemaligen marxistisch-leninistischen Philosophen, der auch heute noch Mitglied der Moskauer Akademie der Wissenschaften ist. Die christlichen Wurzeln wirken seiner Meinung auch heute noch nach. Man könne zwar heute nicht von einer christlichen Renaissance in Rußland sprechen, aber selbst solche Intellektuelle, die sich als Atheisten verstehen, würden der These zustimmen, daß ohne eine Wiedergeburt des Christentums und der in dieser christlichen Tradition verwurzelten moralischen Grundlage des russischen Volkes an eine wirkliche Genesung und Erneuerung Rußlands nicht zu denken ist. Im nachkommunistischen Rußland ist seiner Meinung nach die alte orthodoxe Kirche dabei, ihre ursprüngliche Stellung zurückzugewinnen. Und eine der Quellen des Widerstandes, der in Rußland gegen das Programm einer Europäisierung und damit Verwestlichung Rußlands geführt wird, sei der Schrecken vor dem Einbruch der westlichen Dekadenz, die Rußland um die letzte Chance einer auch die Moral und die geistigen Kräfte einbeziehenden Erneuerung bringen könnte.

Ich will das gar nicht beurteilen und bewerten, aber es war doch aufregend, festzustellen, daß es drei Dinge sind, die die Intellektuellen Rußlands gegenwärtig bewegen:

1. Die Wiederkehr der Geschichte. In einer Weise, die mehr an die Weimarer Republik als an unsere Nachkriegszeit erinnert, tritt an die Stelle der großen Utopie die Erinnerung an die orientierende Kraft der Geschichte. Die Grundfrage, die die Russen umtreibt, lautet: Was ist der Sinn der russischen Geschichte? Wie konnte dieses siebzigjährige Abenteuer, dieses Experiment geschehen? Wo und wie ist es in der russischen Geschichte und in der geistigen Entwicklung Rußlands angelegt? Damit verbunden erlebt Rußland die Besinnung auf das geschichtliche Erbe, bis hin zu der Skurrilität, daß die Zahl derjenigen, die sich sogar auch eine Wiederkehr der Romanows vorstellen können, gar nicht so gering ist.

2. Die Wiederkehr des Nationalen. Das ist kein spezifisch russisches Phänomen. Nein, in ganz Osteuropa stellen wir die Wiederkehr des Nationalismus fest, und wir verbinden natürlich mit dieser Wiederkehr alle die Schreckensvorstellungen, die wir auch bei uns auf den Nationalismus zurückführen.

Was soll die russische Politik in einer Situation, in der die Gesellschaft innerlich zerfällt, denn machen? Was soll sie tun in einer Situation, in der die Übernahme des Staates durch organisierte Formen der Kriminalität eine reale Möglichkeit darstellt und in der die Moral, wie Gorbatschow selber analysiert hat, sich auflöst. Was soll Rußland in diesem Vakuum, das sich doch durch die konsequente Umsetzung dieses sozialistischen Experimentes entwickelt hat, denn anderes tun als sich auf die Geschichte und die eigene nationale Größe zu besinnen? Rußland hat es nach 70 Jahren Sozialismus nun mit einem Ausmaß an geistigem Vakuum zu tun, daß man schon beinahe von blankem Nihilismus sprechen muß. Im Gefolge des großen welthistorischen Versuchs, das Telos zu realisieren, das der modernen Welt immanent war, taucht dieser düstere Gast des Nihilismus auf, von dem Nietzsche gesprochen hat. Wie kann man ein solches geistiges und religiöses Vakuum, wie kann man den Verlust aller kollektiven Integrationskräfte bewältigen? Wer den Russen den Nationalismus ausreden will, der soll das tun; nur soll er dann auch eine Antwort auf die Frage geben, was in dieser Situation noch als Alternative zur Verfügung steht.

Bis vor einigen Jahren hat der Sozialismus diese Funktion der Ausfüllung des geistigen Vakuums übernommen. Damit sind wir bei der Dimension angelangt, die eine religionsgeschichtliche Interpretation dieses Phänomens des Sozialismus erst ermöglicht. Denn wenn man einmal die quasireligiöse, religionsgeschichtlich relevante Seite dieses Sozialismus auf seine tiefste Wurzel zurückführt, dann wird man feststellen, daß ihre Apologeten von dem Glauben beseelt waren, man könne durch den Sozialismus einen „neuen Menschen" hervorbringen. Das ist die tiefste Dimension, in der sich die religiösen Voraussetzungen und Quellen erweisen, denn der Gedanke des neuen Menschen ist zweifellos ein spezifischer Gedanke des Neuen Testamentes. Die Vorstellung, man könne nach den Erkenntnissen und Einsichten der Wissenschaft nicht nur die Gesellschaft verändern, sondern regelrecht einen neuen Menschen hervorbringen, der mit ganz anderen Bedürfnissen, mit einem ganz anderen Ethos ausgestattet ist und der sich deshalb mit dem von den Kommunisten interpretierten Allgemeininteresse identifiziert, ist nur zu verstehen, wenn man sie als eine Häresie des Christentums interpretiert. Die sozialistische Praxis implizierte nicht zufällig die Abschaffung alles dessen, was in einer zweitausendjährigen, durch das Christentum entscheidend mitgeprägten europäischen Kultur gewachsen war. Das gilt vor allem für das Verständnis von der Personalität des Menschen, also für die Vorstellung von der einzigartigen und unverwechselbaren Bedeutung des einzelnen. Denn dieser sozialistische Mensch war nur herstellbar, indem man ihn seines individuellen Gewissens beraubte. Das ging so weit, daß in den berüchtigten Schauprozessen der dreißiger Jahre Unschuldige sich freiwillig Verbrechen bezichtigt haben, die sie gar nicht begangen hatten. Darin liegt die Herausforderung dieses sozialistischen Experimentes, wenn man es im Licht und in der Perspektive der Religion und der christlichen Herkunft sieht.

Der Zusammenbruch des Sozialismus bedeutet mehr als nur der Zusammenbruch eines ökonomischen Systems. Der Zusammenbruch bezeugt auch die Krise, in die die Moderne insgesamt geraten ist. Man ist sich heute weitgehend darüber einig, daß wir, gemessen an ihrem ursprünglichen Telos, von einer Krise der Moderne sprechen können. Man ist sich auch darüber einig, daß die tiefste Dimension dieser Krise der Moderne durch die Krise der Kultur bestimmt ist. Die Kulturkrise ist wiederum bedingt durch das, was man das geistige und religiöse Vakuum nennt. Wir erleben den Zusammenbruch des sozialistischen Zukunftsentwurfs zu einem Zeitpunkt, an dem der liberale Westen dabei ist, seinerseits sämtliche geschichtlichen Traditionen und alle herkömmlichen Ethosformen aufzulösen, wie das im Kommunismus bereits geschehen ist.

Unsere Lage ist nun dadurch bestimmt, daß die Linken keine tragende Utopie und die Rechten – und das macht ihre Misere aus, in der sie nur in anderer Weise an der Misere der Linken partizipieren, – keine Tradition mehr haben. Sie haben keine verbindliche Geschichte mehr, auf die sie sich berufen könnten und die sie legitimieren könnte.

Die entscheidende und spannende Frage ist nun die, ob dieses sich abzeichnende, teilweise bereits fortgeschrittene Vakuum nicht eine der entscheidenden Voraussetzungen für die Wiederkehr der Religion sein könnte. Denn wer soll dieses Vakuum ausfüllen? Wie steht es denn mit den großen Ideologien, die auf dem Boden der Aufklärung gewachsen sind? Gibt es heute überhaupt noch identifizierbare ideologische Kräfte, oder sind sie nicht inzwischen so merkwürdige Amalgamierungen eingegangen, daß sie mehr zur Desorientierung als zur Orientierung beitragen und dadurch zwangsläufig auch die Politiker ihrer Fähigkeit, über die sie ja vielleicht auch ein bißchen verfügen sollten, nämlich zu orientieren, berauben? Daß das Versprechen der „geistigen Führung" so kläglich gescheitert ist, hängt natürlich auch damit zusammen, daß keine abrufbaren geistigen Kräfte da sind, die eine solche Orientierung tragen könnten.

Die Frage nach der Wiederkehr der Religion ist nicht weit hergeholt: Sind die Religionen nicht bereits weltweit im Aufwind? Natürlich ist die Reislamisierung ein vielschichtiger, sehr differenziert zu betrachtender Vorgang, aber daß der gesamte Islam, von Marokko bis Indonesien, im Rückgriff auf die Ursprünge und Traditionen eine Erneuerung erlebt, nicht zuletzt deshalb, weil man die weltweite Expansion der westlich-wissenschaftlichen, technischen Zivilisation als eine Bedrohung der eigenen Identität empfindet, ist ja nicht zu leugnen. Daß dies Probleme auch für Europa heraufbeschwören wird, wird uns von Tag zu Tag deutlicher. Es war für mich schon eindrucksvoll, vor einiger Zeit den ehemaligen deutschen Botschafter in Algerien in einer Diskussionsrunde erlebt zu haben, in der es um die Frage ging, wie gefährlich der Islam für Europa sei; und dieser ehemalige deutsche Botschafter, der inzwischen zum Islam konvertiert ist, beherrschte den Koran so phantastisch, daß er für jede seiner Thesen, nämlich wie pluralistisch, wie friedlich, wie tolerant der Islam im Unterschied zu der westlichen Kultur und Religion sei, beliebig viele Koranverse zitieren konnte. Deutsche Politiker werden gut daran tun, in Zukunft, da sie schon nicht in die Bibel schauen, sich vielleicht den Koran etwas genauer anzusehen, denn sonst könnten sie in solchen Diskussionen keine besonders gute Figur abgeben.

Wir sollten wenigstens noch die zeichenhafte Bedeutung des Vorgangs bemerken, daß eine Entwicklung denkbar ist, in der der islamische Religionsunterricht vor überfüllten Klassen stattfindet, während sich die Räume des christlichen Religionsunterrichts leeren. Wir nutzen christliche Kirchen für gewerbliche Zwecke, während Hunderte von Moscheen in Deutschland gebaut werden. Es soll doch keiner im Ernst glauben, das sei etwas, was man mit der Arroganz des aufgeklärten westlichen Rationalismus als Atavismus abtun könne, der bedauerlicherweise in dieser Welt noch nicht überwunden sei, der aber bei entsprechender Entwicklungshilfe und Modernisierung von selbst verschwände. Nein, die Reislamisierung ist eine echte Herausforderung, und vielleicht werden wir uns mit Novalis sehr bald sehnsüchtig die Zeiten zurückwünschen, als Europa noch ein christliches Land war und die Tugenden des Christentums noch vermittelt wurden, mit denen dann auch ein aufgeklärter Intellektueller auf humane Weise eine atheistische Existenz führen kann.

Aber die Renaissance der Religion erleben wir nicht nur im Gebiet des Islam. Wenn man sich beispielsweise den Ausgang der Wahlen in Amerika ansieht und die Rolle, die die christliche Koalition beim Zustandekommen dieser Wahlergebnisse geführt hat – angeblich soll es ein Zusammenschluß von 500.000 Menschen gewesen sein, die sich auf den Weg gemacht haben, Amerika vor der moralischen Dekadenz zu retten –, dann sollten wir uns daran erinnern, daß dieses schöne Bild, das wir vierzig Jahre von Amerika gezeichnet haben, so nie gestimmt hat. Amerika, das war für uns immer das Musterland der Aufklärung, des Rationalismus, der Mündigkeit und der Musterdemokratie. Nein, Amerika war und ist in Wirklichkeit ein anderes Land. Es ist ein Land, das immer meinte, eine Mission, einen göttlichen Auftrag für die Menschheit zu erfüllen. Wenn der Senat tagt, geht ein Gebet voraus, und wenn die Lage am Golf schwierig ist, ruft der Präsident auf zum Gebet für den Sieg der eigenen Soldaten und der Nation. Und wehe dem Amerikaner, der seine Referenz vor der Nationalflagge Amerikas oder gar das Gebet für die Nation verweigert! Wir müssen erkennen, daß die USA ihrer tiefsten Wurzel nach und trotz der vielen Probleme immer noch zutiefst mit dem christlichen, fast missionarischen Selbstverständnis verbunden sind und daraus auch eine unglaubliche Regenerationskraft entwickeln können.

Was hat die multikulturelle Gesellschaft in den USA zusammengehalten? Was hat dieses Land zu einer sozialen Gemeinschaft werden lassen? Es war doch die Unzahl von christlichen Denominationen, die einen solchen Grad der

Kontrolle und Normierung des sozialen Lebens lange Zeit bewerkstelligt haben, daß auf diesem Hintergrund natürlich auch die politische Geschichte und bestimmte politische Phänomene ganz anders zu bewerten sind, als wir das bisher tun.

Warum erwähne ich das alles? Weil ich vor zwanzig Jahren die Verwegenheit und Kühnheit hatte zu sagen, daß am Ende unseres Jahrhunderts oder zu Beginn des nächsten Jahrhunderts das große bestimmende Thema nicht mehr die Kritik der politischen Ökonomie sein wird, so wichtig sie bleiben wird, sondern die Religion. Die Lage in Deutschland spiegelt genau dies in paradoxer Weise wider: Wir erleben einerseits seit einigen Jahrzehnten einen dramatisch sich beschleunigenden Prozeß der Entchristlichung und eine Erosion, die zuweilen zu apokalyptischen Ahnungen Anlaß geben kann. Und auf der anderen Seite wachsen die Sekten wie Pilze aus dem Boden. Wenn ich richtig informiert bin, sind bereits heute 500.000 Jugendliche in die zum Teil obskursten und absurdesten Sekten hineingeströmt, weil sie meinen, dort das finden und erwarten zu können, was sie in den christlichen Kirchen nicht mehr finden konnten.

Ich bin mir sehr bewußt, daß das Erheben des Sektenvorwurfs ein zweischneidiges Schwert ist. Man sollte sich immer sehr genau überlegen, was unter einer Sekte zu verstehen ist. Sektiererisch sind für uns allzu schnell alle diejenigen, die einem vorgeschriebenen, dogmatischen, kanalisierten Umgang mit Wahrheiten nicht mehr folgen wollen. Wir nennen sie dann gerne Fundamentalisten. Karl Marx schrieb einmal, es gehe ein Gespenst in Europa um, das Proletariat. Man könnte das abwandeln und sagen: Auch bei uns geht ein neues Gespenst um, der Fundamentalismus. Die aufgeklärte Moderne sieht die Quellen ihrer tiefsten Bedrohung aus diesen fundamentalistischen Bewegungen und Strömungen hervorgehen.

Wenn wir uns einen bereits einmal erreichten Stand der Dialektik der Aufklärung wieder zu eigen machten, würden wir aber erkennen, daß dieser Fundamentalismus durch die Entleerung, Formalisierung und Prozeduralisierung der aufgeklärten Vernunft selber erzeugt wird. Es ist ein bestimmter Zustand der aufgeklärten Moderne selber, der diesen Fundamentalismus erzeugt. Bei Hegel steht bereits, daß der fortschreitenden Rationalisierung wie ein Schatten der Irrationalismus folgt. Rationalismus und Irrationalismus sind Kehrseiten derselben Medaille.

Viele glauben noch heute, daß ein Verfassungspatriotismus als integrative Kraft ausreichen würde. Nun ist aber unsere Verfassung, man mag das bedauern, auf bestimmte Werte und Prinzipien gegründet. Es gibt Fundamente dieser Verfassung und dazu gehören zum Beispiel Sätze wie der, daß die Verfassung vor Gott gegeben wurde. Heute würde kein die Verfassung reformierendes Gremium noch auf die Idee kommen, diesen Satz an den Anfang zu stellen. Die Achtung vor der Würde des Menschen, die Achtung vor der Integrität menschlichen Lebens ist das höchste Gut, um dessentwillen diese Verfassung existiert. Desweiteren gehört dazu natürlich die Freiheit der Selbstbestimmung. Diese Freiheit reicht aber nur so weit, wie dadurch die Freiheit eines anderen nicht betroffen, versehrt oder eingeschränkt wird. Als viertes Fundament wird in unserer Verfassung noch das „natürliche Sittengesetz" genannt. Das ist natürlich für viele ein ganz unangenehmer Begriff. Natürliches Sittengesetz ist zwar aus philosophischer Sicht ein sehr problematischer Begriff, dennoch konnten die Väter und Mütter der Verfassung mit guten Gründen damals der Meinung sein, daß im Blick auf die Barbarei des Nationalsozialismus für jeden evident sei, was mit dem „natürlichen Sittengesetz" gemeint sein könnte.

Meine schlichte Frage lautet: Haben wir für alle diese Fundamente der Verfassung überhaupt noch eine Begründung? Kann unsere Verfassung auf Dauer überleben, wenn es nicht auch Fundamentalisten gibt, die bereit sind, die Prinzipien und die Werte dieser Verfassung zu verteidigen, und nicht bereit sind, sie beliebig zur Disposition zu stellen? In diese Verfassung sind die Erfahrungen einer langen Geschichte eingegangen, und ganz zweifellos ist auch der christliche Teil unserer Herkunftsgeschichte ein konstituierender Bestandteil der Selbstverständlichkeiten, auf die man sich bei der Benennung dieser Fundamente berufen hat. Wenn diese Selbstverständlichkeiten, diese Evidenzen, verloren gehen, kann die Verfassung durch die Dynamisierung des Wertebegriffs in Gefahr geraten und durch jeden zur Disposition gestellt werden, der in seinen eigenen praktischen Folgerungen mit den Wertsetzungen der Verfassung nicht übereinstimmt.

Auch unser Sozialstaat ist eine Gestalt des sedimentierten Christentums. Die Evidenz des Satzes, daß die Starken den Schwächeren, die Reichen den Ärmeren helfen sollen und allen hilfsbedürftigen Menschen geholfen werden muß, ist ein Satz der sozialistischen Bewegung, aber dieser Satz lebt aus einer Evidenz, die es ohne das Christentum nicht gegeben hätte.

Und der Liberalismus, auf den wir uns – mit Recht – besonders viel zugute halten, lebt nicht nur aus den Prämissen der Aufklärung, sondern vor allem auch aus der vorausgesetzten Evidenz der Zwei-Reiche-Lehre, die besagt, daß geistliche und weltliche Macht nicht eins sein dürfen, daß eine Politik darauf verzichten muß, Wahrheitsexekution zu sein, und daß Politik sich beschränken muß auf den vernünftigen Ausgleich von unterschiedlichen Interessen. All diese liberalen Forderungen sind ohne die Bedeutung der von Augustinus erstmalig entwickelten Zwei-Reiche-Lehre nicht einsichtig zu machen.

Warum braucht also die Politik die Religion und das Christentum? Die Politik braucht das Christentum, damit der Politik gesagt wird, was der Mensch kann und was er nicht kann, was man ihm zutrauen kann und womit man ihn überfordert. Eine Politik, die sich dagegen entgrenzt, ist immer auf dem Wege, ins Totalitäre umzukippen. Die christliche Besinnung nach 1945 wurde ja gerade darum als zwingend erkannt, weil man die Erfahrung mit dem barbarischen Nationalsozialismus hinter sich hatte. Vielleicht erinnern wir uns noch rechtzeitig daran.

Fukuyamas These vom Ende der Geschichte

Wie wirkt sich die veränderte Situation nach 1989 in der östlichen Hälfte Europas aus? Durch den Zusammenbruch des Sozialismus in Rußland sind bestimmte Fragen aufgeworfen; die bei uns nur selten gestellt werden. Wir sollten für die Notwendigkeit plädieren, diese auch zu reflektieren. Das ist auch eine Art von Vergangenheitsbewältigung, insofern es Dinge sind, die in der Vergangenheit liegen, und es gibt viele Vergangenheiten, die wir bewältigen müssen. Aber unsere Kräfte werden so durch die Bewältigung der einen Vergangenheit absorbiert, daß für die Bewältigung der anderen weder Zeit noch Kraft übrig bleibt. Der Westen hat durchaus auf den Zusammenbruch des Sozialismus reagiert. Wer dies mit der größten Wirkung getan hat, ist kein geringerer als Fukuyama. Fukuyama, ein Amerikaner japanischer Herkunft, war tätig in der Planungsabteilung des amerikanischen Außenministeriums. Er veröffentlichte einen Aufsatz über den Zusammenbruch des Sozialismus mit der These, daß die Geschichte nunmehr am Ende sei. Mit dieser These, mehr mit ihren Hintergründen und weniger mit ihrer Begründung, wollen wir uns befassen, weil sie eine Zeitlang bedeutungsvoll war. Nur eine Zeitlang, denn angesichts dessen, wie sich die Welt und Europa heute darstellen, kann man nicht mehr mit einleuchtender Evidenz von einem Ende der Geschichte sprechen. Das, was sichtbar wird, ist nicht das Ende der Geschichte, sondern es ist die Wiederkehr der Geschichte.

Nehmen wir nur einen Punkt heraus. Der ehemalige Präsident Amerikas, Bush, vertrat die Ansicht, daß es nunmehr darauf ankäme, eine neue Weltordnung durchzusetzen, die

die alte, am Konflikt der beiden Systeme orientierte, bipolare Welt ablösen solle. Natürlich wurde damals der Krieg am Golf verstanden und auch gerechtfertigt als ein Teil der Bemühungen, diese neue Weltordnug auf den Weg zu bringen. Wir wissen, was aus dieser Proklamation geworden ist. Es gibt wenig Illusionen von so weittragendem Charakter, die so schnell wie eine Luftblase zerplatzten wie diese proklamierte neue Weltordnung. Wir haben heute keine Weltordnung, sondern wir haben eine fortschreitende Anarchisierung der gesamten Weltpolitik und Weltkonstellation, die eine Lage heraufbeschwören kann, die im Grunde genommen potentiell gefährlicher ist, als es die Lage zu der Zeit des Systemkonfliktes war. Die beiden Systeme hatten sich auf gewisse Verhaltensspielregeln geeinigt, und es ist ja heute noch ein großes Wunder, in welchem Ausmaß diese Spielregeln funktioniert haben. Diese Spielregeln gibt es heute nicht. Es gibt keine Macht der Welt, die eine Kontrolle über den sich immer anarchischeren Ablauf der Dinge ausüben könnte. Die einzige Macht der Welt, die es vielleicht könnte, wenn sie es wollte, wären die Vereinigten Staaten von Amerika, weil sie über die Fähigkeit verfügen, an jedem Punkt der Welt militärisch präsent zu sein und einzugreifen, wenn es nicht mehr als zwei oder drei Kriegsschauplätze gleichzeitig sind. Wenn es fünf oder sechs sein sollten, dann reichten auch die Möglichkeiten der Vereinigten Staaten nicht mehr aus. Aber entscheidend ist, daß die Amerikaner gar nicht daran denken, die ihnen zur Verfügung stehenden militärischen Mittel in den Dienst der Verwirklichung einer Weltordnung zu stellen, sondern sie setzen ihre Mittel ein nach ihrem nationalen Interesse. Dort, wo nicht elementare amerikanische Interessen berührt sind, sind sie auch nicht bereit, sich ernsthaft zu engagieren. Die mit der Mehrheit im amerikanischen Kongreß ausgestatteten Republikaner lehnen jede Art der Beteiligung der Amerikaner an der Schlichtung des Bosnien-Konfliktes ab mit der Begründung, die nationalen Interessen Amerikas seien nicht bedroht. Henry Kissinger hat dazu auch die nötige Theorie geliefert, daß es absurd sei, einen einzigen amerikanischen Soldaten der Gefahr des Todes auszusetzen, wo es nicht um elementare amerikanische Interessen gehe. Eine Macht wie Frankreich verhält sich genauso. Der neue französische Präsident Chirac hat die Atomwaffenversuche gerechtfertigt mit der Begründung, daß sie im nationalen Interesse Frankreichs lägen, und demgegenüber seien alle anderen Gesichtspunkte von untergeordneter Bedeutung. Auch die Engländer haben sich in ihrer Geschichte noch nie anders verhalten, nur haben sie immer eine moralische Theorie gehabt, die dafür sorgte, daß sie nur im Dienste der großen weltumspannenden Sache für Großbritannien gekämpft haben.

Es gibt nur noch eine Macht, die an der Herstellung einer nach dem Prinzip der Menschenrechte organisierten neuen Weltordnung mit Leidenschaft und Hingabe interessiert ist, das ist die Bundesrepublik Deutschland, die eine Politik betreibt, als gäbe es diese Weltordnung und als brauche man nur noch ein bißchen nachzuhelfen. Bedauerlicherweise sind die Deutschen nicht bereit und in der Lage, auch etwas für die Verwirklichung der Durchsetzung der Menschenrechte in anderen Teilen der Welt zu tun, wo sie mit militärischen Mitteln bedroht werden. Selbst die Sozialdemokraten streiten darüber, ob man nun deutsche Tornados einsetzen darf oder nicht, um die Blauhelme aus Jugoslawien wieder herauszubringen. Die Deutschen, die sich am leidenschaftlichsten für eine neue, am universalen Prinzip der Menschenrechte sich orientierenden Ordnung einsetzen, sind im besten Falle bereit, die Funktion des Roten Kreuzes zu übernehmen. Sie sind im Grunde aber nicht bereit, selbst einen ernsthaften existenziellen Einsatz für die internationale neue Menschenrechtsordnung zu riskieren. Das bedeutet, daß die Deutschen nicht nur politikunfähig werden könnten, sondern daß sie in der Konsequenz auf einen Sonderweg zurückgeführt werden, und zwar gerade von denen, die 40 Jahre lang gegen den Sonderweg der Deutschen gekämpft haben. Sie marschieren heute auf einer Straße, die uns auf einen neuen Sonderweg mit der damit verbundenen Isolierung und Ausgrenzung aus der Gemeinschaft der Völker führen könnte, weil sie sich leidenschaftlich gegen eine Mitbeteiligung Deutschlands in der Gemeinschaft mit den Vereinten Nationen oder dem Europäischen Bündnis aussprechen und sich damit weigern, sich für die Menschenrechte einzusetzen.

Die These von Fukuyama vom Ende der Geschichte ist kurz referiert: Mit dem Ende des Kommunismus bleibe nur eine einzige Idee, ein einziges soziales Ordnungsmodell, nur ein gesellschaftliches Prinzip übrig, und dies sei das Prinzip des privatkapitalistischen Liberalismus. Im weitesten Sinne sei der Liberalismus selber als einziger Triumphator nach dem Untergang und dem Sieg über Faschismus und Kommunismus übriggeblieben. Die Kernthese Fukuyamas ist, daß es zu diesem Liberalismus keine Alternative mehr gebe. Der Menschheit falle nun sozusagen nichts mehr ein. Sie kann sich zwar weigern, diesen Zustand zu akzeptieren, es mag auch noch Konflikte, Auseinandersetzungen und Regressionen geben – Fukuyama hat nie behauptet, daß nichts mehr passieren werde –, aber was immer jetzt noch geschieht, ändere nichts an dem alternativlosen Sieg des Liberalismus. Es gibt keine Alternative zum Liberalismus. Der Untergang des Kommunismus bedeutet den welthistorischen, definitiven Sieg des Liberalismus. Die Gesellschaft, die bestehen will, muß die drei Grundsätze des Liberalismus anerkennen: Erstens die marktwirtschaftliche Ordnung für die Ökonomie, zweitens die rechtsstaatliche Gleichheit aller Individuen vor dem Recht und die prinzipielle Anerkennung der Menschenrechte durch jede Form des Staates. Das ist das Ergebnis der Erfahrungen mit den beiden im Verhältnis zum Liberalismus totalitär zu nennenden Versuchen im 20. Jahrhundert.

Nun muß man innehalten und zugeben, daß die These, der Liberalismus sei durch den Sieg über Faschismus und Kommunismus als das einzige, mit einem bestimmten Stand der Moderne zu vereinbarende Modell verifiziert worden, nicht ohne Plausibilität und Berechtigung ist. Denn sowohl der realexistierende Nationalsozialismus und der Faschismus wie auch der Sozialismus nährten sich aus dem entschiedenen Willen, den Liberalismus zu überwinden und zu verneinen. Im Umkehrschluß kann man nun sagen, daß das Scheitern dieser Versuche, an die Stelle einer liberalen eine autoritäre oder totalitäre Ordnung zu errichten, die Richtigkeit des Liberalismus bestätigt hat. Aber die Wirklichkeit sieht anders aus, denn – und das ist das Paradoxon – der Zusammenbruch des Kommunismus fällt zusammen mit einer der tiefsten Formen der Krise des Liberalismus. Es sieht vordergründig so aus, als sei die These von Fukuyama richtig und zutreffend. Aber konkret kann davon überhaupt keine Rede sein, sondern genau gesehen ist das Gegenteil zutreffend. Aus der Entwicklung der Sowjetunion nach dem Zusammenbruch des Sozialismus heraus kann man sagen, daß die Phase des Glaubens an die Problemlösungsfähigkeit des Liberalismus in Rußland heute bereits der Vergangenheit angehört. Es gibt keine ernstzunehmende politische oder gesellschaftliche Kraft, die heute noch den Weg in die Zukunft Rußlands auf den Pfaden des Liberalismus sucht. Die liberaldemokratische Partei in Rußland – heute die Schirinowski-Partei – nennt sich zwar liberaldemokratisch, aber sie ist eine Partei des Neofaschismus und des Neonationalismus. Es ist eine Kuriosität, daß eine neofaschistische Partei, wenn wir sie abgekürzt so nennen wollen, sich selber liberaldemokratisch nennt. Es ist keine Frage, daß uns der Anblick des organisierten Liberalismus vor Augen führt, daß er seinem Ende entgegendämmert, so wie er auch bei den letzten Wahlen in Deutschland nur durch künstliche Blutzufuhr von Zweitstimmen der CDU noch einmal aus seinem Dahinscheiden ins Leben zurückgeholt worden ist. Genscher hat 1982 gesagt, daß er die Rolle der FDP in dieser Koalition in der Verhinderung einer konservativen Gegenreformation sehe, und dieses Versprechen hat er auch für die Zukunft erneuert. Damit haben die freien Demokraten selber die Kräfte genährt und groß gezogen, die heute im Begriffe sind, über sie zur Tagesordnung überzugehen. Die Bürger scheinen auch längst zu dieser Einsicht und zu diesem Ergebnis gekommen zu sein.

Oder nehmen Sie das Wiedererstarken konservativer Parteien in fast allen demokratischen Ländern des Westens. Frankreich wird heute auf allen Ebenen durch eine absolute Mehrheit der Nationalkonservativen beherrscht. Für uns ist der Nationalkonservative ein „Gott-sei-bei-uns", während die Nationalkonservativen in Frankreich zum ersten Mal die absolute Mehrheit haben. Oder nehmen wir den Ausgang der Kommunalwahlen in Spanien, die ein Ende des Sozialismusexperimentes Gonzales' ankündigen. Auch Italien würde heute von einer Mitte-Rechts-Koalition regiert werden, wenn Berlusconi nicht mit seinen eigenen wirtschaftlichen Interessen verwickelt wäre. Der Führer der Labour-Party in England ist ein großer Bewunderer von Margret Thatcher. Die Labour-Party würde, wenn sie an die Regierung zurückkommen sollte, die Ergebnisse der Thatsher-Revolution nicht rückgängig machen, sondern wird sie nur abfedern und abmildern, aber es wird keine Revision dieser neokonservativen Revolution in England geben. Die konservativen Republikaner sind im amerikanischen Kongreß noch nie so stark gewesen wie heute. Das heißt, die Antwort des Westens auf den Zusammenbruch des Kommunismus ist die Wiedergeburt und die Rückkehr des Konservativismus, schillernd zwischen Liberalkonservativismus und Nationalkonservativismus. Während wir in Deutschland die schwarz-grüne Koalition diskutieren, zieht nicht nur die ehemalige Sowjetunion, sondern praktisch der ganze Westen aus diesem Zusammenbruch ins Konservative weisende Konsequenzen. Die Deutschen sind es, die von der neuen Norm des Konservativen abweichen. Wir nehmen de facto in der ideenpolitischen Entwicklung eine Art Sonderstatus ein. Es stellt sich jedoch die Frage, ob wir uns auf Dauer neben einem national-konservativen Rußland und vielleicht morgen auch neben einem nationalkonservativen Amerika behaupten können.

Allzu ernst zu nehmen ist die Begründung von Fukuyama nicht. Entscheidend ist, daß sich hinter diesem Buch Fukuyamas, das mehr das Buch eines politisierenden Journalisten ist, sich die Rezeption eines ganz anderen Geschichtsdenkers unseres Jahrhunderts verbirgt, nämlich die von Alexander Kojève. Das Buch Fukuyamas ist eigentlich mehr eine plagiatorische, politisch etwas zurechtgemachte, auch vereinfachte Version des Denkers, den man ernst nehmen muß und von dem Jakob Taubes gesagt hat, er sei einer der größten Philosophen unseres Jahrhunderts. Darüber mag man streiten. Kojève ist Russe, war Kommunist und später zeitweilig auch Stalinist. Er kommt aus großbourgeoisen Verhältnissen, ist in den Westen geflohen, hat bei Jaspers in Heidelberg promoviert, ist dann nach Frankreich gegangen, war zum Schluß ein hoher Beamter im französischen Außenministerium und hat an der Konstruktion der Union Europas einen entscheidenden Anteil. Er ist der eigentliche Stratege, der die Europapolitik aus französischer Sicht bestimmt hat. Er hat während der dreißiger Jahre als Autodidakt sechs Jahre lang Vorträge über die Phänomenologie des Geistes von Hegel gehalten. Während dieser sechs Jahre saß die denkende Intelligenz Frankreichs zu seinen Füßen. Die Interpretation, die Kojève über die Phänomenologie des Geistes vorgetragen hat, enthält die bisher philosophisch anspruchsvollste und auch ernstzunehmendste Version der These vom Ende der Geschichte.

Kojève geht in seiner Interpretation aus von dem berühmt-berüchtigten Kapitel der „Phänomenologie des Geistes" über Herrschaft und Knechtschaft. Eigentlich ist die Kojèvesche Interpretation nur eine Interpretation dieses Kapitels. Er interpretiert Hegel aus dem Horizont und der Perspektive dieses Kapitels. Er begründet damit die These, daß mit Napoleon die Weltgeschichte zu Ende sei. Das Thema, um das geschichtlich gerungen worden sei, sei nun formiert und habe sich durchgesetzt, und nun könne es nur noch um die Vollstreckung des prinzipiell durch Napoleon, d. h. durch die Französische Revolution, erreichten Endes der Geschichte gehen. Was setzt aber eine solche These vom Ende der Geschichte voraus? Man kann nur sinnvoll über das Ende der Geschichte reden, wenn man bestimmte Voraussetzungen macht. Die erste Voraussetzung ist, daß die Geschichte im Ganzen als Einheit vorliegt und abgeschlossen ist. Die zweite ist, daß die Geschichte in ihrer Einheit ein sie konstituierendes Subjekt hat, und die dritte, daß die Geschichte einen Anfang und ein Ende hat. Dieses Verhältnis von Anfang und Ende muß so gedacht werden, daß bereits in dem anfänglichen, die Geschichte konstituierenden Prinzip das Ende als Telos bereits angelegt und enthalten ist, so daß dann der ganze Verlauf der Geschichte als die Entfaltung und Verwirklichung des im Anfang bereits Angelegten interpretiert werden kann. Nur unter diesen drei Voraussetzungen kann man sinnvoll über das Ende der Geschichte reden.

Desweiteren ist entscheidend, daß Kojève sowohl Anfang, Gang und Ende der Geschichte entfaltet aufgrund der seiner Geschichtsdeutung zugrundeliegenden antropologischen Grundannahme. Für Kojèves Verständnis der Geschichte spielen also Gott und die Theologie a priori keine Rolle. Im ganzen Kojèveschen Geschichtsbild kommt Gott nicht vor, sondern das Christentum ist für ihn in einer bestimmten Phase des geschichtlichen Entfaltungsprozesses eine projektive Ideologie, die zwar eine notwendige Funktion innerhalb des Ablaufs der Geschichte hat, aber die Geschichte selbst ist darüber hinweggegangen.

Was für ein Menschenbild, welche Anthropologie liegt der Deutung Kojèves zugrunde? Wenn wir etwas wirklich verstehen wollen, meinen wir, es von der Anthropologie her verstehen zu müssen. Dieses Vorgehen ist modern. Dem unterwerfen sich heute auch die christlichen Kirchen. Was sie verstehen und als Verstehen überhaupt zulassen, muß vom Menschen aus verstanden werden. Sie kennen den berühmten Satz bei Hegel in den Jenenser Schriften: „Der Standpunkt, auf den der moderne Geist gerückt ist, ist der, daß man alles vom Menschen aus zu verstehen hat, und es ist eine dogmatisch bornierte Vernunft, denn es ist eine durch die Sinnlichkeit affizierte, endliche Vernunft.“ Diesen anthropologischen Standpunkt setzt die Moderne absolut. Wenn man das tut, ist damit a priori die ganze Theologie überflüssig. Die Theologie ist dann selber ein von bestimmten anthropologischen

Prämissen ableitbares und verstehbares Phänomen, und damit sind wir im Prinzip bei Feuerbach. Der Bereich der theologischen Gegenstände sind dann Projektionen des Menschen, die eine bestimmte Funktion erfüllen. Die Geschichte geht darüber hinweg, man beschaut den projektiven Charakter, und der Mensch bleibt als der einzige Standort übrig, von dem aus in Bezug auf die Geschichte überhaupt etwas verstanden werden kann.

Nun nimmt Kojève in seinen antropologischen Grundannahmen drei Thesen über den Menschen auf: Der Mensch ist ein animalisches und damit ein endliches und als ein solches ein selbstbewußtes Wesen. Wenn der Mensch definiert ist durch Animalität, d. h. durch eine Begierdenatur, durch Endlichkeit und Todesbewußtsein und durch Selbstbewußtsein, dann bedeutet Begreifen der Geschichte, die Geschichte als den Prozeß zu verstehen, in dem sich und durch den sich diese in der Natur des Menschen liegenden Bestimmungen realisieren. Das bedeutet, daß das Ende der Geschichte da ist, wenn der Mensch in Wirklichkeit geworden ist, was seine ihm in der Natur liegende Bestimmung ist. Wenn er also ein animalisches Wesen ist, ist die Geschichte dann zu Ende, wenn er im Prinzip materiell befriedigt ist. Das ist das Wahrheitsmoment des Marxismus in der Geschichtsdeutung von Kojève. Insofern nimmt Kojève auch den marxistischen Standpunkt auf. Marx sagte, wenn die materielle Befriedigung in einer reichen Gesellschaft da sei, dann sei die Vorgeschichte zu Ende, dann beginne die eigentliche Geschichte.

Das Interessante ist nun, daß Kojève dies nicht ausreicht. Die Geschichte ist mit dem Marxismus und den im Marxismus zugelassenen antropologischen Prämissen nicht zu verstehen. Die Geschichte wird unbegreiflich, denn der Mensch ist nicht nur ein animalisches, auf materielle Befriedigung angelegtes Bedürfniswesen, sondern der Mensch ist auch ein selbstbewußtes Wesen. D. h., er ist erst dann als Mensch befriedigt, wenn er anerkannt wird. Das Motiv der Anerkennung ist neben dem Motiv der materiellen Befriedigung von gleicher Bedeutung und von gleicher Unverzichtbarkeit, und ohne die Berücksichtigung der Geschichte auch als eines Kampfes um Anerkennung kann die Geschichte überhaupt nicht begriffen werden. Die Geschichte ist dann zu Ende, wenn mindestens tendenziell eine Welt der materiellen Befriedigung vorhanden ist und eine Weltordnung hergestellt ist, in der jeder den anderen in seinem Wert, ein selbstbewußtes, individuiertes Wesen zu sein, anerkennt, so wie er selbst auch durch alle anderen anerkannt wird.

Wenn die Geschichte Kampf um Anerkennung ist, dann gehört zum Verstehen der Geschichte auch eine angemessene Berücksichtigung der Rolle, die der Kampf, nein, man muß sagen, der Krieg in der Geschichte gespielt hat. Ohne Kampf und Krieg wird nicht nur die Geschichte völlig unbegreiflich, sondern es könnte auch kein mögliches Ende im Sinne der Durchsetzung des Prinzips universaler Anerkennung geben. Und horribile dictu billigt Kojève damit nicht nur dem Marxismus ein Wahrheitsmoment zu, sondern auch dem Faschismus. Denn Kojève sieht in der Geschichte einen Antagonismus, zu dem die Wahrheit der Arbeit auf der einen Seite und die Anerkennung des Momentes des Krieges und des Kampfes auf der anderen Seite gehören.

Was Hegel noch als eine große Einheit und Synthese gedacht hat, bricht dann im Links- und Rechtshegelianismus auseinander. Die Linkshegelianer bemächtigen sich der Arbeit, das ist das marxistische Prinzip, und die Rechtshegelianer bemächtigen sich des Motivs des Kampfes und der Anerkennung. Darum ist das Zentrum des weltgeschichtlichen Kampfes für Kojève bis heute die Frage: Wer interpretiert Hegel? Dies ist für ihn die entscheidende Schlüsselfrage zur Auslegung des weltgeschichtlichen Prozesses.

Es gibt aber noch ein drittes: die Endlichkeit. Man versteht, warum um materieller Befriedigung willen gearbeitet und warum um der Anerkennung willen gekämpft werden muß. Darum leitet Kojève die Genese der Weltgeschichte aus dem ab, was er einen Prestigekampf nennt. Am Anfang steht der Krieg. Kojève sagt, dieser Krieg sei der Schlüssel, durch den die Weltgeschichte in Gang gekommen sei. Wäre es nicht zu diesem Kampf und Krieg gekommen, wäre der Mensch aus dem Kreisen um seine animalische Natur und ihre Befriedigung nie heraus- und in die Geschichte eingetreten. Insofern ist eine Welt, die nur um die animalische Befriedigung kreist, eine Welt der Nachgeschichte. Es ist die Wiederherstellung des Zustandes der hier konstrukutiv angenommen wird als der Zustand, der der Geschichte vorausgeht. Warum ist der Prestigekampf nun die Initialzündung für die Geschichte?

Weil in diesem Kampf zwei miteinander kämpfen, von denen der eine bereit ist, in diesem Kampf das Risiko seiner animalischen Natur, also den Tod zu wagen oder die Furcht vor dem Tode zu überwinden, und der Besiegte war nicht bereit, für die Durchsetzung seines Wertes sein animalisches Leben einzusetzten. Aus diesem Kampf geht daher für Kojève die Differenz zwischen Herren und Knechten hervor. Der Herr ist berechtigterweise Herr, weil er die Furcht vor dem Tod überwunden und seine animalische Existenz an einen Wert riskiert hat. Darum sagt Kojève, ist er zu Recht Herr. Herrschaft ist nicht das Absurde, schlechthin Negative, sondern Herrschaft ist berechtigt durch diejenigen, die das Kreisen um die Animalität und ihre Reproduktion überwunden haben. Darum ist Herrschaft für das Ingangkommen der Geschichte konstitutiv.

Aber nun geschieht folgendes: Der siegreich aus dem Prestigekampf hervorgegangene Herr unterwirft sich den Besiegten und läßt ihn für sich arbeiten. Jetzt kommt das bildende Moment zum Tragen, das in der Arbeit liegt. Die Anerkennung der Arbeit ist in der Notwendigkeit eines Vollzuges begründet, durch den der Mensch erst Mensch wird. Denn der arbeitende Mensch, der an der Umwandlung der Natur in eine dem Menschen, der Zivilisation dienlichen Form arbeitet, muß, um diese Umwandlung zustandezubringen, die Befriedigung seiner animalischen Begierde hemmen und an sich halten. Das nennt Hegel das bildende Moment der Arbeit. Dies gehört zur Menschwerdung des Menschen. Die Menschen arbeiten nicht wie bei Marx, nur aus der Notwendigkeit heraus, sondern es liegt in dem Bildungswert der Arbeit, in der Hemmung der unmittelbaren Befriedigung, des Hinausschiebens, durch den der Mensch – so könnte man es auch mit der modernen Anthropologie von Gehlen vergleichen – überhaupt ein Kulturwesen wird. Daher gehört der Sieg auf die Länge der Zeit gesehen nicht dem Herrn, der im Krieg sein animalisches Leben riskiert hat, sondern der Sieg gehört dem Knecht. Indem sich der Knecht arbeitend bildet, ist er die eigentlich produktive, die schaffende Kraft, während der Herr sozusagen erschlafft, verödet und selber nichts mehr lernt. Darum ist der Sieg des arbeitenden Knechtes über den Herrn durch den Ablauf der Geschichte vorprogrammiert. Das Ereignis ist dann die Französische Revolution, in der die universale Anerkennung des Wertes eines jeden selbstbewußten Individuums durch den anderen in der Form zur Proklamation und Etablierung des Rechtsstaates führt, durch den sich die Geschichte vollendet. Das ist die These von Kojève.

Man kann natürlich sagen, daß der Ablauf der Geschichte von der Französischen Revolution an bis zu dem gegenwärtigen Globalisierungsprozeß ein Prozeß ist, in dem es um die Durchsetzung des Prinzips der Anerkennung geht. Hier ist eindeutig, auch bei voller Berücksichtigung des materiellen Faktors, daß die Anerkennung das ist, was die Geschichte heute noch in Gang hält – und alles strebt ja einem Zustand zu, in dem die von Kojève vorausgesagte Ordnung der universalen Anerkennung sich durchsetzt, – oder die Geschichte im Ganzen scheitert. Wir werden noch die Frage zu stellen haben, was dann Scheitern bedeutet. Indem nun der Marxismus die halbe Wahrheit für sich reklamiert, nämlich die Wahrheit, die in der produktiven, den geschichtlichen Prozeß vorantreibenden Rolle der Arbeit liegt, und er das Moment der Herrschaft und der Anerkennung preisgegeben hat, ergibt sich daraus der Faschismus als Konsequenz. Der Faschismus hat sich der Wahrheit bemächtigt, die der Marxismus preisgegeben hat, denn Faschismus ist nichts anderes, als die organisierte Kraft eines Volkes einzusetzen, um den Kampf der Selbstbehauptung in der Konkurrenz der Nationen zu bestehen. Nationalsozialimus ist dagegen qualitativ etwas völlig anderes. Der Faschismus ist die Antwort und die Form, in der sich das Argument der Selbstbehauptung als Anerkanntwerden durchsetzt. Warum gab es im 20. Jahrhundert nach dem Ersten Weltkrieg in so vielen europäischen Staaten Faschismus? Weil diese Völker um die Durchsetzung des Rechtes, anerkannt zu werden, rangen. Das war das Grundmotiv auch des Mussolinischen Faschismus in Italien. Die Wurzel der Hinwendung der Deutschen zum Nationalsozialismus waren ja nicht primär der Antisemitismus und die Rassenideologie, die doch mehr in einigen elitären Kreisen der Nazis kultiviert wurden, sondern es war das Versprechen der Nationalsozialisten, den Deutschen, die sich zu Recht um diese Anerkennung betrogen fühlten, zur Anerkennung zu verhelfen. Und woran ist die Sowjetunion und letzten Endes auch die DDR zerbrochen? Der DDR ging es ja im Vergleich zu anderen Staaten des Ostblocks zwar ökonomisch relativ gut, auch sie ist zugrunde gegangen, weil sie auf die Dauer ihren Bürgern ihr Recht auf Anerkennung nicht gewähren konnte.

Folgen wir den Spuren von Fukuyama und stellen wir die Frage, was die möglichen Konsequenzen der Deutung der Geschichte in unserer gegenwärtigen Lage wären. Es sind zwei Konsequenzen. Erstens gibt es nicht nur den Liberalismus als die einzig denkbare Alternative zum Zusammenbruch des Kommunismus, sondern es gibt auch den Faschismus. Das ist ein Gedanke den wir nicht zu denken wagen dürfen. Aber ein so großer und unabhängiger Denker wie Kojève hat sich das Recht herausgenommen, diese Wahrheit auszusprechen. Die Antwort in Rußland auf den Kommunismus wird aller Wahrscheinlichkeit nach eher eine neonationalistische und neofaschistische, autoritäre Militärdiktatur sein als der Liberalismus. Warum? Weil sich Rußland in einer vergleichbaren Lage zu der befindet, in der sich die Deutschen in der Weimarer Republik nach dem Ersten Weltkrieg befunden haben. Sie fühlen sich nicht anerkannt, sie fühlen sich als ein Volk, dem Unrecht getan wurde, und sie sehen im Liberalismus nur noch eine Kraft der Dekadenz, des Niedergangs und des Verfalls.

Was uns Kojève aber doch lehren kann, ist, daß der Faschismus nicht wie ein Blitz aus heiterem Himmel kommt, daß er nicht das Ergebnis des verschwörerischen Wirkens von einigen Narren ist, sondern er resultiert aus der Unfähigkeit des Liberalismus, die entscheidenden Herausforderungen der Geschichte zu beantworten. Ohne die Krise und den Niedergang des Liberalismus hätte es ja den Faschismus nicht gegeben. Darum müssen wir, nachdem wir uns nun 40 Jahre lang mit dem beschäftigt haben, was von 1933 bis 1945 passiert ist, uns auch mit der Frage beschäftigen, was 1933 möglich gemacht hat und was dem vorausging. Denn ohne den inneren Zerfall, die Krise des Liberalismus hätte es keinen Faschismus gegeben. Was soll der Halt sein, wenn in dieser weltgeschichtlichen Umbruchsituation eine der exklusiven Hauptbeschäftigungen der Kirche die Frage ist, ob man Homosexuelle segnen soll, ob man sie im Pfarrhaus wohnen lassen soll. Selbstverständlich muß man Lesben und Homosexuelle tolerieren. Sie verdienen volle Anerkennung als endliche, animalische und selbstbewußte Wesen, nur darf man nicht aus der Abweichung die Norm machen. Es ist mit der Geduld und der Toleranz eines Volkes, auch des deutschen, zu Ende, wenn es das Gefühl hat, daß die Abweichung zur Norm gemacht wird. Dann tritt genau der Zustand ein, aus dem der Faschismus seine tiefste Antriebskraft bezogen hat, nämlich den Eindruck, es müsse ihn geben, um eine drohende Dekadenz zu bekämpfen. Was dem Faschismus vorausgeht, sind ja Leute, die geängstigt werden von dem Trauma der Dekadenz. Alle Zwangs- und Gewaltformen, die der Faschismus ausgebildet hat, sind Geburten dieser Angst, einem unaufhaltsamen Niedergang überantwortet zu sein, dessen man sich nun, da offenbar die Vernunft nicht mehr ausreicht, dessen mit allen Mitteln und Kräften erwehren zu müssen meint. Zum Niedergang des Sozialismus sind zwei Antworten möglich, ein triumphal sich etablierender Liberalismus, der auch wirklich hält, was er verspricht, der handlungs- und durchsetzungsfähig ist und die Freiheit schützt, ausweitet und garantiert. Oder, wenn das nicht der Fall ist, werden die Deutschen wie andere Völker sich nicht mehr dem gerade gescheiterten

Sozialismus zuwenden, sondern es ist dann durchaus möglich, daß wir die Wiederkehr dessen erleben, was Faschismus ist. Natürlich in einem neuen Gewande und mit neuer Begründung.

Auch das wäre nicht das Ende der Geschichte, sondern es würde der Kampf um Anerkennung weitergehen, und erst durch den Niedergang des Sozialismus würden ganz neue Impulse und Antriebskräfte entwickelt. Selbstverständlich wollen die Chinesen die universale Anerkennung, ebenso die Japaner und selbstverständlich auch heute schon alle afrikanischen Staaten. Es wird dann in Zukunft ein weltweiter Kampf um Anerkennung sein. Und es ist gar kein Zweifel, daß dieser Kampf nicht nach den Regeln des herrschaftsfreien Diskurses verlaufen wird. Werfen wir einen Blick nach Jugoslawien, dann sehen wir, wie die erhoffte neue Weltordnung vor unseren Augen zusammenbricht. Die Soldaten, die von den Vereinten Nationen zur Befriedung der Gebiete dorthingesandt wurden, werden von den Aggressoren als Schutzschilde gebraucht und damit gedemütigt, wie das nicht einmal beim Völkerbund der 20er Jahre der Fall war. Europa behauptet 40 Jahre lang, die Vergangenheit zu bewältigen, und die europäischen Völker und Staatsmänner sehen heute im Grunde genommen zu, indem sie alte diplomatische Muster neu anwenden, wie vor unseren Augen, vor den Toren Europas eine Art Völkermord praktiziert wird, und begleiten dies mit moralischen Klagen. Europa hat sich wieder als nicht politik- und handlungfähig erwiesen. Was soll es denn sein, um dessentwillen wir Europa wollen sollen, wenn man bereit ist diese moralische Katastrophe der Wiederkehr eines Holocaust hinzunehmen. Dann ist Europa nur eine Zugewinngemeinschaft an materiellen Gütern und Vorteilen, und für dieses Europa stirbt niemand. So wie der Trupp französischer

Soldaten sich kampflos den bosnischen Serben übergeben hat, als ihr Offizier ihnen sagte: „Soldaten, gebt euch in die Gefangenschaft, was sollen wir kämpfen, wofür sollen wir Krieg führen, es ist kein erkennbares Ziel da, es ist sinnlos."

Jenseits dieser gezeigten Alternativen gibt es ein Problem, das Kojève immer wieder zu schaffen macht: Wenn das Ziel der materiellen Befriedigung und im Prinzip auch der universalen Anerkennung erreicht sein würde, könnte sich die Frage stellen, wenn die antropologischen Grundannahmen stimmen, was der Mensch dann noch wollen soll. Dann gibt es für ihn kein Motiv mehr zu transzendieren. Dann erfüllt sich die Vision von Nietzsche, die er verbunden hat mit dem Begriff „des letzten Menschen". Der letzte Mensch, der behauptet, er habe das Glück gefunden, der sagt, es gebe ein Lüstchen am Tage und ein Lüstchen in der Nacht, und der in Wirklichkeit nur blinzelt. Der Mensch verliert die Kraft zur Transzendenz, er fällt zurück auf seine vorfindliche animalische Natur und beginnt nur um diese und die Befriedigung der aus ihr hervorgehenden Bedürfnisse zu kreisen. Das ist das Ende der Geschichte. Kojève hat verzweifelt darüber nachgedacht. Es muß ja nicht in diesem Jahrhundert sein, Zeiträume spielen hier im Prinzip keine Rolle. Gibt es dann für den Menschen noch ein Motiv, sich zu transzendieren, über seine Animalität hinauszugehen und sein vitales Leben für einen Wert einzusetzen?

Dann war Kojève in Japan und fand, daß hier der letzte Mensch eigentlich schon da sei. Arbeit und Kampf gibt es nicht mehr, und was dann übrigbleibt, ist, daß der Mensch sich nur noch den sogenannten kulturellen Aktivitäten hingibt, und das bedeutet, daß es ihm in seinem Leben nur darum geht, daß er Vergnügen und Spaß hat, daß die Verbesserung seiner Befindlichkeit der Punkt ist, um den alles kreist.

Wir nennen dies heute die Erlebnisgesellschaft, die Betroffenheitsgesellschaft. Spaß ist, was allein übriggeblieben ist. Es stellt sich die Frage, wie weit wir uns diesem Zustand bereits genähert haben. Und wenn dies der Fall ist, dann wäre das in der Tat das Ende der Geschichte.

Die Erfahrung der Geschichte als Katastrophe und die Erwartung des Heils

Es zieht sich eine innerweltliche Heilslinie durch die Epoche der Moderne. Das Grundbestreben der sich modern, aufgeklärt, progressiv auslegenden und verstehenden Moderne war auf die Verwirklichung einer neuen Welt gerichtet, in der alle die Bedingungen erfüllt sein sollten, die zu verwirklichen der Kommunismus sich vorgenommen hatte. Diese Ziele wurden in einem der gewaltigsten weltgeschichtlichen Experimente mit der konzentrierten Macht eines modernen Staates, mit der Ausschöpfung der Begabung eines so großen und reichen Volkes wie des russischen und mit unvorstellbaren Opfern verfolgt. Es ist eine offene Frage, ob 40 Millionen, 50 oder 60 Millionen Menschen geopfert wurden. Zweifellos ist ein solches Experiment nicht vorstellbar, wenn es nicht von die Menschen ergreifenden und bewegenden Glaubenskräften getragen wird. Damit ist der reale Kommunismus nicht das Ende aller Religion, sondern er ist selber eine Art Religion und hat mit dem, was man im weitesten Sinne die Religion der Moderne nennt, in einer fürchterlichen Weise Ernst gemacht.

Das zweite Kapitel war auf die Geschichtsdeutung gerichtet, die die westliche Welt diesem weltgeschichtlichen Zusammenbruch des Kommunismus entgegenstellt. Dort stießen wir auf die Spuren Alexander Kojèves, dessen These es war, daß das geheime Thema der aus der Französischen Revolution hervorgehenden modernen Welt die Aufhebung der Geschichte sei. Ähnlich wie der Marxismus besaß Kojève die Fähigkeit, Glaubenskräfte für sich zu mobilisieren, indem er wie Marx der Meinung war, daß die Vorgeschichte beendet werden müsse. Das bedeutete, daß es neben der vergangenen

Geschichte, die als Vorgeschichte abqualifiziert wurde, noch eine andere Geschichte gebe. Die Art und Weise, wie Menschen Geschichte bisher erfahren haben, sollte beendet werden. Daher war die Logik, das Telos der Geschichte auf ihre Beendung gerichtet. Die Geschichte als ein kontingentes, unvorhersehbares, nicht steuer- und planbares Ereignis, so wie sie bisher erfahren wurde, sollte beendet werden.

Wenn es ein überzeugendes Motiv dafür gibt, daß die atheistische Moderne sich aus Quellen genährt hat, die die Menschheit dem Christentum verdankt, dann ist es natürlich dieser Wille, das Programm, die Geschichte zu beenden. Friedrich Schlegel zum Beispiel sah in der modernen Geschichte das geheime Thema der Verwirklichung des Reiches Gottes. Darum sind auch der Kommunismus und der Sozialismus in ihren radikalen Spielformen nicht ein Teil der Nachgeschichte des Christentums, sondern trotz aller fürchterlichen Seiten eine christliche Häresie. Im Grunde genommen kann auch ein Christ den Werten und Zielen des Kommunismus nur zustimmen. Wer wollte im Ernst gegen die Vereinigung der Menschheit sein, wer wollte dagegen sein, daß ein die Menschheit umspannender Frieden hergestellt wird, wer wollte dagegen sein, daß auf dieser Welt Gerechtigkeit herrscht, wer kann gegen die Forderung der Solidarität etwas einwenden?

Die Pointe dieses Versuchs, die Geschichte aufzuheben und durch eine innerweltliche, durch den Menschen inszenierte Verwirklichung des Reiches Gottes zu ersetzen, ist eben ein untrügliches Zeichen dafür, daß es mit dem Ende des Kommunismus auch um ein Geschehen geht, an dem sich das uns historisch bekannte, bisher geschichtlich mächtig gewesene Christentum selber dem Ende nähert. Das bedeutet nicht, daß es kein Christentum mehr geben wird. Was aus dem Christentum wird und wie es damit fortgeht, ist nicht von den Glaubenskräften und den Anstrengungen seiner Nachfolger und seiner Jünger abhängig; es liegt nicht in den Händen der Bischöfe und der Theologen, wofür wir Gott nur dankbar sein können. Der Christ ist, wie Luther es sah, mehr ein einsamer Vogel auf dem Dach, er hat den Himmel über sich und die dunkle Erde unter sich. Die Christen sollten wissen, daß die Pforten der Hölle die Kirche Jesu Christi nicht überwinden werden. Dies ist eine Überzeugung, aus der man durchaus Zuversicht schöpfen kann.

Bei dem Versuch des Kommunismus geht es letzten Endes darum, das, was der civitas dei verheißen war, als civitas terrena zu verwirklichen. Es war ein grandioses, fast bewundernswertes Unternehmen der Moderne, daß sich die neuzeitliche Menschheit zugetraut hat, die Ziele des Reiches Gottes selber zu verwirklichen. Das früheste Signal in dieser Richtung gab Francis Bacon, der als das neue epochenspezifische Thema die Errichtung des regnum hominis, des Reiches des Menschen, gefordert hat, durch dessen Errichtung eine bisher fehlgelaufene, weil durch den Sündenfall pervertierte Geschichte korrigiert werde. Das regnum hominis ist heute da. Es hat nicht nur die Gestalt des zusammengebrochenen Kommunismus angenommen, sondern es nimmt auch die Gestalt der liberal-kapitalistisch organisierten westlichen Welt an.

Die Prognose, die aus Kojèves Geschichtsdeutung hervorgeht, ist dagegen eine ganz andere: Die moderne Welt ist zwar auch regnum hominis, aber ein düsterer Gast betritt die Szene. Es tritt nicht der sich in dem Reichtum seiner Anlagen kreativ erfüllende und selbst befriedigende Mensch hervor, sondern der Schatten Nietzsches mit seiner Vision vom „letzten Menschen." Wenn das Endreich des Menschen bestimmt wird durch Nietzsches „letzten Menschen", wäre das ein Ende, das man mit der Wirklichkeit vergleichen kann, die der Versuch des Kommunismus hinterlassen hat und die auch er als Ende der Geschichte bezeichnete.

Der andere Aspekt ist, daß es nicht nur die sich progressiv verstehende und revolutionär um die Verwirklichung von Endzuständen ringende Moderne gibt, sondern daß zu dieser Moderne von Anfang an und in allen Phasen ihrer Entfaltung auch der konservative Gedanke und die konservative Geschichtsauslegung, Geschichtsbetrachtung und Geschichtserfahrung gehört. Manchem ist schwer verständlich, warum ich immer wieder versuche, auch für die Notwendigkeit eines neuen, über sich selbst aufgeklärten Konservativismus zu plädieren. Diesem über sich selbst aufgeklärten Konservativismus müßte es um die Erhaltung der besten Resultate der Moderne gehen. Wenn eine sich nur progressiv verstehende Moderne für das Ganze der Moderne gesetzt wird, ist dies ein Irrtum. Zur Moderne gehört auch die Tradition eines neuzeitlich geprägten und bestimmten Konservativismus. Aus dieser Perspektive gesehen, d. h. unter dem Blickwinkel der konservativen Geschichtsbetrachtung, stellt sich die Moderne ganz anders dar als in der sich progressiv verstehenden Heilslinie.

Was ist ein Konservativer? Man hört auf diese Frage heute die abstrusesten und abwegigsten Antworten. Konservativ ist der, der geschichtlich denkt und der einen Sinn für Katastrophen hat. Vielleicht können wir heute die geistige Substanz des Konservativen so formulieren, daß er katastrophenempfindlich ist. Der Konservative stellt sich im Blick auf die katastrophische Realität der Geschichte der progressiv voranschreitenden und sich in Endzuständen von sich selbst emanzipierenden Moderne entgegen. Konservativismus ist demnach keine Geschichtsideologie, keine Geschichtsplanung, sondern die Erfahrung, daß Geschichte, vor allem die Neuzeitgeschichte, katastrophische Aspekte hat. Die Moderne ist nicht schlechthin das Verhängnis oder die Katastrophe, wie Altkonservative und „Abendländler“ bis heute gerne behaupten und aus dem allgemeinen Verhängnis eine restaurative Konsequenz ziehen und die uns auffordern, von der Moderne auf vormoderne Weltverhältnisse zurückzugehen. Der katastrophische Aspekt gehört zum Begriff der Fortschrittsgeschichte selber.

Ferner gehört zum Begriff des Fortschritts, daß er immer den Aspekt des Vergessens, des Verlassens und der Vernichtung einschließt. Das ist die entscheidende philosophische Einsicht, um die es heute geht. Die reine Entgegensetzung der Progressiven auf der einen Seite, die sich nur auf das Heil zubewegen und für die jeder Schritt nach vorne eine Annäherung an das Heil bedeutet, und der düsteren, pessimistischen Konservativen auf der anderen Seite, die nur Untergang, Vernichtung und Katastrophen sehen, ist abstrakt. Es ist eine eindimensionale, undialektische Art, die Geschichte zu sehen. Zum Begriff des Fortschritts gehört der Vernichtungsaspekt. Die geschichtliche Mission der Konservativen war in der Moderne immer, auf das aufmerksam zu machen, was die Männer des Fortschritts vergessen und übersehen hatten; das zu bewahren, was mit jedem Schritt nach vorne verlassen und vernichtet wurde. Insofern hat eine konservative Geschichtsbetrachtung für das Gelingen der Moderne mindestens die gleiche Bedeutung wie die progressive, so sehr beide in ihrer Einseitigkeit nur eine halbe Wahrheit vertreten. Es geht darum, die Wahrheit beider Positionen zu sehen.

Alle in der Neuzeit erreichten wirklichen Fortschritte sind nie einseitig nur den Progressiven oder den Konservativen zuzuschreiben, sondern sie sind das Ergebnis eines Prozesses, in welchem die Progressiven und die Konservativen sich aneinander „abgearbeitet“ haben. Es ist das Produkt des Zusammen- und Gegeneinanderwirkens von beiden. Keine progressive Position kann sich als progressiv definieren, wenn sie sich nicht gegen eine konservative abgrenzt, und keine konservative Position kann sich definieren, wenn sie sich nicht aus der Abgrenzung gegen eine progressive definiert. Beide sind aneinandergekettet wie siamesische Zwillinge. Das Konservative und das Progressive sind zwei Seiten ein und derselben Medaille, nur der Einäugige sieht allein die eine Seite. Die Misere, vor die wir heute gestellt sind, sind Produkte nicht der Blindheit, sondern der Einäugigkeit. Fortschritt bedeutet, daß man etwas verläßt, daß man etwas überwindet. Daher ist es nicht nur möglich, sondern sogar notwendig, die Geschichte unter den Bedingungen progressiv voranschreitender Modernität auch aus dem Blickpunkt der Konservativen zu sehen.

Der erste und größte moderne Konservative, der in einer fast unbegreiflichen Hellsichtigkeit das Ergebnis vorweggenommen hat, ist kein geringerer als Johann Wolfgang von Goethe. Kurz vor seinem Tode formulierte er: Ich sehe den Tag kommen, an dem Gott seine Freude an seiner Schöpfung verliert, an dem er alles zusammenschlagen wird, um daraus ein Neues zu schaffen. Der Hintergrund dieser Formulierung ist natürlich das, was Goethe in den „Wanderjahren“ dichterisch gestaltet hat. Er sah die wissenschaftlich-technische Welt heraufkommen, in der alles mit einem sich beschleunigenden Tempo dem Prozeß des Wandels unterworfen werde und die Menschen aus ihren Ordnungen und ihren Verwurzelungen herausgerissen würden. Dies ist ein Vorgang, den Goethe mit der Metaphorik des Wanderns zu erfassen sucht. In den Wanderjahren findet sich der Satz: „Es kommt herauf wie ein Gewitter, es wird kommen, es wird treffen und niemand wird es aufhalten.“ Das ist die Herausforderung, die Goethe mit der heraufdämmernden Moderne kommen sieht. Was das konkret bedeutet, hat Goethe vor allem im Faust II, der größten Tragödie der Moderne, gedichtet. Den Faust II haben wir im Grunde genommen überhaupt noch nicht zur Kenntnis genommen, und in unserer Interpretation des Faust I müssen wir völlig umlernen. Über welch einen kulturellen Reichtum müssen die Deutschen verfügen, daß sie meinen, eines ihrer größten Sprachkunstwerke gar nicht zur Kenntnis nehmen zu müssen?

Der alte Faust, der ruh- und rastlos kolonisierend und modernisierend, wie es der Moderne eigentümlich ist, ausgreift, will den Meeren neues Land abtrotzen. Im Wege stehen ihm Philemon und Baucis, die zu den ergreifendsten Gestalten gehören, die Goethe überhaupt geschaffen hat. Dieses gemeinsam alt gewordene Paar, das sich bis in die Physiognomie immer mehr anzugleichen beginnt: Philemon, ganz gottergeben, Gott vertrauend, und Baucis heller und wacher, Unheil witternd. Und es kommt, wie Goethe vorausgesagt hat. Um seinen Plan, dem Meere Land abzugewinnen, zu realisieren, fällt Faust nichts anderes ein, als diese heile, idyllische, noch in der Ordnung des christlichen Glaubens und der Religion stehende Welt zu vernichten: „Auf Vernichtung geht’s hinaus.“

Wir können nicht alle Stationen konservativer Geschichtserfahrung beschreiten. Nur eine kurze Zwischenerinnerung an Carl Schmitt. Er sagte, daß das große weltgeschichtliche Jahrzehnt, in dem alles gedacht und gesehen worden sei, was sich dann über hundert Jahre später entfaltet habe, das Jahrzehnt von 1840 bis 1850 gewesen sei. In diesem Jahrzehnt traten in der Tat unabhängig voneinander bedeutende Denker in den verschiedensten europäischen Ländern hervor, die feststellten, daß die europäisch-christliche Geschichte ihrem Ende entgegengehe. Nicht erst unter dem Eindruck der Mitte des 20. Jahrhunderts, sondern bereits in der Mitte des 19. Jahrhunderts habe etwas völlig anderes und Neues begonnen. Wir treten aus der alten christlich-abendländischen Geschichte heraus, begleitet von den unterschiedlichsten, auch unheilvollsten Prognosen. Der die Konsequenz vielleicht am radikalsten formuliert hat, ist der Spanier Donoso Cortes, auf den sich Carl Schmitt bezog. Er stellte die Alternative, indem er sagte: Die Zukunft kann und wird nur die Diktatur sein; entweder verwandelt sich das Christentum in eine Art spirituelle Diktatur und führt einen leidenschaftlichen Abwehrkampf gegen den heraufkommenden kollektiven Atheismus, oder die Zukunft wird von einer Diktatur des kollektiven Atheismus selbst bestimmt werden.

Fast zeitgleich mit diesem spanischen Denker zog Dostojewski den gleichen Schluß aus der Geschichtserfahrung und stellte die entscheidende Frage: Was würde die Folge sein, wenn Gott nicht mehr sagt, was für den Menschen gut ist, wenn Gott tot ist? Die Antwort Dostojewskis: „Wenn Gott tot ist, dann ist alles erlaubt". Was wird dann das neue Programm sein? Die Menschen werden ausgehen von dem Postulat der radikalen und totalen Freiheit und werden enden in der totalen Knechtschaft – so die These in den „Dämonen". Dostojewski sah, daß die Zukunft dem Kommunismus gehören und er sich in Rußland durchsetzen werde. Aber er hat auch vorausgesehen, daß der Kommunismus zusammenbrechen werde. Dann werde die entscheidende Frage sein, ob Rußland überleben kann, ohne sich aus den vergessenen christlichen Quellen der eigenen Herkunft zu erneuern.

Wenn man heute mit bedeutenden Köpfen der Akademie der Wissenschaften in Moskau ins Gespräch kommt, sind selbst die Atheisten überzeugt, daß es ohne eine Erneuerung des Christentums in Rußland und die Erinnerung an das russische Ethos, das seine Wurzeln im Christentum hat, für Rußland keine Zukunft geben wird. Es ist doch das Grundgefühl der Menschen heute, sinnlos und verlassen in einem selber sinnlosen Universum herumzuirren. Daß dies das Ergebnis des kommunistischen Experimentes in Rußland sein würde, hat Dostojewski schon vor mehr als 100 Jahren vorausgesagt: Wenn die Menschen entdecken, wie verlassen und allein sie in einem sinnlosen Universum sind, werden sie sich nicht, wie die modernen Humanisten glauben, an den Hände fassen und darüber weinen, daß sie verlassen sind, um aus der Solidarität des Verlassenseins neue Kraft zur Humanisierung der Welt zu gewinnen, sondern das Gegenteil wird der Fall sein: sie werden übereinander herfallen und sich umbringen. Zum Schluß werden nur noch zwei übrigbleiben, von denen der eine den anderen auch noch töten wird.

Das ist die Dostojewskische Vision für die Zeit, wenn die Ersatzreligion und die innerweltlichen Hoffnungen des Kommunismus zusammengebrochen wären. Die akute Gefahr für Rußland besteht darin, daß das organisierte Verbrechen an die Stelle der alten Nomenklatura tritt und die Schaltstellen in Gesellschaft, Staat und Wirtschaft übernimmt. Die alte Nomenklatura ist identisch mit der neuen Mafia, die nun zwar keine revolutionären Endziele anstrebt, dafür aber ihre verbrecherischen Pläne verfolgt, die auf eine Bereicherung auf Kosten des Volkes hinauslaufen.

Das zentrale Ereignis konservativer Geschichtserfahrung ist selbstverständlich Nietzsche. Nietzsche stellt in dem dialektischen Zusammenspiel von Progressivität und Konservativität einen Umschlag dar. Der Umschlag, der durch Nietzsche herbeigeführt wird, ist die These, daß die Aufklärung und damit der Fortschritt dabei sind, sich selber zu vernichten. Der Niedergang wird nicht herbeigeführt durch Kräfte außerhalb des Fortschritts, sondern der Fortschritt selber führt in die Katastrophe. Unter dem Aspekt Nietzsches nimmt der Fortschritt das Antlitz eines katastrophalen Prozesses, der Vernichtung und des Schreckens an. Darum steht uns Nietzsche als Philosoph so nahe, und er ist gegenwärtig wie kein anderer. Die Aufbruchbewegungen im Namen der Natur, getrieben von den tiefen Zweifeln an der Zivilisation, die Absage an die Industriegesellschaft, New Age, die Religionswellen, die über uns hinweggehen, alles dies ist ja Ausdruck der Erfahrung Nietzsches vom Umschlag des Fortschritts in die Katastrophe. Es hat über 100 Jahre gedauert, bis das, was Nietzsche vorhergesehen hat, eintrat. Nietzsche ist über dieser Sicht zerbrochen und wahnsinnig geworden. Was Nietzsche heraufkommen sah, war nicht das Endreich einer quasigöttlichen civitas terrena, sondern seine Prognose war: „Hereintreten wird der düstere Gast des Nihilismus, weil wir keine Antwort mehr auf die Frage nach dem Warum, nach den Zielen und den Zwecken haben."

Die Geschichte verliert die ihr bisher unterstellte Teleologie und weicht dem Rückfall in die antike Geschichtserfahrung der Wiederkehr des ewig Gleichen. Es ist eine Geschichte, in der nichts Neues und Anderes mehr passiert. Das ist der tiefste Aspekt, der in der Auslotung des Gedankens eines möglichen Endes der Geschichte bisher überhaupt erreicht wurde. Denn an der Geschichtskonstellation der Wiederkehr des ewig Gleichen zerbricht im 20. Jahrhundert die Zuversicht der Aufklärung des 18. Jahrhunderts.

Nach Nietzsche hat Spengler versucht, diesen Umschlag von Fortschritt in Katastrophe in sein Denken aufzunehmen, und er hat das in eine für unser Jahrhundert typische konservative Geschichtsinterpretation übersetzt. Oswald Spengler ist ein „aufbereiteter Nietzsche", deshalb ist es für die Theologen kennzeichnend, daß sie ihn in ihrem Optimismus und Kulturprotestantismus vergessen haben. Das Ereignis Oswald Spengler bedeutet nicht, daß er für die Zukunft den Untergang des Abendlandes angekündigt hat, sondern er hat deutlich gemacht, daß das Abendland bereits untergegangen ist. Es bedurfte nicht einmal der Bestätigung durch Auschwitz, daß das Abendland nicht mehr zu retten war. Es gab nichts mehr zu retten, das Abendland war längst untergegangen. Für Nietzsche ist dies bereits in der Spätzeit der bürgerlichen Gesellschaft des 19. Jahrhunderts erkennbar gewesen. Entscheidend ist vielmehr an Spengler, daß er die Interpretation und die Deutung der Geschichte wie keiner vor ihm unter den Aspekt des Endes und des Endens rückt. Es ist eine quasi-eschatologische Betrachtung der Geschichte, die bei Spengler durchbricht, und sein Thema lautet: Das Ende der Geschichte ist das Ende der Kultur. Bei dem Zustand, den er Zivilisation nennt, wird der Mensch nur noch zwei Alternativen haben: Entweder wird er gemäß der von Max Weber übernommenen These der Felachisierung leben. Dann wird der Mensch in den steinernen Gehäusen der modernen Großstädte in höhlenartigen Wohnungen, in denen die Massen versorgt werden wie die Ratten, isoliert herumvegetieren und um seine animalische Befriedigung kreisen. Oder es wird der große Cäsarenkampf um die Weltherrschaft stattfinden. Der Aufruf Spenglers an die Deutschen ist die Aufforderung, an diesem Kampf der Selbstbehauptung und Konkurrenz, an dem in Gang gekommenen Kampf um die Weltherrschaft teilzunehmen. Die These vom Ende der Kultur ist die für das 20. Jahrhundert vielleicht spezifischste konservative Position. Mit der Kultur sterben Metaphysik und Religion, und mit Metaphysik und

Religion versiegen die Quellen menschlichen, auch kulturellen Schöpfertums. Der Anblick der Zivilisationswelt hat Nietzsche bereits mit Ekel erfüllt. Zarathustra geht an der Hure Babylons, in der sich der letzte Mensch spreizt, vorüber. Insofern hat Spengler Nietzsche in sein Denken aufgenommen.

Im Anschluß und in einer gewissen Nachfolge zu Spengler hat Heidegger die quasi-eschatologische Auslegung des Daseins in „Sein und Zeit" radikal vorangetrieben und ontologisiert. Auch bei Heidegger ist der entscheidende Gedanke, unter dem für ihn die Auslegung des ganzen menschlichen Daseins erfolgt, der Gedanke vom Ende und die aus dem „Sein zum Tode" gewonnene neue Geschichtserfahrung, die die Geschichte als Endlichkeitserfahrung begreift. Das ist der Gegenentwurf zu dem expansiv ausgreifenden, progressiven Geschichtsverständnis. Das Ende als die höchste innerweltliche Instanz für das Dasein ist nach Heidegger der Tod selbst. Der Tod tritt an die Stelle des christlich-eschatologischen Gottes. Auch hier war Heidegger zweifellos als entchristlichter, heidnischer Endlichkeitsphilosoph noch von der Zuversicht bestimmt, er könne die Menschen durch den Entwurf auf das Ende, durch die Übernahme des „Seins zum Tode" aus ihrer Uneigentlichkeit herausholen, sie zu ihrer Bestimmung bringen, ihr Dasein selbst zu übernehmen und allein zu verantworten. Es ist hier nicht der Raum, um auf die Deutung einzugehen, die dem Vorgang zukäme, an die Stelle des christlichen Gottes den Tod zu setzen.

Die in Spengler und Heidegger sich aussprechende Geschichtserfahrung ist keineswegs ein Spezifikum konservativer Intellektueller. Die Nähe, ja fast Übereinstimmung mit Adornos „Negativer Dialektik" ist nicht zu übersehen. Keiner hat im Sinne dieser konservativen Auslegung der Erfahrung der Geschichte die ganze Geschichte so radikal als ein einziges Verhängnis gedacht. Horkheimer entlarvt in der „Dialektik der Aufklärung" das Heraustreten des Menschen aus der mythischen Einheit mit der Natur als einen Eintritt in die Geschichte wachsender menschlicher Entfremdung, den Eintritt in eine Geschichte des Sinnverlustes, des Freiheitsverlustes und des Subjektverlustes. Das sind alles Motive, die den konservativ-theologischen Denkern im 19. Jahrhundert am Herzen lagen. Adorno sieht uns alle enden, umfangen von einem Bann, aus dem es keine Befreiung und Erlösung mehr gibt. So endet die progressive Linie der Geschichtsbetrachtung, der Dialektik der Aufklärung und der negativen Dialektik bei Adorno.

Auf diesem Hintergrund war die Kulturrevolution der 68er nicht der Aufbruch zu einer Erneuerung aller Hoffnungen und Zuversichten der Aufklärung im 20. Jahrhundert, sondern sie war ein Aufbruch der Verzweifelten. Dem entspricht, was Walter Benjamin sich unter Revolution vorgestellt hat: „Revolution ist das Ziehen der Notbremse eines Zuges, der in den Abgrund rast." Eine konservativere Bestimmung von Revolution als sie der, der Frankfurter Schule zugerechnete Walter Benjamin vorträgt, kann es eigentlich nicht geben.

Der dritte Aspekt ist, daß das Bild einer sich katastrophisch zuspitzenden Geschichte bei vielen zu der Überzeugung führt, daß sich nunmehr die Apokalypse vollzieht. Das Grundgefühl, das unsere Sicht und Erfahrung der Geschichte heute bestimmt, ohne daß wir eigentlich wagen daran zu rühren und es auszusprechen, ist doch der Eindruck, daß die Geschichte selber eine quasi-apokalyptische Dimension angenommen hat. Durch die Wissenschaft und Technik ist die Menschheit nun im Besitz der Mittel und in der Lage, sich selbst zu zerstören und die Ergebnisse einer mehrtausendjährigen zivilisatorischen Anstrengung auszulöschen. Das ist die Herausforderung, vor der wir stehen.

Diese Erfahrung bedeutet nicht, daß die Geschichte zu Ende ist, sondern daß sie wiederkehrt. Der katastrophische Aspekt hat natürlich immer zur Geschichtserfahrung der Menschen aller Zeiten dazugehört, so wie noch Hegel die Geschichte eine Schlachtbank genannt hat, auf der das Glück der Völker und der einzelnen sinnlos hingeschlachtet wird. Das hat Hegel aber nicht davon abgehalten, eine Art geschichtsphilosophischer Theodizee zu schreiben und daran zu erinnern, daß in diesem wirren, von Chaos bedrohten Ablauf der Geschichte doch etwas erreicht worden ist. Hegel konnte noch sagen, daß in dieser Geschichte etwas herausgekommen ist, was sich vor Gott sehen lassen kann. Für ihn ist in aller Chaotik und in allen Katastrophen doch ein Fortschritt im Bewußtsein der Freiheit erreicht worden. Das Ringen um die Erfassung aller Dimensionen des Begriffs der Freiheit ist das Thema der Geschichte, in dem der Geist der Freiheit sich seines eigenen Wesens bewußt wird.

Hegel meinte, daß der moderne Rechtsstaat die institutionelle Ermöglichung zur Realisierung dessen sei, was im Geist in der mehrtausendjährigen Geschichte als Freiheit bewußt geworden ist. Der Gedanke Hegels ist, daß das Erreichen dieses Bewußtseins eine Folge oder ein Moment des im Christentum aufgegangenen Freiheitsgedankens selber sei. Der Rechtsstaat ist sozusagen die säkulare Äquivalenz zu dem Gedanken, daß vor Gott alle gleich sind. Es ist der Erfolg einer mehrtausendjährigen Anstrengung, ein Recht zu konstituieren, vor dem alle Menschen gleich sind. Vergessen haben wir nur, daß in der christlichen Tradition diese Gleichheit nicht als die Gleichheit der menschlichen Natur bestimmt wird, sondern als die Gleichheit in der Schuld und des „peccator-Seins“ vor Gott. Peccatum ist der Ort, an dem wir unserer eigenen Nichtigkeit ansichtig und ihrer bewußt werden. Das Bewußtsein der eigenen Nichtigkeit angesichts der Gleichheit, die sie vor Gott auszeichnet, ist der tiefste Grund dessen, was die Menschheit vereinen kann

Damit sind die beiden Momente der progressiven und der konservativen Geschichtserfahrung, richtig verstanden, in der christlichen Geschichtserfahrung als Teilwahrheiten enthalten. Im Christentum gehören sie beide zusammen. Für uns heute ist es allerdings schwer, wenn nicht unmöglich, den Punkt ihrer Einheit und Konvergenz zu entdecken. Ohne diese wiedergewonnene und wiederentdeckte Einheit der Erfahrung der Geschichte als Katastrophe und der Geschichte als Progreß, gehen wir neuen Kulturkonflikten entgegen. Sie bahnen sich in unserem Lande schon an. Die nationale Frage ist nur der zufällige Ort, an dem uns dies in besonders eindrucksvoller Weise deutlich wird. Als die Wiedervereinigung kam, sanken sich auf der einen Seite die Leute in die Arme, und die anderen zogen durch die Straßen und sangen „Nie wieder Deutschland“. Die nationale Frage ist sozusagen das Kampffeld, auf dem diese Ambivalenz der Geschichte in Fortschritt und Bewahrung auseinanderfällt.

Das unaufhebbare Moment des Konservativismus im Christentum, das die Geschichte übergreift und bleibt, auch wenn es keine Geschichte mehr geben sollte, ist begründet im christlichen Schöpfungsglauben. Für die Progressiven ist der Gedanke unvollziehbar, daß sie dem zustimmen und nachsprechen, was der Schöpfergott angesichts der Schöpfung sagte: „Und siehe, es war sehr gut.“ Das Prometheische der linken Progressivität liegt in der Verneinung, in dem Widerspruch gegen diesen Satz. Alle in die Zukunft aufbrechenden, progressiven Bewegungen seit der Aufklärung sagen nein zu der Schöpfung, wie sie sich ihnen darstellt. Sie sei nicht gut, geschweige denn, daß sie „sehr gut“ sei. Stattdessen heißt es: Wir nehmen die Sache selber in die Hand, wir machen besser, was diesem Gott offenbar mißlungen ist. Der Aufforderung von Michel Friedman „Holt Jesus vom Kreuz“ liegt diese Meinung zugrunde, daß der Jesus am Kreuz menschlich unerträglich sei, ja er sei das Zeichen, daß diesem Gott die Schöpfung mißlungen sei. Welch eine Absurdität: ein Gott der sagt, die Schöpfung sei sehr gut, und der dann sich selbst, oder wie Friedman meint, einen unschuldigen Menschen opfern muß, um die Menschen offenbar von der ihm selbst mißglückten Schöpfung zu befreien.

Der Schöpfungsglaube bezieht natürlich den Menschen in das Ganze der Schöpfung ein. Das Christentum beruht auf dem Glauben, daß der Mensch es bei den Dingen dieser Welt nicht mit einem verbrauchbaren, benutzbaren und ausbeutbaren Stoff zu tun habe, sondern mit der guten Schöpfung Gottes. Die Christen geben sich auf und werden allen Modernismen und Wahnbildern hoffnungslos anheimfallen, wenn sie nicht begreifen, daß die Schöpfung gute Schöpfung ist. Schöpfung heißt auch theologisch nichts anderes als „heile Welt“, die keine Sache der Vergangenheit oder einer erst herzustellenden Zukunft ist, sondern die gegenwärtig ist. Das ist der Boden, auf dem wir überhaupt stehen können, es ist der Grund der Zuversicht und der Affirmation des Glaubens. Der Glaube fügt den Menschen so in das Ganze dieser Welt ein, daß er ihn zustimmungsfähig macht. Eine radikale Absage an die gute Schöpfung bedeutet die Wiederkehr der Gnosis. Wir leben mitten in der wiederkehrenden Konstellation der Gnosis, die sagte, daß für die Schöpfung kein Erlösergott zuständig sei, sondern ein böser Gottestyrann, der die Welt als eine Art Versklavungsstätte des Menschen geschaffen habe.

Man muß aber sofort hinzufügen, daß in der Mitte des christlichen Glaubens das Kreuz steht. Wie immer die Geschichte sich darstellt und was mit ihr und in ihr geschieht, ob sie endet, ob sie scheitert, ob sie gelingt, das, worauf der Christ steht, ist der Glaube, daß Gott der Herr der Geschichte ist. Die Zuversicht und Affirmation, die aus dem Schöpfungsglauben hervorgeht, findet ihre Entsprechung in dem Glauben, daß Gott der Herr der Geschichte ist. Dieser Satz ist es, den wir heute mit gleicher Leidenschaft verneinen, wie den Satz, daß Gottes Schöpfung eine gute Schöpfung ist. Es hat mich immer beeindruckt, daß Helmut Schmidt sagte, daß er die Schrecken des Dritten Reiches und des Zweiten Weltkrieges überlebt habe durch den Glauben, daß Gott der Herr der Geschichte sei. Auch Hegel wollte nichts anderes nachweisen, nichts anderes versuchte er, durch seine Geschichtstheodizee zu sagen. Vielleicht war Hegel ein bißchen zu optimistisch, vielleicht ist er einen Schritt zu weit gegangen, und vielleicht vermag das nicht einmal eine durch den Glauben erleuchtete Vernunft zu erkennen.

Wir werden uns daher wohl auf das lutherische „tamen" zurückbewegen müssen. Das letzte Wort Luthers, das er der Realität und der Geschichte entgegensetzte, war dieses „tamen". Selbst einer sich verdüsternden Welt des zunehmenden Schreckens setzen die Christen ihr „dennoch" entgegen. Sie tun es in der Berufung auf den Zuspruch und die Zusage des Heils. Die Christen stehen auf dem Indikativ der Heilszusage. Daher ist ihr Heil nicht bedingt und abhängig von dem, was die Menschen in der Geschichte treiben. Aber das schließt natürlich auch ein, daß das Christentum nicht eine nachweisbare, innerweltlich aufzeigbare Heilsgeschichte ist, sondern die Geschichte des sich ständig erneuernden Scheiterns. Soweit dieser Gott geleitet von dem Willen der Heilszusage mit der Welt umgeht, tritt dieser Gott selbst ins Scheitern. Das ist doch das Quälende, was durch das ganze Alte Testament hindurchgeht und sich im Neuen Testament wiederholt, zu sehen, wie dieser Gott den Menschen nachläuft und ihnen helfen und sie retten will, und wie er bei seinem Nachlaufen ständig scheitert. Es ist die Geschichte des an seiner Weltliebe scheiternden Gottes.

Darum gehört das Kreuz in die Mitte des Christentums. Wer das Kreuz antastet, der löscht das Christentum aus. Denn, wie Hegel sagt, ist das Kreuz die Kulmination und Zusammenfassung dieses Scheiterns. Christus ist nicht nur am Kreuz gestorben, sondern er ist den Verbrechertod gestorben. Diesen Vorgang als den definitiven und unverrückbaren Grund des Heils anzunehmen, ist in der Tat, wie Paulus sagte, „scandalon und moria". Wir müssen daher allen diesen Leuten, die heute gegen das Kreuz sind, auch Michel Friedman dankbar sein, denn sie machen uns darauf aufmerksam, daß wir es in der Mitte des Christentums mit scandalon und moria zu tun haben: den Juden ein Skandal und den Griechen eine Torheit. Wenn das Christentum meint, sich zu ermäßigten Preisen anpreisen zu müssen, indem es ständig um den Nachweis bemüht ist, es sei nicht skandalös und nicht töricht, dann betrügt das Christentum diese Welt um das Beste, was es ihr schuldet.

Zu dieser Erfahrung der Geschichte des Scheiterns gehört das konservative Element des Katastrophenaspektes hinzu. Was sich dort nach irdischen Maßstäben und weltlichen Erfahrungen abgespielt hat, ist doch die absolute Katastrophe: Gott in seiner Weltliebe hängt am Kreuz. Eine größere Katastrophe kann es nicht geben. Es ist völlig klar, daß alle, die da herumstanden, sagten, die Geschichte sei aus und vorbei. Sie konnten nicht einmal wie Bloch sagen „unsere Enkel fechten es besser aus". Da waren keine Enkel, die man auffordern konnte, es besser zu machen.

Und dann passiert das Wunder: die Geschichte geht weiter. Es ist rational gar nicht zu erklären, warum mit dem am Kreuz scheiternden Gott die Geschichte nicht als Katastrophe geendet hat. Darauf gibt es keine rationale Antwort. Das Zeugnis des Glaubens sagt: Es kam der Geist. Der Geist führt die Geschichte Gottes weiter. Und das tut er nicht, indem er ein Sonderthema oder ein neues Thema einführt, sondern indem er die Christen immer wieder zurückholt auf diesen Christus am Kreuz. Der Geist eröffnet den Grund der Zuversicht für die Christen in den Schrecken dieser Welt, denn die Christen wissen: es geht auf die Vollendung aller Dinge zu. Wir fragen nach den Gründen der Hoffnung: was ist das für eine Hoffnung? Wir müssen heute daran erinnern, daß das Evangelium ja die Frohbotschaft ist, d. h., was die Kirche der Welt bringen muß, ist die Freude über eine frohe, rettende und befreiende Botschaft. Ein Christentum, das den Menschen nicht die Freude bringt, hat ihnen sonst nicht viel zu bringen. Was kann es Großartigeres geben als den ihnen eröffneten Ausblick auf die Vollendung aller Dinge.

Aber ehe die Dinge durch Gott vollendet werden, herrscht die zentrale Geschichtskategorie des eschatologisch interpretierten Christentums, die ihren Ausdruck in dem Satz findet: „Die Zeit läuft ab." Christliche Geschichtserfahrung ist die Erfahrung der befristeten Zeit. Nicht nur die Geschichte, sondern die Zeit selbst endet, sie ist befristet, es wird mit allem ein Ende haben. Die Gestalt des Kosmos vergeht. Der Blick auf die Vollendung der Dinge durch Gott konfrontiert den Christen ständig mit dem Enden aller Dinge, mit dem

Enden der Geschichte, mit dem Enden von Zeit. Wir haben nur noch eine Frist. Ob sie kurz oder lang ist, wissen wir nicht. Die Christen haben sich immer getäuscht, wenn sie meinten, nun sei das Ende da und zu diesem oder jenem Zeitpunkt werde es passieren.

Die heutigen Christen erfahren Geschichte nicht mehr, weil sie nichts mehr von der Geschichte erwarten. Die Zeiten geschichtsmächtiger Aufbrüche des Christentums waren immer Zeiten, in denen die Gewißheit sie erfüllt hatte: „Jetzt geht es los, jetzt kommt er, bald ist er da." Merkwürdig ist, daß dies nicht zu einer Abwendung von der Geschichte führte, sondern vielmehr zu einer intensivierten Form der Aufmerksamkeit auf die Geschichte. Als die der hinschwindenden, befristeten Zeit Unterworfenen erwarten sie mit gespanntester Aufmerksamkeit die Wende aller Dinge. Solange die Christen glaubten, daß ihr Herr wiederkomme, solange war Europa geschichtsmächtig und kulturfähig. Denn welche andere Kultur hätte ihren Gliedern eine solche Sicht der Geschichte und einen solchen Ausblick auf ihr Ende eröffnet? Das Hindurchgehen durch das Ende läßt wirklich werden, was Paulus die neue Schöpfung nennt. Der Schrecken der Geschichte ist den Christen nicht verborgen geblieben, sie sind ihnen nicht unvertraut. Wir brauchen ja nur an das Alte Testament und all die furchtbaren Dinge im Neuen Testament zu erinnnern. Gründe der Zuversicht gibt es eigentlich nicht, wenn wir ehrlich sind und uns nur an den Stand der geschichtlichen Dinge halten, so wie sie sich heute darstellen. Ehrlich scheint heute doch der zu sein, der den Nihilismus Nietzsches teilt. Es geht ein Geschichtsäon zu Ende und sicher damit auch die historisch gewordenen Gestalten des Christentums. Aber mit dem Enden dieser auch neuzeitlichen Geschichte endet nicht die Geschichte überhaupt. Die Geschichte endet, aber nicht wir können: sie beenden. Was wir erwarten, ist ihre Verwandlung und Vollendung durch Gott. Ende und Vollendung. Hier konvergiert, hier fällt in der Einheit zusammen, was wir nicht mehr zusammenbringen können: die Erfahrung der Geschichte als voranschreitender Progreß und Geschichte als katastrophale Vernichtung. Ende als Vollendung begegnet uns aber in Realität als die Wirklichkeit des Geistes, der in dieser Geschichte wirksam ist. Als der Geist, der nicht aus dieser Geschichte und nicht von dieser Welt ist.

III

Christliche Geschichtserfahrung heute

Schwarz-grün – Zukunftsmodell oder Alptraum?

Die Formulierung des Kapitels „Schwarz-grün – Zukunftsmodell oder Alptraum?“ ist deshalb so reizvoll, weil beide Alternativen zulässig sind. Es gibt Leute, für die ist es das Zukunft verheißende Reformmodell für Deutschland schlechthin, und es gibt Leute, die bei dem Gedanken an dieses Modell alptraumartige Reaktionen zeigen. Es ist beides, und es stellt sich die Frage, ob sich diese unterschiedliche Einschätzung nicht sogar durch die ganze CDU hindurchzieht? Wenn es in der CDU zu einer politischen Diskussion über dieses Thema kommen sollte, würde sichtbar werden, daß es in der CDU – wie in fast allen demokratischen Parteien – de facto nicht nur eine, sondern zwei Parteien gibt.

Zu Beginn stellt sich die Frage: Warum kommt es ausgerechnet jetzt zu dieser Diskussion, nachdem doch längst die Zusammenarbeit von Christdemokraten und Grünen auf kommunaler Ebene – in Nordrhein-Westfalen bereits in 24 Kommunen – längst in vollem Gange ist und sich kein Mensch bisher darüber aufgeregt hat? Man hat dies bisher als einen begrüßenswerten Vorgang akzeptiert, da offenbar die CDU keine Chance gesehen hat, die SPD-Herrschaft in Nordrhein-Westfalen aus eigener Kraft abzulösen. Die CDU glaubte deshalb, auf die Zusammenarbeit und auf das Bündnis mit den Grünen angewiesen zu sein. Das schwarz-grüne Bündnis ist also bereits ein realer politischer Vorgang und nicht nur eine Sache der intellektuellen Diskussion. Man hätte erwarten können, daß es darauf bereits entsprechende Reaktionen gegeben hätte, wenn sich mit dieser Vorstellung auch Alpträume verbänden. Diese hat es aber nicht gegeben, und es gibt sie noch immer nicht. Man hofft vielmehr, mit Hilfe der Grünen endlich die SPD-Herrschaft in Nordrhein-Westfalen beenden zu können. Wenn Sie die Avancen zur Kenntnis nehmen, die auch der Fraktionschef der CDU in Rheinland-Pfalz, Manfred Gerster, den Grünen bereits gesandt hat, Avancen, in denen er ihnen zugesagt hat, auch über die doppelte Staatsangehörigkeit und über andere Kardinalforderungen der Grünen gesprächsbereit zu sein, kann man das nur als ein Signal deuten, daß man auch in Rheinland-Pfalz versuchen wird, mit Hilfe der Grünen die dortige SPD-Herrschaft zu beenden. Und wenn der baden-württembergische Ministerpräsident Erwin Teufel erklärt, daß er nun von der großen Koalition in Stuttgart genug hätte und entschlossen sei, im nächsten Jahr diese große Koalition zu beenden, dann muß man sich natürlich die Frage stellen, wie er das bewerkstelligen will. Es gibt drei Möglichkeiten:

1. Die CDU erringt die absolute Mehrheit. Dies war unter Hans Filbinger viele Jahre der Fall, auch aus Gründen, die zu bedenken heute genügend Anlaß bestünde. Ich persönlich bin bei der CDU-Führung auch deshalb in Ungnade gefallen, weil ich wohl einiges dazu beigetragen habe, daß die CDU damals mit fast 58 % den größten Sieg in einem Bundesland errungen hat. Kurt Biedenkopf hat jetzt in Sachsen ein paar Prozent mehr bekommen, aber in Sachsen haben sich an der Wahl nicht so viele beteiligt wie damals in Baden-Württemberg. Deshalb bleibt dieser Sieg der CDU doch ein einzigartiger Erfolg in der Geschichte der CDU.

2. Die CDU macht ein Bündnis mit der FDP. Die Chance, daß die FDP noch einmal so viel dazu beitragen kann, daß es zu einer gemeinsamen Regierung ausreichen wird, ist als niedrig anzusehen.

3. Dann bleibt zur Ablösung der großen Koalition in Baden-

Württemberg als dritte Möglichkeit nur ein Bündnis der CDU mit den Grünen übrig. Daß dieser Gedanke nicht neu, sondern der CDU-Führung durchaus vertraut ist, wird jedem deutlich, der die Verhandlungen mitverfolgt hat, die der letzten Regierungsbildung vorausgingen. In diesen hat der CDU-Fraktionsvorsitzende Öttinger seine Bereitschaft zu erkennen gegeben, mit den Grünen die Regierung in Baden-Württemberg zu bilden. Seine Erklärung damals lautete: „Das können wir nur machen, wenn sich die CDU an Kopf und Gliedern verändert und erneuert hat." Dadurch sollte die ganze „Betonkopfriege" à la Mayer-Vorfelder und damit der letzte Rest der Konservativen zur Bedeutungslosigkeit verurteilt, wenn nicht gar ganz aus der Partei entfernt werden. Wir wissen inzwischen, daß der hoffnungsvolle Führungsnachwuchs einiger junger Fraktionsvorsitzender der CDU in deutschen Landtagen begonnen hat, seine politische Zukunft in der Erschließung von schwarz-grünen Bündnissen zu sehen.

Wir reden also nicht von einem Gespenst. Vor einigen Jahren war das Gespenst der Kommunismus, und nun soll das neue Gespenst angeblich die schwarz-grüne Koalition sein. Es geht nicht darum, den ersten Satz des Kommunistischen Manifestes von Karl Marx abzuwandeln, der da lautet, es geht ein Gespenst in Europa um, das Gespenst des Kommunismus. Schwarz-grün ist kein Gespenst, sondern eher ein Stück politischer Realität. Warum aber tritt dieser Vorgang plötzlich aus der Verborgenheit heraus und wird zum Gegenstand intensivster öffentlicher Diskussionen? Heiner Geißler beispielsweise bekommt unentwegt die Gelegenheit, für das schwarz-grüne Modell zu werben. Es ist auch kein Zufall, wenn selbst seriöse Journalisten Joschka Fischer die Frage stellen, was er davon hält, in zehn Jahren Bundeskanzler zu sein, oder ob nicht die Grünen auf dem Wege sind, eine

Volkspartei zu werden? Wenn die Grünen tatsächlich eine Volkspartei werden sollten, kann man der CDU und Heiner Geißler nur dazu gratulieren, denn sie haben mehr als andere dazu beigetragen, daß sich diese Chance am Horizont einer ferneren Zukunft abzuzeichnen beginnt.

Was ist der Anlaß für die breite Aufmerksamkeit, die das schwarz-grüne Bündnis neuerdings auf sich zieht? Anlaß ist das Ergebnis der Bundestagswahlen vom 16. Oktober 1994. Angesichts dieses Ergebnisses wird die Diskussion verständlich. Dann wird man auch verstehen, warum viele dies nicht nur als eine politische Unvermeidbarkeit einschätzen, sondern beginnen, sich damit abzufinden. Das Wahlergebnis war denkbar knapp. Dieser knappe Sieg war das schlechteste Ergebnis, das man sich für die Bundesrepublik Deutschland vorstellen konnte. Was ist die Folge? Die Folge ist, daß die Mehrheiten so knapp geworden sind, daß bereits im Bundesrat eine Art große Koalition besteht. Wichtige Gesetzesvorlagen kann die CDU im Bundesrat ohne und gegen die SPD nicht mehr durchbringen. Sie muß den Tatsachen ins Auge blicken, daß ihr bisheriger Mehrheitsbeschaffer, die FDP, diese Rolle zukünftig nicht mehr übernehmen kann. In Wirklichkeit hat die FDP die Rolle bereits bei der letzten Bundestagswahl nicht mehr übernommen, da man davon ausgehen kann, daß die FDP aus eigener Kraft nur 3 oder 4 % der Wählerstimmen auf sich vereinigen konnte und ihren Einzug in den Bundestag nur der „Blutzufuhr“ von CDU-Wählern zu verdanken hat, die die Regierung von Helmut Kohl fortgesetzt sehen wollten. Die FDP hat ja selbst mit großen Plakaten geworben: „Wer will, daß Helmut Kohl Kanzler bleibt, muß FDP wählen.“ Eine Partei, die mit einem solchen Slogan wirbt und sich so in ihrer ganzen Nichtigkeit und politischen Substanzlosigkeit offenbart, hat als eine ernst zu nehmende, demokratische Partei eigentlich schon aufgehört zu existieren.

Dies alles bedeutet, daß die FDP in Zukunft möglicherweise nicht mehr als Koalitionspartner zur Verfügung stehen wird, während die SPD in den Grünen einen potentiellen Koalitionspartner hat. In Niedersachsen und in Hessen existieren bereits rot-grüne Koalitionen. Ob diese Bündnisse sich für die SPD als so erfolgreich erweisen werden, wie sie sich das erträumt, ist allerdings durchaus zweifelhaft geworden. Bei den Wahlen in Frankfurt beispielsweise haben die Grünen 28 % und die SPD 30 % der Stimmen bekommen. Der Aderlaß der SPD ist also unübersehbar. Hier wird auch sichtbar, wohin es führen kann, wenn man mit den Grünen eine Koalition schließt. Dennoch kann die SPD mit den Grünen koalieren, und sie kann potentiell auch mit der PDS eine Koalition schließen. Die PDS ist zwar noch nicht so weit, aber sie gibt sich große Mühe, ihren demokratischen Charakter nachzuweisen, auch wenn ihr das auf ihrem letzten Parteitag nicht gerade überzeugend gelungen ist. Wenn aber ein Mann wie Gerhard Schröder zu seinem Parteivorsitzenden sagt: „Rudolf, du darfst nicht sagen, daß die PDS eine antidemokratische Partei ist, sondern du mußt sagen, daß sie unseriös ist.", dann bedeutet eine solche Feststellung nichts anderes, als daß man auch die PDS als potentiellen Koalitionspartner in Betracht zieht.

Wir haben damit im Nachkriegsdeutschland zum ersten Mal eine Situation, in der eine Linkskoalition vorstellbar ist. Welch eine Paradoxie: Der Sozialismus bricht kläglich in sich zusammen, in großen Teilen Europas übernehmen die Konservativen die Macht, aber in Deutschland zeichnet sich gegen den Trend zum ersten Mal die Chance einer strukturellen linken Mehrheit ab. Dies ist das Ergebnis einer Entwicklung, die seit 10 bis 15 Jahren vorhersehbar war. Herbert Wehner sagte damals, es werde 16 Jahre dauern, bis die SPD wieder regieren werde. Sollte sich diese Prognose erfüllen – und im Moment sieht es ganz danach aus –, kann dies, auf die CDU übertragen, zwanzig Jahre dauern, bis sie wieder eine Chance bekommt, an die Regierung zurückzukehren, denn dann müßte sie aus eigener Kraft die absolute Mehrheit erringen. Sie müßte sich gegen den ganzen Rest des organisierten politischen Lagers stellen, das mit der Unterstützung von 80 % aller politischen Redakteure in sämtlichen deutschen Medien rechnen kann. Wenn die CDU zukünftig noch mitbestimmen will, braucht sie einen Koalitionspartner. Das ist der entscheidende Punkt.

Die konkrete strategische Frage lautet daher: Wo nimmt die CDU den Koalitionspartner her? Heiner Geißler hat diese Frage zum Ausgangspunkt genommen, um die Notwendigkeit einer schwarz-grünen Koalition behaupten zu können. Als die CDU einst begann, sich in die linke Mitte hinein zu erweitern, machte ich sie darauf aufmerksam, daß sie dann auf zwei Dinge achten müsse: Entweder müsse sie die Konservativen in der eigenen Partei halten, oder sie müsse dafür sorgen, daß es eine konservative Partei gebe, mit der sie koalieren könne. In diesem Zusammenhang kam es damals zur Diskussion über eine bundesweite Ausdehnung der CSU. Die CDU mußte sich entscheiden. Als ich Heiner Geißler damals darauf aufmerksam machte, antwortete er, die Konservativen in der CDU seien nur noch ein biologisches Problem. Er war der Meinung, die Konservativen würden von selbst aussterben, weitere Bemühungen um sie seien somit überflüssig und gegenstandslos.

Es bleibt festzuhalten: Wenn man nicht daran glaubt, daß die FDP bis zum jüngsten Tag die Funktion der Mehrheitsbeschaffung erfüllen kann, haben wir ein Koalitionsproblem.

Lenin hat immer wieder und mit Recht gesagt, die entscheidende politische Frage sei, mit wem ich gegen wen koaliere.

In einer solchen Situation ist es taktisch und strategisch zwingend, wie Geißler zu sagen: Wenn wir weiter in der Politik mitwirken wollen, müssen wir auch die Koalitionsfähigkeit mit den Grünen herstellen. Der CDU sollten sich dadurch Optionen eröffnen, damit sie in der Zeit nach der Koalition mit der FDP an der Gestaltung der Politik teilhaben könne. Darum wurde Antje Vollmer Vizepräsidentin des Bundestages, und darum bot die CDU den Grünen die Mitgliedschaft im Kontrollausschuß der Geheimdienste an. Ein weiterer Versuch, die Grünen zu etablieren, besteht darin, daß sie in Hessen erstmalig einen Justizminister stellen. Sie können ganz sicher sein, daß dieser Justizminister sich so verhalten wird, daß nach vier Jahren keiner daran zweifeln wird, daß die Grünen in der Lage sind, mit dem Justizapparat in Über-einstimmung mit Verfassung und Demokratie umzugehen. Denn das Ziel besteht darin, die Regierungsfähigkeit nachzuweisen.

Der Vorgang, der zum unmittelbar auslösenden Moment der Diskussion über schwarz-grüne Bündnisse wurde, ist das Buch „Gefährlicher Sieg" von Heiner Geißler. Es ist das Großartige an diesem Mann, daß er genau weiß, wo er die CDU hinführen will. Fragen Sie einmal die anderen Politiker der CDU, ob sie mit einer solchen Klarheit und Präzision Auskunft darüber geben können, welches Ziel die CDU erreichen soll und muß. Mehr noch: Heiner Geißler ist ein Stratege das heißt, er macht keine Politik für vier Jahre, sondern er denkt in langen Zeiträumen. Er weiß, was er will, er hat eine Strategie, und er folgt dem Gesetz, dem alle erfolgreichen Politiker gehorcht haben: Er verkündet beides laut und deutlich. Ich habe noch keinen Politiker in der CDU-Führung gesehen, der mit gleicher Deutlichkeit gesagt hat, warum er das nicht will, was Heiner Geißler will, und was er statt dessen will und wie seine Strategie aussieht, dieses abweichende Ziel zu erreichen. Keine der Stellungnahmen, die die CDU-Führung bisher abgegeben hat, wird dem prinzipiellen Charakter dieser Herausforderung gerecht. Geißler kämpft mit offenem Visier, und dafür verdient dieser Mann Anerkennung. Man sollte ihm dankbar sein, daß er heute schon so klar seine Vorstellungen dargelegt hat und man darüber diskutieren kann.

Allerdings halte ich alles, was Heiner Geißler will, für verhängnisvoll und falsch. Das Programm von Geißler liegt auf dem Tisch, und es stellt sich nun die Frage: Wo ist das Gegenprogramm? Die Basis verlangt heute eine Antwort auf diese Frage. Helmut Kohl hat sich bisher zu diesem Programm, das immerhin vom stellvertretenden Fraktionsvorsitzenden verkündet wurde, nicht geäußert. Es würde im übrigen auch nicht genügen, dieses Programm abzulehnen. Helmut Kohl, der Parteivorsitzende, muß sagen, was er im Gegensatz zu Geißler, einem Mann, der wie kein anderer in der CDU Medienpräsenz vorzuweisen hat, will. Geißler hält das schwarzgrüne Bündnis im Bund derzeit zwar noch nicht für möglich, aber er sagt, daß ein solches Bündnis für die CDU eine faszinierende, wünschenswerte und erstrebenswerte Sache darstelle. Die SPD sei nicht reformfähig, und die CDU könne ihre Reformvorstellungen auch viel eher und besser mit den Grünen durchsetzen als mit der FDP. Die CDU sei bisher durch falsche Koalitionspartner wie Sozialisten und kapitalistische Liberale daran gehindert worden, ihre Ziele zu verwirklichen. Ein Bündnis mit den Grünen sei deshalb geradezu anzustreben, weil das Ureigene der CDU nur damit zur vollen Blüte und Entfaltung kommen könne. Dies sei nicht nur die Reform, die Deutschland brauche, sondern für die man auch in der CDU kämpfen müsse. Das ist die Herausforderung. Welches angeblich so faszinierende Reformmodell soll nun durch ein solches Bündnis verwirklicht werden? Auch darüber gibt Heiner Geißler eine klare Auskunft. Es sind im wesentlichen die Ziele, die die Grünen auch haben. Es gibt einige zentrale Punkte, von denen Geißler der Meinung ist, daß die CDU sie am besten mit den Grünen verwirklichen könne:

1. Das wichtigste Ziel ist die Verwirklichung der multikulturellen Gesellschaft. Wenn man für dieses Ziel einen Bundesgenossen haben will, kann ich keinen besseren als die Grünen finden. Sogar das Motiv, aus dem heraus sie eine multikulturelle Gesellschaft wollen, teilt Geißler mit den Grünen. Es geht beiden um das geschichtliche Projekt, in dem der Nationalstaat und das nationale Denken überwunden und aufgehoben werden sollen.

2. Das zweite, entscheidende Ziel ist die Übereinstimmung in dem, was man den Pazifismus nennt. Heiner Geißler vermutet für den Fall, daß ein solches schwarz-grünes Modell in Deutschland auf den Weg käme, daß dies eine weit ausstrahlende Wirkung haben und zur Errichtung und Verwirklichung einer neuen Weltfriedensordnung führen könne. Die Substanz, aus der heraus eine solche internationale Friedensordnung gestaltet werden soll, ist das Programm der Menschenrechte. Die CDU Geißlers versteht sich zusammen mit den Grünen als eine Menschenrechtspartei. Die Menschenrechte sollen zunächst in Deutschland etabliert und institutionalisiert und dann in einem zweiten Schritt international durchgesetzt werden. Für Geißler ist das Zeitalter der Völker und Nationen geschichtlich überholt, und es solle nur noch universale, dem Weltfrieden dienende Menschenrechtsorganisationen geben.

3. Darüber hinaus liegt es in der Absicht Geißlers, daß die CDU in den Fragen des Umbaus der Industriegesellschaft – das heißt konkret in der Ökologiefrage – im Bündnis mit den Grünen nun endgültig den Anschluß an diese für uns wichtigen Zukunftsfragen schafft, so daß keiner mehr an der ökologischen Fortschrittlichkeit der CDU zweifeln kann.
4. Geißler teilt mit den Grünen nicht zuletzt das Programm des „Antifaschismus". Die Grünen sind die Partei, die durch den Gedanken des antifaschistischen Bündnisses und der Überwindung des Faschismus politisch und ideologisch zusammengehalten werden, auch wenn alle anderen Punkte strittig sind.
5. Die Grünen sind für Geißler inzwischen gegenüber der FDP die liberalere Partei. Wenn die CDU endlich den Faschismus- und Nationalismusverdacht loswerden und sich an die Spitze des Fortschritts setzen will, ist es der beste Weg, sich mit den Grünen zusammenzutun.

Diese Punkte finden im Programm der Grünen bisher nicht die nötige Beachtung. Joschka Fischer redet von der Energie- und Verkehrspolitik, er redet von der ökologischen Umsteuerung der Industriegesellschaft, also von den Zielen, über die in der Tat jede andere demokratische Partei mit den Grünen verhandeln und reden kann. Denn das sind ernsthafte und praktische Probleme, für die Mehrheiten gesucht und die auch gelöst werden müssen. Über die provokativen Forderungen der Grünen diskutiert dagegen niemand. Wenn man sich das Parteiprogramm der Grünen ansieht, dann gehört dazu auch die Auflösung des Atlantischen Bündnisses, die Auflösung der Bundeswehr, der Abbau der Sicherheitsinstitutionen des Staates, die Verteilung von Drogen durch den Staat und die Beseitigung des Paragraphen 218. Mit diesen Forderungen wird die Sache ernst, und darüber lohnt es sich auch zu streiten. Auch wenn alle anderen Punkte wichtig sind, geht es hier um den Kern, von dem die ganze Zukunftsfähigkeit der Bundesrepublik Deutschland abhängt.

Ehe ich näher darauf eingehe, muß ich die Frage stellen, wie es möglich ist, daß die CDU ein Bündnis mit einer Partei ins Auge faßt, deren Programm die Abschaffung des Paragraphen 218 enthält. Der Papst sagt, daß die Tötung unschuldigen Lebens ein schweres sittliches Vergehen ist, an anderer Stelle spricht er sogar von Mord. Jeder kann sich über das, was der Papst gesagt hat, seine eigene Meinung bilden. Darum geht es aber nicht, sondern es geht darum, daß der Papst in Übereinstimmung mit den Bischöfen der katholischen Weltkirche hier eine offizielle und verbindliche Erklärung abgegeben hat. Damit hat er nur das getan, was seine Pflicht ist. Jeder kann dem Papst gehorchen oder ihm den Gehorsam verweigern. Nach katholischer Lehre ist auch für den Katholiken die höchste und letzte Instanz das eigene Gewissen. Aber hier geht es um etwas anderes. Der Papst wendet sich gegen einen Kulturzustand. Er nennt das, wogegen er sich wendet, eine „Kultur des Todes“. Dieser kulturellen Tendenz setzt er als sein heiligstes Anliegen eine „Kultur des Lebens“, eine Kultur des Lebensmutes und der Lebensbejahung entgegen. Ich bin kein Katholik, aber ich kann mich, was diese Intention angeht, nur mit dem größten Respekt vor diesem Papst verbeugen. Ohne Zweifel stellt er sich damit mutig der größten Gefahr unserer gegenwärtigen Zivilisation entgegen, die droht, in neue Formen der Barbarei abzugleiten.

Nun haben sich die Grünen immer als eine Lebensschutzbewegung bezeichnet. Eine Bewegung, die die Gräser und Bäume schützen will und verhältnismäßig gleichgültig und gelassen über den millionenfachen Mord an ungeborenem menschlichem Leben hinweggeht, kann man nicht als eine

Bewegung für das Leben akzeptieren. Hier kommt eine Schizophrenie zum Vorschein, von der unsere ganze Gesellschaft gekennzeichnet ist.

Was folgt daraus? Nach menschlichem Ermessen muß man hier Joschka Fischer Recht geben, der sagt, ein schwarzgrünes Bündnis bedeute die Zerstörung der Grünen und die Spaltung der CDU. Es gibt keinen Zweifel, daß die Propagierung eines schwarz-grünen Modells die Einleitung eines Selbstzerstörungsprozesses der CDU bedeuten würde. Wer das Bündnis mit den Grünen aus Gründen der Macht und um des Machterhaltes willen haben will, der zerstört die CDU. Ob das in 10 bis 15 Jahren auch noch zutrifft, wenn bis dahin die Propaganda für dieses Modell pausenlos verkündet worden ist, vermag ich nicht vorherzusagen, denn das Ausmaß der Manipulierbarkeit der Menschen durch die fast unbeschränkten Möglichkeiten der Medien läßt keine sichere Prognose zu. Indem Heiner Geißler die Grünen nicht nur als eine etablierte, demokratische Kraft akzeptiert, sondern sie geradezu als ein rettendes Modell für die Zukunft Deutschlands anpreist, hat er bewirkt, daß die CDU bereits heute keine kritische, fundamentale Auseinandersetzung mehr führen kann. Denn jeder, der sich kritisch äußern würde, gäbe sich ja dem Gelächter preis, denn man könnte ihn darauf hinweisen, was Geißler über die Grünen geschrieben hat, und daß Bündnisse auf kommunaler Ebene und potentiell auf Landesebene in Vorbereitung oder bereits beschlossen sind. Solange Heiner Geißler der stellvertretende Fraktionsvorsitzende ist, nutzt auch das Argument nichts, daß er in der Partei eine weniger bedeutende Rolle spielt, als es nach außen erscheint. Denn es geht hier nicht nur um die Zeit unter Helmut Kohl, sondern es stellt sich die Frage, was nach der Ära Kohl geschehen wird. Dies ist zu analysieren.

Um ein richtiges Bild über die Lage zu gewinnen, lohnt sich ein Blick über die Grenzen. Fragt man also, wie sich die christdemokratischen Parteien in Europa heute darstellen und wie sie sich in der jüngsten Zeit entwickelt haben, kann man von solchen Vorbildern etwas lernen oder auch gewarnt werden. Geht man dazu einmal auf die Situation der Democrazia Cristiana in Italien und auf den Zustand der ÖVP in Österreich ein: Die christlich-demokratische Partei Italiens, die fast fünfzig Jahre unbestritten das Land regiert hat, ist inzwischen bei einem Wähleranteil von 10 % angekommen. Und diese letzten 10 % streiten sich und drohen, sich in der Diskussion um die Bündnisfrage noch einmal zu spalten. Die einen wollen ein Bündnis mit Berlusconi, also mit einer Partei der rechten Mitte, die anderen wollen Glied eines Bündnisses werden, zu denen auch die geläuterten Kommunisten gehören. Die Democrazia Cristiana ist demnach in eine Partei der linken Mitte und eine der rechten Mitte auseinandergebrochen. Ähnlich – wenn auch noch nicht ganz so weit vorangeschritten – liegen die Verhältnisse bei der ÖVP. Diese Partei liegt nicht bei 10 %, sondern noch bei 20 %, und sie kämpft im Augenblick darum, wer der Bundesobmann sein soll. Es geht bei diesem innerparteilichen, selbstzerstörerischen Konflikt um dieselbe Frage wie in Italien, nämlich ob man sich nach Mitte links oder nach Mitte rechts orientieren soll. Und wenn wir von rechts reden, bedeutet das für die ÖVP, ob sie nicht auch ein Bündnis mit der FPÖ des Jörg Haider eingehen soll.

Was sind denn nun die Gründe dafür, daß es diesen beiden Parteien so schlecht geht? Diese beiden großen christdemokratischen Parteien – weder Italien noch Österreich wäre ohne die Leistung der christdemokratischen Partei denkbar, und für Deutschland gilt dies genauso – sind dort hingekommen, wo sie heute sind, weil sie sich immer mehr den linken

Parteien angenähert haben. Das Bündnis der ÖVP mit der SPÖ hat die ÖVP erdrückt. Durch die Umarmung durch die Sozialisten ist ihnen die Luft ausgegangen, die Folge davon ist der Verlust an Profil. Die ÖVP erlebt das, was man Identitätsverlust nennt, das heißt die Verwandlung zu einer amorphen und diffusen Masse, die von den wechselnden Winden des Zeitgeistes und der Unterwerfungslust unter dessen Herrschaft bestimmt ist.

Natürlich sind bei uns die Verhältnisse noch nicht so weit gediehen, aber jeder, der die CDU kennt, weiß, daß es in dieser Partei Gruppierungen links und rechts von der Mitte gibt. Wenn beispielsweise in Stuttgart die Plakate von Mayer-Vorfelder nachts von Vertretern der Jungen Union abgerissen werden, läßt das den Schluß zu, daß auch dort bereits Verständigungsschwierigkeiten innerhalb der eigenen Partei auftreten. Offenbar wird diese Partei nur noch durch die Klammer des Machtgenusses zusammengehalten. Aber wie lange wird das noch möglich sein?

Die sich abzeichnende Lage ist völlig eindeutig. Wenn die CDU spätestens nach Kohl die letzten Reste der rechten Mitte räumen wird, dann hat sie den Platz frei gemacht für eine Partei, die an ihre Stelle treten wird. Meine größte Sorge ist, daß, wenn die CDU nicht selbst innehält und nicht das tut, was die meisten Anhänger und Wähler von ihr erwarten, dann wird morgen keine vernünftige konservative Antwort mehr politisch erfolgreich sein. Dann werden wir wirklich eine politische Rechte bekommen, über die man dann lange diskutieren kann, wie faschistisch sie ist. Das ist eine Logik, die in der Natur der politischen Prozesse liegt. Der einzige Grund, warum ich von Anfang an gegen den Geißler-Kurs war, ist der, daß die CDU um der Stabilität unserer Demokratie willen diese rechte Mitte besetzt halten muß. Denn es gibt eine Art Rollenverteilung in Deutschland. Die Sozialdemokraten integrieren die extreme und radikale Linke, und die CDU/CSU integriert die potentielle Rechte, von der es in Deutschland immer 10 bis 15 % gegeben hat. Beide tun dies, um die Demokratie stabil zu halten. Es war die große Lebensleistung von Franz-Josef Strauß, daß er diese Rolle übernommen und die deutsche Rechte in die Demokratie integriert hat. Den Wendepunkt in der Geschichte Deutschlands bildete der Vorgang, bei dem sich herausgestellt hat, daß die SPD nicht imstande war, die neue Linke in die Sozialdemokratische Partei zu integrieren. Im Gegenteil, diese Linke hat die SPD mittlerweile nach ihren Vorstellungen verändert, und inzwischen rudert Rudolf Scharping Tag und Nacht mit ausgestreckten Armen wieder an die Ufer zurück, die damals durch den Einbruch der linken Kulturrevolutionäre in die SPD freigegeben worden sind. Es geht hier nicht nur um die CDU, sondern vor allem auch um die Demokratie. Die CDU interessiert nicht als CDU, sondern es geht um deren Platz und die substantielle Bedeutung für die Stabilität der Demokratie, die die CDU bisher wahrgenommen hat und die sie unter dem gegenwärtigen Bundeskanzler noch immer wahrnimmt.

Diese Stabilität der Demokratie erfordert es auch, daß wir ein neues Verhältnis zum Thema „Nation“ gewinnen. Wolfgang Schäuble hat dies erkannt und er hat deshalb versucht, die Frage zu stellen, ob wir nicht doch auch so etwas wie nationales Bewußtsein brauchten und ob das nicht eine Kraft sein könnte, die unsere auseinanderfallende Gesellschaft wieder integrationsfähig machen könnte. Er hat dies ganz vorsichtig formuliert, aber da sind sie wie die wilden Hunde über ihn hergefallen und haben ihn dazu gebracht, daß er das Wort Nation nicht mehr in den Mund nimmt. Die Grünen sind dagegen für eine unbeschränkte Einwanderung von Ausländern nach Deutschland. Deshalb haben sie das Gefühl, daß sie eine besondere und edle Ausgabe der menschlichen Gattung sind. Sie sind bereit, alle darbenden und verfolgten Individuen dieser Welt in Deutschland aufzunehmen, aber gleichzeitig wissen sie auch, daß sie in ihren Vorstädten von den praktischen Konsequenzen der Aufnahme nicht betroffen sind. Ich habe noch keinen Bischof und keinen CDU-Führer, der auf der Geißler-Linie liegt, erlebt, der sein Haus für Roma und Sinti geöffnet hätte. Das wäre aber das christliche Beispiel gewesen, auf das das Volk gewartet hätte.

Die Grünen und die Linken haben das Thema der Nation abgehakt. Antje Vollmer hat gesagt, von Nation können unsere Kinder vielleicht in 20 Jahren wieder reden. Sie können aber keiner Gesellschaft 20 Jahre lang verbieten, über ein bestimmtes Thema zu sprechen. Wenn die CDU diesem Rat von Antje Vollmer folgen sollte, dann werden eben andere von der Nation reden, die CDU wird weiter an Boden verlieren, und es werden andere an ihre Stelle treten. Ich kann nur dringend raten, daß sich die CDU endlich dazu durchringt, sich mit diesem Thema „Nation" sachlich und angemessen auseinanderzusetzen.

Das gilt auch für die Fragen der Ökologie. Die Stärke der Grünen liegt darin, daß sie sich als Ökologiebewegung in Deutschland etablieren konnten. Das konnten sie aber nur, weil Herbert Gruhl damals die Fraktion der CDU verlassen hatte. Dies war einer der größten strategischen Fehler, den die CDU begangen hat, denn das Ökologiethema ist das geschichtsprovidentielle, neue konservative Thema schlechthin. Einer konservativen Partei, die sich dieses Thema durch eine im Prinzip anarchistische Partei rauben läßt, ist nicht zu helfen. Die Grünen haben sich als die große Ökologiepartei in Deutschland etabliert, und niemand wird ihnen das große geschichtliche Verdienst bestreiten können, daß sie entscheidend zur Schaffung eines neuen ökologischen Bewußtseins in Deutschland beigetragen haben. Daß die Grünen vor allem in Universitätsstädten diesen Erfolg haben, hängt mit der Krise der modernen Industriegesellschaft und der Moderne überhaupt zusammen. Die Grünen tun so, als hätten sie eine Alternative. Aber sie haben sie ebensowenig wie irgendeine andere Partei. Aber man glaubt ihnen noch am ehesten, daß sie eine hätten. Die Grünen haben uns zu der Erkenntnis verholfen, daß sich die Industriegesellschaft mit einer inneren Logik selbst zerstören wird, wenn sie ihre bisherige Politik im gleichen Tempo und mit den gleichen Methoden fortsetzt. Mittlerweile kann deshalb keine Partei in Deutschland erfolgreich arbeiten, wenn sie nicht auch überzeugend nachweisen kann, daß sie verstanden hat, was die Ökologiekrise bedeutet.

Das dritte große Thema, das die CDU hätte übernehmen müssen, betrifft die Auseinandersetzung mit der Theorie der Frankfurter Schule und der daraus abgeleiteten antiautoritären Erziehung. Die Grünen stellen in ihrem ideologischen Bewußtsein eine Spätgeburt der studentischen Revolte und der Frankfurter Schule dar. Die Grünen haben die radikale Sprache der 68er auf einen liberalen und moderaten Sirenenklang heruntergestimmt, so daß er auch bürgerlichen Ohren eingeht.

Daß die CDU die Chance nicht wahrgenommen hat, die sich aus der weltgeschichtlichen Wende am Ende der achtziger und dem Beginn der neunziger Jahre mit dem Zusammenbruch des Sozialismus ergeben hat, das kann man nur schwer begreifen. Es war eine von der Geschichte geschenkte Chance, das zu verwirklichen, was sie zwar versprochen, aber nicht gehalten hatte, nämlich eine geistige und moralische Wende; eine Wende hin zur inneren Rekonsolidierung und zur kulturellen Erneuerung Deutschlands aus dem besten Erbe der Geschichte heraus. Der Zusammenbruch des Sozialismus bedeutet nicht nur, daß ein Ideologiekonzept gescheitert ist. Der Verheißungsgehalt der Moderne im ganzen ist damit gescheitert. Mit dem Zusammenbruch des Sozialismus sind unsere ganzen weltanschaulichen und politischen Koordinaten von links und rechts zusammengebrochen, denn links kann anständigerweise nur der sein, der auch ein funktionsfähiges Sozialismusmodell vorlegen kann. Ein solches Modell gibt es nicht mehr, die Taschen der Sozialisten sind restlos leer. Wenn man die, die gestern in das Paradies des Sozialismus führen wollten, heute fragt, was sie denn eigentlich mit Sozialismus meinen, dann bekommt man zwei Antworten:

1. Sozialismus ist die solidarische Gesellschaft. Hierzu ist zu sagen, daß heute alle Politiker eine solche solidarische Gesellschaft wollen.
2. Sie interpretieren den Sozialismus im Widerspruch zum klassischen Sozialismus als den Vollendungszustand der Versprechungen des Liberalismus. Ohne die Verschmelzung mit dem Liberalismus existiert der Sozialismus heute nicht mehr.

Das bedeutet aber, daß die ideologische Substanz der Moderne mit dem Zusammenbruch des Sozialismus verschwunden ist und daß die Geschichte den Konservativismus wieder auf die Tagesordnung gestellt hat. Daß wir in Europa heute eine neue Rechte haben und die Konservativen eine ganz andere Rolle spielen, als das noch vor dem Zerfall des Sozialismus der Fall war, zeigt, daß dies Gesellschaften sind, in denen ein solches Maß an geistiger Liberalität vorherrscht, daß auch neue Gedanken und Ideen öffentlich geäußert und politisch durchgesetzt werden können. Die CDU hat das Angebot der Geschichte dagegen nicht angenommen, sich als Partei der inneren konservativen Erneuerung aus den besten Traditionen

Europas und der deutschen Geschichte heraus darzustellen.

Das ist der eigentliche Grund, warum man heute über schwarz-grüne Bündnisse diskutiert. Denn schwarz-grün bedeutet, daß man – vom Zusammenbruch des Sozialismus und der modernen Ideologietradition unbeeindruckt – weiter so fortfährt, als hätte es diesen geschichtlichen Umbruch überhaupt nicht gegeben. Dieses Modell wäre denkbar, wenn es die alte Bundesrepublik noch gäbe und wenn man sich vorstellte, die alte Bundesrepublik hätte so bleiben können, wie sie war, nämlich ein Land mit eingeschränkter Souveränität, ein Land, für das andere Länder die wichtigsten Sicherheitsinteressen wahrnehmen und das sich exzessiv der Steigerung des materiellen Wohlstandes hingeben kann. Unter diesen Voraussetzungen hätte in der Tat der Traum der rot-grünen oder auch schwarz-grünen Bündnisse gedeihen können. Die Geschichte hat diese Inszenierung aber grundlegend verändert. Indem wir die Zeichen der Zeit und der Geschichte verkennen, sind wir dabei, die Probleme der Zukunft mit Hilfe der Ideologiebestände von gestern und vorgestern zu lösen, und das kann nicht gut gehen. Es würde mir wirklich großen Schmerz bereiten, wenn angesichts dieser Perspektive die bürgerliche Basis der CDU, die noch nie so bewußt und politisch war, wie sie gegenwärtig ist, nicht den Mut zum innerparteilichen Konflikt, ja Streit aufbrächte. Daniel Cohn-Bendit sagt: „In der Demokratie liegt der beste Weg, um unsere Gesellschaft zusammenzuführen, im Streit, Streit und noch-mals Streit.“ Streit bedeutet, daß jeder den Mut hat, die Position, für die er steht, laut und öffentlich zu vertreten. Wie erbärmlich wäre es, wenn diejenigen, die in einer der freiheitlichsten Demokratien der Welt leben, nicht mehr den Mut hätten, ihre eigene Position in einer demokratischen Partei zu vertreten.

Ist christliche Politik noch möglich?

Das Thema lautet „Ist christliche Politik noch möglich?“ Die Antwort liegt eigentlich in der Frage selbst begründet. Denn wenn in einer Gesellschaft wie der unsrigen der Prozeß der Entchristlichung so dramatisch fortgeschritten ist, daß die Christen zu einer marginalen Minderheit zu werden drohen, dann ist die Antwort auf die Frage, ob christliche Poltik möglich ist, im Grunde durch die Realität selbst beantwortet. Und sie wird ja auch, wenn wir genauer hinsehen, entsprechend beantwortet.

Die Grundfrage ist dann die, ob es überhaupt christliche Politik geben kann. Wir müssen uns daran erinnern, daß die CDU aus gutem Grund nie behauptet hat, daß sie die Absicht hätte, eine christliche Politik zu machen. Sie war immer der Meinung, daß christliche Politik nicht möglich sei, daß das Alte und vor allen Dingen das Neue Testament keine Handlungsanweisungen, keine politischen Rezepte und keine Lösungsvorschläge für die jeweils anstehenden politischen Probleme enthalte. Wenn man Politik so eingeengt versteht, wird man diesem Urteil voll zustimmen können. In diesem Sinne ist – von einigen häretischen Bewegungen abgesehen – in der europäischen Geschichte nie ernsthaft der Versuch gemacht worden, eine christliche Politik zu machen.

Freilich stellt sich dann aber die Frage nach den etwaigen politischen Implikationen des Christentums. Die erste These dazu lautet, daß das Christentum selber eine politische Realität ist. Das Dasein des Christentums und der christlichen Kirchen in dieser Welt ist selber ein politisches Faktum. Das Christentum ist eine öffentliche Macht. Das Christentum existiert durch die laute, vernehmliche Verkündigung der christlichen Botschaft, und das öffentliche Ausrichten dieser Botschaft in dieser Welt ist ja ein eminent politisches Faktum. Selbst heute gehen immerhin noch 2 bis 3 Millionen Menschen sonntags in die Kirche. Die christliche Predigt ist immer eine politische Predigt gewesen, wenn auch nicht in dem Sinn, daß von der Kanzel herab christliche Weltverbesserungsprogramme, christliche Utopien oder andere christlich-politische Konzeptionen verkündet worden wären. Die Predigt ist vielmehr seit jeher der Ort der Gewissensschärfung für jeden Christen gewesen, der am Verlauf und an der Gestaltung der politischen Dinge Anteil nimmt. Sie ist auch immer ein Medium der Kritik an den Herrschenden gewesen, soweit diese sich nicht den verbindlichen Orientierungen des Christentums entsprechend verhielten und ihr Leben danach führten. Wenn Sie die Predigten Luthers heute nachlesen, dann werden sie aus dem Staunen nicht herauskommen. Man kann sich heute gar nicht mehr vorstellen, mit welch einer Härte, Klarheit und Radikalität Luther den bedauernswerten Zustand der öffentlichen Dinge und das moralische und sittliche Versagen der Herrschenden von der Kanzel herunter kritisiert hat. Das Volk bekam seine Orientierung damals nicht aus dem Fernsehen, nicht von den Privatsendern oder anderen Programmen, sondern von der Predigt in den christlichen Kirchen. Wenn es eine solche aus der Substanz der christlichen Wahrheit hervorgehende öffentliche Verkündigung und Kritik noch gäbe, dann sähe möglicherweise der Zustand unserer Gesellschaft etwas anders aus, als es tatsächlich der Fall ist.

Die Hauptfunktion, die das Christentum bisher für die Politik erfüllt hat, war immer eine doppelte: Zum einen ist der christliche Glaube eine Quelle und ein Grund der Ermöglichung von Politik. Zum andern ist das Christentum aber auch immer der Ort, wo der Politik ihre Grenzen gezeigt wurden. Durch die Verkündigung und das Zusprechen des Heils ist die Politik unter den Bedingungen des Christentums davon entlastet, heilsähnliche Zustände politisch zu verfolgen. Das ist von eminenter Bedeutung, denn die damit verbundene Entlastung der Politik von der Verwirklichung heilsanaloger Zustände in dieser Welt bedeutet ja nichts anderes als die Befreiung der Politik zur Sachlichkeit und zur Vernunft. Von dem Umstand, daß das Christentum eine Kraft in unserer Gesellschaft bleibt, hängt auf die Dauer nicht mehr und nicht weniger ab als die Möglichkeit einer vernünftigen und sachorientierten Politik. In dem Augenblick, in dem die christliche Wurzel der Ermöglichung vernünftiger Politik wegfällt, erhebt die Politik, ob sie will oder nicht, religionsähnliche oder heilsanaloge Zielsetzungen zu ihrem Programm. Das können wir seit mehr als hundert Jahren immer wieder beobachten. Feuerbach hat das zum ersten Mal mit aller Deutlichkeit ausgesprochen, als er feststellte, daß nun die Politik an die Stelle der göttlichen Vorsehung treten müsse. Die Expansion und die Unreformierbarkeit unseres Sozialstaates hängt ja auch damit zusammen, daß für die Menschen der Sozialstaat heute de facto an die Stelle des Glaubens, an die göttliche Vorsehung getreten ist. Der Sozialstaat soll heute die totale Sicherung des menschlichen Lebens vor allen denkbaren Risiken übernehmen. Es macht daher keinen Sinn, bloß technokratisch und pragmatisch über die Reformbedürftigkeit des Sozialstaates zu reden, wenn man sich nicht dieses religiösen Grundes erinnert, aus dem die expansiven, auf die Dauer von keinem Staat und von keiner Politik der Welt zu erfüllenden Erwartungen erwachsen. Die Reformierbarkeit des Sozialstaates ist damit eine eminent den religiösen Zustand der Gesellschaft berührende und betreffende Frage. Das

Christentum ist nicht nur der Ermöglichungsgrund einer sachorientierten, vernünftigen Politik, es impliziert auch die unverzichtbare Grenzziehung für die Politik. Die christliche Predigt, gerichtet an die Herrscher vergangener Zeiten, machte immer deutlich, was die Politik kann und was sie nicht kann, und vor allen Dingen, was sie darf und was sie nicht darf. Es ist die vielleicht bestürzendste Konsequenz des Fortfalls des Christentums als einer Instanz der Grenzziehung der Politik, daß dann die Politisierung aller menschlichen Lebensbereiche eine fast unausbleibliche Folge ist, weil es dann nichts und niemanden mehr in der Welt gibt, der der Politik die Grenzen zieht.

Wo endet die politische Verfügung über den Menschen durch die Politik und die Politiker? Es gibt kaum eine wichtigere und für die Zukunft bedeutsamere Frage als diese, die wir aufgrund der Erfahrungen in unserem Jahrhundert dringend stellen müssen. Die klassische theologische Antwort zum Verhältnis von Politik und Christentum wurde in der großen Tradition der Zwei-Reiche-Lehre formuliert. Ich möchte hier wenigstens einige Sätze dazu sagen.

Es gibt drei fundamentale Mißverständnisse über diese von Augustin begründete Zwei-Reiche-Lehre: Das eine Mißverständnis besteht darin, daß Politik und Religion, also das Reich dieser Welt und das Reich Gottes, gleichgesetzt werden. Politik wird dann verstanden als die Verwirklichung des Reiches Gottes, als Realisierung des versprochenen und angekündigten Reiches.

Das zweite große Mißverständnis geht in die entgegengesetzte Richtung. Man sagt, Politik sei eine Sache und der christliche Glaube eine andere und beide hätten im Grunde genommen nichts miteinander zu tun und müßten darum radikal auseinandergehalten und getrennt werden.

Die dritte Antwort ist die gefährlichste und zugleich die, mit der wir es heute zu tun haben: Beide Reiche werden unreflektiert miteinander vermischt; die Politik wird quasi-religiös inspiriert, und die Religion und das Christentum werden damit quasi-politisch. Heute haben wir diesen Zustand einer Vermischung von Religion und Politik. Die Politik wird nicht selten mit quasi-religiösen Aufgaben betraut. Es braucht bloß ein existenzbedrohendes Problem aufzutauchen, und schon erleben wir den Ausbruch von politischen Bewegungen, die – zweifellos von religiösen Impulsen beseelt – wie selbstverständlich von der Politik die Lösung des Problems erwarten. Auf der anderen Seite werden aber auch die christlichen Kirchen immer politischer, und das Evangelium wird immer häufiger für politische Zwecke mißbraucht.

Wir haben es mit einem Zustand der Vermischung von Religion und Politik zu tun, den man im Sinne der Tradition der Bibel nur einen diabolischen Zustand nennen kann. Der Diabolus ist ja nicht einfach das inkarnierte Böse schlechthin, sondern der Diabolus ist der, der alles durcheinander bringt, der die Kategorien und Begriffe verwirrt und vermischt. Das erste und das wichtigste, was eine christdemokratische Partei in Deutschland leisten müßte, wäre daher die Klärung der Begriffe. Wenn es der Partei nicht gelingt, in den Köpfen wieder Klarheit zu schaffen und die richtigen Orientierungsmarken zu setzen, wird dieser Partei in Zukunft kein Erfolg mehr beschieden sein.

Das Verhältnis von Staat und Kirche, von Politik und Religion ist also ein dialektisches Verhältnis. Es ist durch ein eindimensionales, einförmiges Denken nicht zu verstehen, weil im Kontext der Theologie der Zwei-Reiche-Lehre zwei Aussagen zusammengehören: Zum einen müssen beide Reiche sauber geschieden werden und düfen nicht vermengt werden. Zum anderen müssen sie aber auch gleichzeitig in die richtige Beziehung zueinander gebracht werden, und um diese Wechselbeziehung geht es. Eine ein für alle mal richtige Inbeziehungsetzung gibt es aber nicht. Die richtige Inbeziehungsetzung von Politik und Christentum ist eine unter veränderten Umständen sich immer wieder neu stellende Aufgabe. Diese Aufgabe ist nur zu lösen, wenn wieder begriffen wird, daß das Christentum eine denkende Religion ist und daß man das Denken gerade in unseren Zeiten keineswegs allein den Theologen überlassen kann. Jeder Christ ist zur Verantwortung seines Glaubens und zur Vernunft aufgerufen, und daher bedarf er einer Aufklärung darüber, wie unter den gegebenen Bedingungen Politik und Religion einerseits geschieden, andererseits aber auch richtig zueinander in Beziehung gesetzt werden. Wir haben heute allen Grund, uns an diese große Tradition der Zwei-Reiche-Lehre zu erinnern, denn der Sozialismus war ein theokratisches Modell in säkularer Gestalt, und im Islam fordert uns künftig ein neues, diesmal authentisch theokratisches Modell heraus. Politik wird im Islam verstanden als Vollstreckung theologischer Imperative. Wenn wir dem religiösen Bedürfnis der Christen der Gegenwart genauer nachgehen würden, so wie es sich auf den Kirchentagen artikuliert, würden wir die erstaunliche Beobachtung machen, daß die Sehnsucht nach der Verwirklichung eines theokratischen Modells mehr und mehr im Christentum auch heute vorzuliegen scheint. Die Zerrüttung und Gefährdung des Verhältnisses von Religion und Politik ist mit dem Untergang des real existierenden Sozialismus keineswegs überwunden.

Hegel hat das Verhältnis der zwei Reiche auf dem Boden der modernen Gesellschaft und der Ideologien, die die Aufklärung zu ihrer Voraussetzung haben, neu gedacht. Ich will hier jetzt nicht Hegel interpretieren, sondern will nur seine Kernthese zu diesem Verhältnis nennen. Die Hegelsche These lautet, daß es einen Staat der Freiheit in der modernen Welt nur geben kann, wenn die christliche Gemeinde der Ort der sittlichen Bildung der Bürger ist. Hegel hat gesehen, daß das Christentum, die christliche Sittlichkeit die Substanz ist, aus der der Staat trotz der Geschiedenheit von Kirche und Staat als eine Institution der Freiheit lebt. Er hat auch vorausgesehen, daß mit dem Hinschwinden des Christentums, mit der Erosion der christlichen Substanz, der moderne Staat aufhören wird, eine Institution und ein Garant der Freiheit zu sein. Der Staat wird dann ein Instrument zur Befriedigung gesellschaftlicher Bedürfnisse und tendenziell zur Beute von gesellschaftlichen Kräften, die irgendwelche Kompromisse aushandeln, die der Staat dann nur noch in die Praxis umsetzen darf.

Hegels Einsichten sind leider heute wieder aktuell. Denn die auf dem Grundgesetz beruhende Verfassung des freiheitlichen Rechtsstaates der Bundesrepublik Deutschland wird auf die Dauer nicht haltbar sein, wenn etwa die demokratisch nicht legitimierten Prozesse der Bewußtseinsbildung durch die Medien in der heute üblichen Weise voranschreiten. Denn dann wird das normative Gefüge der Verfassung sich diesen ständig verändernden Bewußtseinsprozessen anpassen und damit dem ewigen Wandel der Werte anheimfallen. Unser freiheitlicher Rechtsstaat wird eines Tages dem Drängen der ideologischen Manipulation der Gesellschaft nicht länger standhalten können, wenn der Staat nicht wieder aus einer von der Gesellschaft unabhängigen, wenigstens relativ unabhängigen, geistigen Substanz seine Legitimation und sein Ethos bezieht.

Die geistige Substanz, aus der heraus ein Staat lebt, kann

Hegel zufolge unter den Bedingungen der Aufklärung der modernen Gesellschaft nur die sittliche Bildung sein, die aus der lebendigen christlichen Gemeinde hervorgeht. Hegel hatte noch geglaubt, es sei im Zeichen seines Gesellschaftsmodells eine Bewahrung der zweitausendjährigen Substanz Europas einschließlich der Substanz der Aufklärung möglich, aber die Geschichte hat einen anderen Verlauf genommen. Der Philosoph, der für das 20. Jahrhundert maßgebend wurde, ist nicht Hegel, übrigens auch nicht Karl Marx, wie wir einige Zeit lang glaubten, sondern Friedrich Nietzsche. Denn Nietzsche hat es als seine Aufgabe verstanden, eine Entscheidung in Sachen des Atheismus herbeizuführen. Nach Nietzsches Meinung hat die moderne Welt das Christentum längst zu einem ideologischen Schein werden lassen. Das Christentum ist längst durch die um ihre partikulare Bedürfnisbefriedigung und die Besitzstandsmehrung besorgte bürgerliche Gesellschaft verdrängt worden. Eine Beibehaltung dieses zum Schein gewordenen Christentums wäre nach Nietzsche eine tödliche Gefahr für die Zukunft der Menschheit, und darum hat er gemeint, daß man auch beerdigen müsse, was bereits tot sei. Sie kennen das Wort von Nietzsche, das am Ende seiner Verkündigung des Todes Gottes steht: „Was sind diese Kirchen noch, wenn nicht die lebendigen Grabmäler eines toten Gottes".

Die Saat, die Nietzsche nicht aufgehen sehen wollte, aber die de facto aufgegangen ist, das ist die Geschichte des 20. Jahrhunderts. Und wenn wir diese Geschichte jetzt am Ende des Jahrhunderts noch einmal auf ihren Kern reduzieren, dann müssen wir sagen, daß das 20. Jahrhundert eine Epoche darstellt, in der Verbrechen von einer Dimension und einem Ausmaß begangen wurden, wie das vorher unvorstellbar war. Es sind den ideologieinduzierten totalitären Staaten und den von ihnen verursachten Kriegen in diesem Jahrhundert etwa 180 Millionen Menschen zum Opfer gefallen. Wir dürfen nicht vergessen, daß der Zweite Weltkrieg nach dem Dreißigjährigen Krieg die größte Katastrophe der deutschen Geschichte bedeutet. Dieser Krieg und die Machtergreifung der Nationalsozialisten waren eine Katastrophe, die nur aus dem geistigen Versagen und der bewußt herbeigeführten Entchristlichung des deutschen Volkes zu verstehen sind. Hans Frank hat noch kurz vor seiner Hinrichtung gesagt, daß die Abwendung von Gott der Grund für diese Katastrophe gewesen sei und es hätte auch nicht anders kommen können. Ich erwähne Hans Frank aus dem einfachen Grunde, weil die in dieser Formulierung zum Ausdruck kommende Überzeugung die Geburtsstunde der CDU in Deutschland werden sollte.

Was hat die CDU konstituiert? Es waren zwei Dinge. Erstens der Wille, daß sich der Faschismus in der deutschen Geschichte nicht wiederholen dürfe. Die CDU ist mit dem klaren Auftrag angetreten, die im Faschismus und Nationalsozialismus sichtbar gewordene Barbarei zu überwinden. In der CDU hat sich die Gemeinschaft versammelt, die mit allen zur Verfügung stehenden Kräften jeder Form von totalitärem politischen Denken und Handeln ihren Widerstand entgegensetzen wollten. Die sogenannte ideologische Substanz der CDU in der Phase des Aufbaus Deutschlands ist nicht nur der Antifaschismus, sondern auch der Antikommunismus gewesen.

Und zweitens gab es die weitverbreitete Überzeugung, daß die geschichtliche Lage es nötig macht, daß die Christen endlich ihren Glaubens- und Kirchenkampf überwinden. Die CDU verstand sich darum als eine Partei aller Christen. Der Papst hat noch in seiner letzten Enzyklika die unveränderte

Notwendigkeit beschworen, wonach die Christen aller Konfessionen in sozialen und politischen, also dem Gemeinwohl verpflichteten Aufgaben zusammenarbeiten sollten. Es kann kein Zweifel darüber bestehen, daß dieser Zusammenschluß der Christen in der CDU eine große Stunde auch in der deutschen Parteiengeschichte war. Das Zusammenwirken der beiden Kirchen, die Überwindung des konfessionellen Gegensatzes zu einem gemeinsamen politischen Willen, verkörpert die einzige neue politische Idee nach 1945. Ohne diesen überkonfessionellen Zusammenschluß hätte die CDU nicht die Rolle spielen können, die sie in der Aufbauphase der Bundesrepublik gespielt hat. Wir leben bis zum heutigen Tag sowohl innen- wie außenpolitisch von den fundamentalen Entscheidungen, die die CDU damals unter Adenauer und Erhard getroffen hat. Heute gibt es allerdings zum ersten Mal in Deutschland eine politische Kraft, die Grünen, die kurz davor ist, mit der SPD die Macht zu übernehmen, und die diese fundamentalen Entscheidungen revidieren will. Das ist das Besondere in der Stunde, in der wir uns jetzt mit dieser Frage auseinandersetzen.

Was waren die fundamentalen politischen Entscheidungen, die die CDU auf den Weg gebracht hat? Die wichtigste Entscheidung war, daß Deutschland ein glaubwürdiger Bündnispartner der westlichen Welt geworden ist und sich den Prinzipien der demokratischen westlichen Kultur verpflichtet hat. Die zweite fundamentale Entscheidung betrifft die Durchsetzung der Ordnung der sozialen Marktwirtschaft. Die CDU hat den Versuch unternommen, das für das 19. Jahrhundert und für den Kapitalismus geltende Auseinanderdriften des Profitinteresses auf der einen Seite und der sozialen Benachteiligung auf der anderen Seite zu überwinden. Die damaligen Gründungsväter der Sozialen Marktwirtschaft haben freilich unter sozialer Marktwirtschaft etwas ganz anderes verstanden als das, was wir heute so nennen. Gemessen an deren Intention haben wir heute weder eine Marktwirtschaft noch verdient das soziale System, sozial genannt zu werden. Man muß hier mit aller Deutlichkeit sagen, daß dieser innere Verfall der Ordnung der sozialen Marktwirtschaft begleitet ist von einem progressiven Prozeß der Sozialdemokratisierung der CDU. Auch die CDU trägt damit für die Deformation der sozialen Marktwirtschaft die Mitverantwortung. Dieser Prozeß der Aushöhlung der sozialen Marktwirtschaft hat sich in der unionsgeführten Regierung seit 1982 weiter beschleunigt. Man denke nur an die Einführung der Pflegeversicherung und die Lage im Gesundheitswesen.

Der Aufbau Deutschlands ist das Werk der CDU und damit die Verwirklichung eines Zustands, wie es ihn in der deutschen Geschichte noch nicht gegeben hat. Nie haben so viele Menschen an einem so hohen Grad des Wohlstandes partizipiert, noch nie gab es so viele Freiheiten, und nie haben die Menschen solche Lebenschancen und Optionen gehabt, wie sie durch die entscheidende und maßgebliche Mitwirkung der CDU ermöglicht wurden. Ich sage das nicht, um an eine historische Reminiszenz zu erinnern, sondern deshalb, weil wir uns heute fragen müssen, aus welchen geistig moralischen Kräften heraus der CDU dieser Aufbau eigentlich geglückt ist. Man darf es heute eigentlich gar nicht mehr sagen, aber ich sage es trotzdem: Es sind natürlich konservative Grundhaltungen und Tugenden gewesen, die sich über den Nationalsozialismus und seinen Untergang hinaus in breiten, auch in den verantwortlichen Führungsschichten in Deutschland durchgesetzt haben.

Heute hat sich die Lage grundlegend geändert. Das Schicksalsereignis ist natürlich verbunden mit der Jahreszahl 1968.

Ich hatte damals bereits die These vertreten, daß diese aus der philosophischen Inspiration der Frankfurter Schule hervorgehende neomarxistische Kulturrevolution eine Herausforderung darstellt, die die CDU auf die Dauer nur bestehen wird, wenn sie aus ihren eigenen, besten Traditionen heraus imstande ist, dieser kulturrevolutionären Herausforderung selber eine Art Kulturrevolution entgegenzusetzen. Das war eine These, die sich, wie heute ganz offenbar wird, voll zu bestätigen scheint. Statt dessen hat die Union dieser geistigen Herausforderung nur die Preisung des ökonomischen Fortschritts und der sozialen Sicherung entgegengesetzt, sie hat sich der geistigen Herausforderung, die in dieser Bewegung zweifellos angelegt war, bis zum heutigen Tag nicht gestellt. Die Partei hat aus eigener Substanz und aus eigener Überzeugung dieser im Kern anarchistischen und nihilistischen Kulturrevolution keine Alternative anzubieten vermocht, und so war sie gezwungen, sich ihr anzupassen. Am Ende dieses langen Prozesses der Kapitulation konnte dann der Bundestagsabgeordnete der CDU, Friedbert Pflüger, auf die Frage nach der Zukunft der CDU sagen, sie müßte sich die Kulturrevolution und ihre Ergebnisse zu eigen machen und sich an die Spitze dieses kulturrevolutionären Prozesses stellen.

Die Kursveränderung der Union hin zur linken Mitte wurde mit folgender Begründung geführt: Wir müssen unsere strukturelle Mehrheit sichern, und da wir das nicht rechts von der Mitte tun können, müssen wir uns um die Linksliberalen kümmern. Die Öffnung zum Linksliberalismus wurde also mit dem Argument des Machterhalts begründet. Daran ist sogar etwas Wahres. Wenn man sich entschlossen hätte, auch in den Bereichen der linken Mitte Wähler zu gewinnen, wäre das durchaus eine richtige Entscheidung gewesen. Denn wenn die CDU beschlossen hätte, sich um die sozialdemokratische

Facharbeiterschaft zu bemühen, die die SPD in ihrer Abwendung von Helmut Schmidt im Stich gelassen hatte, wäre das eine richtige Entscheidung gewesen. Ich erlaubte mir damals nur, darauf aufmerksam zu machen, daß eine in die linke Mitte abdriftende CDU in der rechten Mitte verlieren wird. Denn natürlich stellt sich dann die Frage, ob die sogenannten Konservativen künftig noch eine politische Heimat in der CDU sehen können. Darum habe ich vorgeschlagen, daß die CDU sich mit der CSU auf eine bundesweite Ausdehnung der CSU einigt, damit die Konservativen eine neue Heimat in dieser ausgeweiteten CSU fänden, die mit einer zur linken Mitte hin tendierenden christdemokratischen Partei koalitionsfähig ist und die so die strukturelle Mehrheit der Union auf Dauer sichern könnte. Franz Josef Strauß hat die Richtigkeit dieses Vorschlages erkannt, nur hat er sofort hinzugefügt, die CSU könne das nicht machen, weil die CDU dann auch in Bayern einmarschieren würde und die CSU dann bis zu 30 % der Stimmen verlieren werde. Die CSU machte damals einen entscheidenden Fehler. Wenn die CSU gesagt hätte, die Demokratie ist im Begriffe, ihren repräsentativen Charakter zu verlieren, weil wichtige, konservative Gruppen der Gesellschaft sich nicht mehr repräsentiert fühlten. Deshalb müsse sie etwas für die Stabilität der Demokratie tun und die damit verbundenen Risiken um Willen dieser Stabilität auf sich nehmen, damit einer neuen Partei rechts von der Union der Boden entzogen werde. Dann hätte sich die CDU/CSU die strukturelle Mehrheit bis ins nächste Jahrtausend hinein sichern können. So aber war auf die Dauer absehbar, daß rechts von der CDU eine bundesweite Partei auftauchen würde, in diesem Falle die Republikaner. Inzwischen wurden die Republikaner auf 0,5 Prozent gebracht, nicht durch eine faire Diskussion, sondern indem gegen sie die Faschismuskeule geschwungen wurde. Als die Republikaner damals 7 % in Berlin bekamen, erklärte Heiner Geißler, daß die braunen Ratten sich auf den Weg machten. Wer Menschen Ratten nennt, der ist mitverantwortlich, wenn morgen gemäßigt national gesinnte Bürger unter soziale Ächtung gestellt und ausgegrenzt werden.

Heiner Geißler veröffentlichte jüngst ein Buch mit dem Titel „Gefährlicher Sieg". Mit dem „gefährlichen Sieg" ist natürlich der Sieg bei der letzten Bundestagswahl 1994 gemeint, der aber in gewisser Weise das schlechteste Ergebnis war, das man sich vorstellen kann. Erstens regiert de facto über den Bundesrat die SPD mit. Zweitens stirbt die FDP regelrecht dahin. Selbst zu den Bundestagswahlen mußte die Scheinleiche FDP von Kanzler Kohl noch zum Leben erweckt werden, weil sie aus eigener Kraft nicht mehr als 3 bis 4 % bekommen hätte.

Was bedeutet das? Das bedeutet, daß unter dem Eindruck des weltgeschichtlichen Umbruchs der letzten 5 Jahre und des definitiven Endes des organisierten Sozialismus fast alle Länder der Welt konservativ wählen und nur in Deutschland sich ein Linksruck ereignet. Frankreich wird heute auf allen Ebenen von einer natioal-konservativen Mehrheit regiert, während bei uns die Nationalkonservativen nach offizieller Lesart in Verwahranstalten gehören. Die Kommunalwahlen in Spanien haben ebenfalls mit einem eindeutigen Sieg der Konservativen geendet. Auch in Italien würden wir eine Regierung unter konservativer Führung haben, wenn nicht Berlusconi solche gravierenden Fehler begangen hätte. Und wenn Sie sich Rußland ansehen, kehren auch dort sämtliche Topoi des Konservativismus wieder. Rußland versucht, sich aus der orthodoxen Tradition des Christentums, sowie aus der Geschichte und aus der nationalen Tradition heraus zu erneuern. Wie sollte Rußland denn anders zusammengehalten werden, wenn nicht durch Kräfte und Ideen, die wir in Deutschland mit Stumpf und Stil auszurotten bemüht sind?

In dieser weltgeschichtlichen Situation hat die deutsche Linke zum ersten Mal die reale Chance, eine strukturelle Mehrheit zu erringen. Die CDU kann dieser Entwicklung nur noch die mächtige Gestalt des Kanzlers entgegenstellen, von der man hofft, daß er sich der rotgrünen Flut noch einmal für weitere vier Jahre erfolgreich erwehren wird. Das wird aber nichts an der Tatsache ändern, daß, wenn der jetzige Kanzler geht, die Stunde der Offenbarung für die CDU gekommen sein wird. Ich prognostiziere heute, daß es dann zwei Parteien in der CDU geben wird, eine Partei der linken und eine Partei der rechten Mitte. Und ob diese beiden Parteien dann noch zusammenbleiben werden, das ist die Frage.

Wenn wir die Frage stellen, ob eine christliche Politik noch möglich ist, müssen wir uns demnach darüber im klaren sein, daß die Lage der Christenheit und des Christentums in der Gegenwart eine fundamental andere ist als in jeder anderen Zeit der deutschen Geschichte. Manchmal habe ich den Eindruck, daß der Kampf gegen das Christentum noch an Brutalität über das hinausgeht, was die Kommunisten und Faschisten aus ihrer antichristlichen Weltanschauung heraus über das Christentum gesagt haben. In einem Artikel des katholischen Theologen Drewermann in der Osterausgabe der WOCHE lautet die zentrale Aussage, daß die katholische Kirche ein sadomasochistisches, totalitäres System sei. Und in allerjüngster Vergangenheit hat das Mitglied des Bundesvorstandes der CDU, Michel Friedman, eine Aussage über das Christentum formuliert, die den Kern der Dinge trifft. Die Kernthese lautete: „Holt Jesus vom Kreuz". Die Hinschlachtung, die Opferung eines unschuldigen Menschen sei ein grausamer, gewalttätiger Vorgang, der die Christen veranlassen sollte, über ihr Menschenbild nachzudenken, meinte Michel Friedman. Ich erlebe es selbst auf Tagungen christlicher Institutionen, daß ganz offen das Inhumane einer Religion beklagt wird, in der solch eine Grausamkeit im Mittelpunkt steht. Auf höherem Niveau, ich zitiere jetzt einen anderen deutschen Philosophen, Hans Blumenberg, wird behauptet, das Kreuzesgeschehen sei das sichtbar gewordene Scheitern dieses Gottes.

Was ist dazu zu sagen? Zunächst gibt es durchaus einsehbare Motive, die einen Mann wie Michel Friedman veranlassen, ein solches Urteil abzugeben. Denn natürlich steckt dahinter die richtige Beobachtung, daß es einen Jahrhunderte alten, weit in die Geschichte des Christentums zurückreichenden Antijudaismus gibt, durch den das Christentum in einer schwer bestimmbaren Weise auch eine gewisse Mitschuld an dem Antisemitismus trägt, der für das 20. Jahrhundert kennzeichnend ist. Dieser christliche Antijudaismus hängt natürlich mit dem Tode Jesu am Kreuz zusammen, insofern man der Überzeugung ist, daß die Juden den Herrn gekreuzigt haben. Friedman meint nun, diese unselige Tradition dadurch beenden zu können, indem wir diesen Jesus vom Kreuz nehmen und das Kreuzesgeschehen als die Mitte des Christentums beseitigen.

Was würden wir tun, wenn wir diesem Ratschlag folgten? Wenn wir diesem Vorschlag folgen würden, würde das die Vernichtung des Christentums bedeuten. Rudolf Augstein hat ganz richtig gesagt: „Nehmt das Kreuz aus dem Christentum und das ganze Christentum ist nichts."

Was ist zunächst zum Vorwurf der Inhumanität des Kreuzesgeschehens zu sagen? Hier ist die Sache völlig eindeutig. Unsere Gesellschaft, auch unser Sozialstaat, lebt von den letzten Sedimentierungen des Christentums und seinem humanen Ethos. Es mag noch einige Zeit gut gehen, aber – wie Nietzsche schon sagte – das Eis ist dünn, und wir können nicht mehr lange darauf gehen. Wir müssen uns darüber im klaren sein, daß christliche Politik und die daraus hervorgehende Ethik auf die Dauer ein völlig sinnloses Anliegen in einer Zeit ist, in der es um das Ganze und um das Fundament und damit um die Sache selbst geht. Wenn die christliche Substanz nicht verteidigt werden kann, dann hängen über kurz oder lang auch die christliche Ethik und ihre säkularen Sedimentierungen in der Luft. Ich will daher zwei Zeugen zitieren, die zu dieser Mitte des Christentums, dem Kreuz, aus ihrem eigenen Verständnis heraus andere Urteile gefällt haben, als es Michel Friedman getan hat.

Ich erinnere hier in erster Linie an Goethe. Er ist deshalb so interessant, weil er in der Tat den Anblick des Kreuzes unerträglich fand. Goethe hat selber versucht, während seiner Zeit als Minister das Kreuz von den Wänden der Schulen zu entfernen. Deshalb wiegt das Urteil eines solchen Mannes besonders schwer.

Goethe hat, als ihm die heraufkommende moderne Welt in ihrem Wesen klar vor Augen stand, in den „Wanderjahren" über die moderne Welt gesagt, sie werde kommen wie ein Gewitter und niemand werde sie aufhalten. Goethe setzte diesem Prozeß der Moderne die durchaus von ihm religiös gemeinte Lehre von den Ehrfurchten entgegen: Die Ehrfurcht vor dem, was über uns ist, die Ehrfurcht vor dem, was uns gleich ist und die Ehrfurcht vor dem, was unter uns ist, alle drei gründend in der Ehrfurcht vor sich selbst. Unsere ethischen Probleme, die mit der modernen Industriegesellschaft einhergehen, werden sicher ohne eine Beachtung dessen, was Goethe mit der Lehre von den Ehrfurchten gemeint hat, kaum möglich sein. Und nun sagt Goethe, eine der wichtigsten Formen der Lehre von der Ehrfurcht sei die Ehrfurcht vor dem, was unter uns ist, und dies impliziert für ihn die Verehrung des Kreuzes Jesu Christi. Goethe war nun sogar der Meinung, man sollte das Kreuz hinter einem Vorhang verbergen, um der Profanierung entgegenzuwirken. Nur in den Situationen des Schmerzes, des Leidens und der unsühnbaren Verbrechen werde der Anblick des Kreuzes uns davon überzeugen, daß es nichts gibt, was uns von der Liebe dieses Gottes trennen kann. Auch der schlimmste Verbrecher kann wieder versöhnt werden, weil es das Kreuz gibt. Goethe sagte an einer anderen Stelle einmal, die Existenz Jesu Christi sei die höchste Manifestation der Idee der Sittlichkeit, über die die Menschheit nie hinauskäme.

Warum legt Goethe einen solchen Wert auf das Kreuz? Weil er weiß, daß mit der Auslöschung des Christentums – Dostojewski hat es ähnlich gesehen – die in der Moderne schlummernde Barbarei zum Ausbruch kommen wird. Dostojewski sprach davon, daß dann die Dämonen freigelassen werden. Einer seiner zentralen Sätze lautet: „Wir werden mit dem Axiom der absoluten Freiheit beginnen, und am Ende wird die totale Verknechtung des Menschen stehen." Dostojewski meinte, daß die Menschen sich eines Tages an die Hände fassen und dann entdecken, daß sie einem sinnlosen Universum gegenüberstehen. Alles werde damit enden, daß der letzte Bruder den vorletzten umbringe, womit die ganze Geschichte ihr Ende gefunden habe.

Wir brauchen heute nur an die Vorgänge auf dem Balkan zu denken. Hier hat man noch vor wenigen Jahren geglaubt, es sei nun gelungen, daß die verschiedensten Ethnien und die unterschiedlichsten Religionen friedlich zusammenleben. Und plötzlich stellen wir fest, daß sich dort Konflikte und Spannungen aufgeladen und akkumuliert haben, die heute explodieren. Das kann durchaus auch bei dem Experiment einer multikulturellen Gesellschaft herauskommen. Oder nehmen wir Amerika. Amerika ist seit vielen Generationen bemüht, das Problem der Integration der Schwarzen zu lösen. Aber sie haben es bis heute nicht gelöst. Im Gegenteil, in dem Maße, in dem die multikulturelle Identität jetzt auch in Amerika eine bestimmte Grenze überschritten hat, beginnt sich dort, wie das Beispiel von Oklahoma lehrt, eine Art neuer Faschismus zu organisieren.

Zweitens erinnere ich an Hegel. Auch für ihn ist die Mitte des Christentums und der gleichzeitige Wendepunkt der Geschichte der Vorgang, in dem der Sohn Gottes den Verbrechertod am Kreuz starb. Das Proprium und die Pointe des Christentums liegen nicht darin, daß der christliche Gott einen schuldlosen Menschen hat ermorden lassen und mitleidlos zugesehen hat, sondern daß Gott selbst den Verbrechertod am Kreuz starb und in der äußersten Preisgabe und Entäußerung seiner selbst das Schlimmste, nämlich den Tod, auf sich genommen hat. Was dort am Kreuz starb, ist der Tod des Todes. Das ist die Formulierung, die Hegel für diesen Vorgang gefunden hat. Die christliche Religion enthält durch dieses Kreuzesgeschehen den Tod des Todes. Seitdem stehen die Christen auf der Seite des Lebens und leben in der Gewißheit, daß am Ende nicht ein sinnloses Universum erkaltet und alle den Kältetod sterben, sondern daß am Ende das Leben des lebendigen Gottes steht. Darum kann Hegel sagen, daß das Christentum die Religion der Freiheit sei. Denn die Freiheit sei gewonnen worden durch das Opfer des Gottessohnes am Kreuz. Mit dem Kreuzesgeschehen hat sich ereignet, was man eine Revolution in den Religionen nennen könnte. Denn durch dieses Ereignis wird die Logik aller anderen Religionen umgedreht, wonach der Mensch auf Gott gerichtet ein Werk zu vollbringen hat und sich opfern muß, um vor diesem Gott Gnade zu finden. Das Christentum bedeutet die revolutionäre Überwindung des rituellen Opfergedankens in den anderen Religionen. Die Freiheit des Christen steht im Indikativ, sie ist das Resultat der Zusage Gottes. Wir haben keinen Imperativ, auch keinen moralischen gegenüber Gott zu erfüllen. Im Neuen Testament heißt es: Christus sei der Grund, der gelegt ist, und es kann kein anderer einen anderen Grund legen. Das Ereignis bedeutet unter anderem auch die Befreiung des Menschen zur Welt. Der Christ kann, aufbauend auf die Gewißheit dieses Grundes, sich der Welt zuwenden und durch Freiheit und Vernunft die Aufgaben lösen, die ihm die Geschichte gerade vor die Füße gelegt hat.

Wenn die CDU sich auf diese eigenen Fundamente besinnen und die Angst vor den Medien und den Verwaltern des öffentlichen Zeitgeistes ablegen würde, dann könnte sie aus dieser Gewißheit des Lebens heraus sagen, welches die wirklichen Errungenschaften dieser Gesellschaft sind und welch eine große Zukunft wir in ihr haben könnten. Sie brauchte dazu keinen anderen politischen Maßstab als die Verfassung. Die Verfassung der Bundesrepublik Deutschland ist ja die beste, die man sich überhaupt vorstellen kann. Und wenn die CDU sich nur für die Verfassung, in der auch das christliche Erbe zumindest teilweise eingegangen ist, einsetzen würde, dann stünde es besser um unser Land. Welches sind die Fundamente? Ich möchte vier nennen:

1. Diese Verfassung ist gegeben vor Gott. Gott wird öffentlich angerufen. Wer sich daher blasphemisch gegen diesen Gott, der hier angerufen wird, wendet, der zerstört den Grund, auf den auch die Wirksamkeit dieser Verfassung angewiesen ist.

2. Das höchste Gut dieser Verfassung ist die Würde des Menschen und darin eingeschlossen die Integrität des menschlichen Lebens. Aber worin ist dieses höchste Gut, die Würde des Menschen und seine Unantastbarkeit begründet, wenn nicht im Christentum? Fragen Sie die Anwälte der Emanzipation und die Agnostiker und Atheisten, wie sie denn die Würde des Menschen begründen wollen?
3. Diese Verfassung ist um willen der Freiheit des Menschen gegeben. Nach dieser Verfassung hat jeder das Recht, seine individuellen Anlagen zu entfalten. Das bedeutet freilich auch, daß jedem einzelnen die Übernahme des Risikos für sein Leben zukommt. Denn die Risikobeseitigung würde auch die Beseitigung der Freiheit bedeuten.
4. Und dann gibt es eben noch eine vierte Bestimmung, die wir im öffentlichen Bewußtsein vergessen haben und von der wir leider keinen Gebrauch mehr machen: Wer von seiner Freiheit Gebrauch macht, muß die Freiheit des anderen respektieren. Er darf nicht die Freiheit des anderen verletzen und er ist darüber hinaus gehalten, das „natürliche Sittengesetz" zu wahren. Natürlich ist der Begriff des „natürlichen Sittengesetzes" problematisch. Aber was damit gemeint ist, liegt dennoch auf der Hand. Die Verfassung der Bundesrepublik fordert von jedem einzelnen einen sittlich zu verantwortenden Umgang mit der Freiheit.

Stände die CDU für alle diese Fundamente unserer Verfassung ein, würde sie auch voller Stolz und mit Selbstbewußtsein in die Zukunft blicken können. Ich glaube nach wie vor, daß der Kampf in und um die CDU von einer Schlüsselbedeutung für die Entwicklung Deutschlands ist.

Die CDU wird aber immer angewiesen sein auf einen Koalitionspartner. Man müßte an das Mirakel glauben, wenn man annähme, daß die CDU aus eigener Kraft die absolute

Mehrheit erreichen könnte. Unbeschadet der Parteizugehörigkeit wird es daher notwendig sein, daß es zu einem großen Bündnis aller vernunftfähigen Konservativen in diesem Lande kommt, ganz egal, ob sie zur CDU, zur SPD oder auch zur FDP gehören. Darum ist das erste und wichtigste, daß der deutsche Konservativismus wieder öffentlich seine Stimme erhebt.

Der nächste Wahlkampf wird ein Wahlkampf sein, der die Deutschen vor eine wirkliche Wahl stellen wird. Denn sie müssen sich entscheiden zwischen Mitte rechts und Mitte links. Und wenn die CDU sich nicht bis dahin überzeugend als eine Kraft dieser Mitte erklärt und sich nicht politisch wie geistig entsprechend darzustellen vermag, könnte sie diese Wahl verlieren. Das Politische birgt in sich nämlich eine Logik, der sich niemand auf die Dauer durch Dummheit, Feigheit oder Opportunismus entziehen kann. Irgendwann wird die Rechnung präsentiert. Die bürgerlichen Kräfte haben es bisher versäumt, sich intellektuell dem entgegenzusetzen, was Adorno und Marcuse in einer großen Reflexionsleistung formuliert haben. Es war immer meine Überzeugung, daß, wenn das, was in der Frankfurter Schule auf einem hohen philosophischen Niveau gedacht wurde, als abgesunkenes Kulturgut die Massen erreicht, dies präfaschistische Gegenreaktionen hervorrufen werde. Der fortschreitende Prozeß der anarchistischen Auflösung der Gesellschaft auf der einen und die Diskriminierung der Leistungsträger der Gesellschaft auf der anderen Seite werden dann das produzieren, was sie vorgeben verhindern zu wollen, nämlich eine neue Rechte. Das Unglück bestand bisher darin, daß man dieser linksliberalen Herausforderung nicht eine eigene liberalkonservative Vision, einen eigenen, auch faszinierenden Entwurf entgegengesetzt hat. Dies hätte allerdings vorausgesetzt, daß man sich auf dem Niveau dieser Frankfurter Theorie mit ihr auseinandergesetzt hätte. Indem man das nicht getan hat, war man gezwungen, sich dem Gegner schrittweise bis zur Unterwerfung anzupassen. Was diese Partei dringender denn je braucht, ist eine philosophische Konzeption.

Man kann heute das Christentum nicht verteidigen, wenn man nicht auch zu einer denkenden, Philosophie betreibenden Partei wird. Im Zeitalter der Aufklärung ist die Wahrheit des Christentums ohne Philosophie nur schwer oder gar nicht plausibel zu machen. Als der wirtschaftliche Aufbau Deutschlands in den sechziger Jahren zu einem gewissen Abschluß kam, stellte sich damals die Frage, was denn das Ziel, was denn überhaupt der geschichtliche Sinn dieser Gesellschaft sei. Die Frankfurter Schule war deshalb so erfolgreich, weil sie nach dem abgeschlossenen Aufbau in Deutschland das damals entstandene geistige Vakuum ausgefüllt hat. Eine konservative Antwort auf diese Herausforderung steht bis heute aus. Sie wird aber seit der Wiedervereinigung von Tag zu Tag dringlicher.

Was heißt heute konservativ?

Der Konservativismus ist so alt wie die menschliche Kultur und die menschliche Überlieferung, aber als eine konturierte geistig-politische Kraft gibt es den Konservativismus, der heute einem gewissen Ende entgegengeht, im Grunde erst seit der Französischen Revolution und seit der Aufklärung. Der Konservativismus hat immer auf diese weltgeschichtliche Veränderung geantwortet, die durch die Französische Revolution und die sie tragende, im Kern atheistische Philosophie der Aufklärung, entstanden ist. Seine Vertreter meinten, sie müßten sich dem, was dort mit sich ständig beschleunigender Geschwindigkeit und Rasanz auf den Weg gebracht wurde, entgegenstellen und zumindest das Fortschrittstempo verlangsamen. Der Konservativismus meinte, er müßte einen Gegenhalt, eine Art Korrektur an dem anbringen, was der Progressismus nicht erst seit heute, sondern eigentlich von Anfang an hervorgebracht hat.

Der Konservativismus ist also seit der Französischen Revolution eine defensive Position. Wir haben nun den Begriff „heute" im Titel des Referats hinzugefügt, weil wir es heute mit einer geistig-politischen Konstellation zu tun haben, die einerseits völlig anders ist als etwa im 19. Jahrhundert, aber zugleich ein Krisenpotential in sich birgt, das in seiner Tiefendimension sehr wohl mit der Zeit der Französischen Revolution vergleichbar ist. Der Konservativismus muß sich darum in dieser veränderten Situation neu orientieren.

Deshalb wird heute eine erneute Debatte über die Frage geführt: Was ist heute konservativ? In Deutschland gibt es seit 20 Jahren viele Vereinigungen, Gruppen und Neugründungen von Parteien, die unendlich lange darüber diskutieren, was sie denn nun eigentlich unter konservativ verstehen sollten. Das Ergebnis ist niederschmetternd. Denn es hat sich in dieser jahrzehntelang währenden Debatte herausgestellt, daß die Konservativen untereinander nicht in der Lage sind, einen konsensfähigen Begriff von konservativ zu bilden, so daß man eigentlich heute von einer Pluralität von Konservativismen sprechen muß. Natürlich ist der katholische Konservativismus ein anderer als der evangelisch-lutherische, und der politische Konservativismus in der sozialdemokratischen Partei ist ein anderer als in der christdemokratischen Partei. Es gibt Wirtschaftskonservative, es gibt Sozialkonservative, und es gibt natürlich auch Christkonservative. Wir haben es also mit einer inzwischen in Gärung geratenen Gemengelage zu tun, von der man nicht vermuten kann, daß sich bald ein tragfähiger, konsensfähiger Begriff von Konservativismus herausbilden könnte.

Natürlich gibt es das, was die Konservativen selber mit einem berechtigten Selbstbewußtsein die konservativen „Werte“ nennen. Wenn man die Frage nach den Werten stellt, so gibt es zweifellos unverrückbare Fixpunkte, wodurch sich eine genuin konservative Gesinnung oder Haltung von der progressiven unterscheidet. Konservatives Denken und konservatives Handeln sind primär orientiert an der Realität. Die Konservativen unterscheiden sich grundsätzlich von den Progressiven, die sich an Zukunftsmodellen und an Utopien ausrichten, daß sie sich an der Realität und damit an der Erfahrung orientieren. Wenn man sich das einmal klargemacht hat, wird deutlich, daß keine Zivilisation überleben kann, in der nicht diese Orientierung an den Realitäten der Welt und an ihren Erfahrungen, die die Menschheit mit sich und mit der Welt in der Geschichte gemacht hat, zum Tragen kommt. Der Konservativismus ist in diesem Sinne schon immer eine überlebenswichtige Angelegenheit gewesen. Ich stelle daher bewußt und mit aller Deutlichkeit die These an den Anfang unserer Überlegungen, daß jede Gesellschaft, jede Kultur auf die Dauer zugrundegeht, in der das realitätsorientierte, erfahrungsgesättigte Denken und Handeln nicht eine entscheidend mitbestimmende Kraft in der Gesellschaft darstellt. Es ist einer der großen Irrtümer des Liberalismus, der glaubt, er selber hätte noch eine Zukunftschance, wenn er die Konservativen erfolgreich besiegt und ausgeschaltet hat. Das Scheitern der Weimarer Republik sollte doch gelehrt haben, daß der Totalitarismus nie eine Chance gehabt hätte, wenn nicht der relativistische Liberalismus zuvor tabula rasa gemacht und ein Vakuum geschaffen hätte, in dem dann Hitler und seine Gefolgsleute ein dankbares Betätigungsfeld fanden. Heute drängt sich uns nicht zu Unrecht der beklemmende Eindruck auf, als könnte sich diese Geschichtskonstellation der zwanziger Jahre wiederholen. In Deutschland wie im gesamten Westen hat sich ein den zwanziger Jahren vergleichbarer libertärer Liberalismus ausgebreitet. Und es könnte sein, daß wir dabei sind, das zu wiederholen, was wir geschichtlich glaubten, hinter uns gelassen zu haben. Jeder vernünftige Liberale müßte daher ein vitales Interesse daran haben, daß es einen lebendigen, realitätsorientierten, handlungs- und urteilsfähigen Konservativismus in einer Gesellschaft oder einer Kultur gibt.

Natürlich gibt es neben dem Grundprinzip der Erfahrung noch andere konstante, zeitübergreifende Prämissen des Konservativismus. Der zweite zentrale Begriff, auf den kein konservatives Denken, wie immer sich die Verhältnisse darstellen und ändern mögen, verzichten kann, ist der Begriff der Ordnung. Die Konservativen begreifen, daß es auf dieser Welt kein auf Dauer angelegtes zivilisiertes Zusammenleben von

Menschen geben kann, in der nicht alle in einer Gesellschaft zusammenlebenden Menschen eine gemeinsame Ordnung anerkennen. Dazu gehört, daß man die Gesetze anerkennt, auf die man sich nach demokratischen Verfahren in einer modernen Gesellschaft geeinigt hat. Jeder Staat, auch der liberale Staat, kann nur so lange überleben, wie noch der Gesetzesgehorsam der Bürger geübt wird. Für einen solchen Gesetzesgehorsam sorgen aber, wenn überhaupt, nur die Konservativen. Sie sind es auch, die wissen, daß keine Ordnung auf Dauer bestehen und überleben kann ohne das, was man Autorität nennt.

Nicht nur der Erfahrungsbegriff, nicht nur der Ordnungsbegriff, sondern auch der Begriff der Autorität ist eine der Grundkategorien des konservativen Denkens. Nicht deshalb, weil in dem Begriff von Autorität historisch vergängliche und zeitlich begrenzt gültige Autoritäten aufrecht erhalten werden sollen, sondern weil eine funktionsfähige Gemeinschaft unter Menschen ohne die Anerkennung von Autorität nicht möglich ist. Selbst eine Verbrechergemeinschaft kann nicht funktionieren und nicht handlungsfähig sein, wenn es in dieser Gemeinschaft nicht eine gemeinsam anerkannte Autorität gibt. Irrtümlicherweise haben die Bürgerlichen nicht erkannt, daß die 68er Bewegung, die mit dem klaren und bewußten Willen angetreten war, nicht nur die konkreten Autoritäten, sondern das Prinzip Autorität überhaupt zu vernichten, selber Zeugnis für die Notwendigkeit von Autorität ablegte. Denn in der linken, emanzipatorischen Bewegung gab es ja auch Autoritäten. Wenn es nicht die Väter waren, so waren es eben die Großväter, denn diese mit revolutionärem Anspruch aufbrechende Jugend hat ja keinen Gedanken hervorgebracht, den nicht die Väter und Großväter – man denke nur an Marx und Lenin – vor ihnen bereits gedacht haben. Die prinzipielle

Bekämpfung des Prinzips Autorität gehört eben zu den Ausbrüchen menschlichen Schwachsinns, die zwar manchmal eintreten, von denen man aber sehr schnell zur Realität zurückzukehren pflegt. Heute macht man die Erfahrung, daß kein Schulunterricht, keine Erziehung der Jugend möglich ist, wenn die Autorität des Lehrers nicht anerkannt wird. Schaffe ich die Autorität ab, schaffe ich die Erziehung überhaupt ab. Es kann daher heute nicht darum gehen, darüber zu klagen, daß die Auswirkungen und Früchte neoemanzipativer Erziehung unbefriedigend sind, sondern wir müssen zeigen, daß die Vernichtung von Autorität in der Erziehung mit dem Ende der Erziehung überhaupt zusammenfällt. Autorität ist ebensowenig verzichtbar wie der Begriff der Hierarchie, wenn der auch nicht im Sinne eines autoritären Verhältnisses verstanden werden darf. Konservative können sich den Aufbau der Gemeinschaft nur gegliedert vorstellen. Dazu gehören dann nicht nur koordinierende, sondern eben auch subordinierende Zuweisungen.

So könnte man fortfahren und weitere sogenannte zeitübergreifende und geschichtsunabhängig gültige Prinzipien des konservativen Denkens aufzählen. Ich will dies aber aus zeitlichen Gründen nicht tun. Wenn wir die Frage nach dem Konservativismus heute stellen, dann müssen wir vielmehr eine Epoche in den Blick nehmen, die mit der Französischen Revolution begonnen hat. Wenn wir uns diese verstrichenen zweihundert Jahre noch einmal vor Augen führen, dann ist es an der Zeit, daß wir einer der großen, von den Progressiven immer wieder verbreiteten Legenden in der Auslegung dieser zweihundertjährigen Geschichte entgegentreten. Denn das progressive Selbstverständnis in den vergangenen 200 Jahren ist bestimmt von der Überzeugung, daß alles, was seit dem auf dem Weg des Fortschritts erreicht worden ist, das Ergebnis eines progressiven Bewußtseins und Willens sei, der auf diese Fortschritte hingearbeitet habe. Wenn wir uns aber die Wirklichkeit der Geschichte der letzten 200 Jahre ansehen, dann muß man sagen, daß die Errungenschaften dieser Zeit – und das sollte jeder unabhängig von seiner ideologischen Präferenz anerkennen – durch die antagonistische Auseinandersetzung zwischen Konservativen und Progressiven erreicht worden sind. Ohne den konservativen Anteil hätte es in der Geschichte nicht das gegeben, was man heute als Fortschritt feiert. Man muß sogar sagen, daß die größten sozialreformerischen Leistungen der jüngeren Geschichte nicht dem progressiven Denken entstammen, sondern, was Deutschland angeht, eindeutig auf Bismarck bis Adenauer zurückzuführen sind. Die sozialreformerischen Taten des deutschen Konservativismus sind ja unbestreitbar.

Die Hinzufügung des zeitlichen Terminus „heute" zum Begriff konservativ impliziert nun die These, daß diese zweihundertjährige, in der Regel als Moderne bezeichnete Geschichtsepoche heute im Begriff ist, ihrem Ende entgegenzugehen. Die Ära der großen Fortschrittsillusionen neigt sich dem Ende zu. Hinter dieser Behauptung verbirgt sich die Erkenntnis von der Geschichtsmächtigkeit des Zusammenbruchs des real existierenden Sozialismus und des Kommunismus in den letzten zehn Jahren. Der Zusammenbruch des Kommunismus hat die geistigen Orientierungen, die ideologischen Koordinatensysteme sowie die auf beiden beruhende Politikgestaltung fundamental geändert. Der Zusammenbruch des Sozialismus markiert eine Zäsur, die in ihrer Tiefe nur mit dem Übergang vom Mittelalter zur Neuzeit oder vom Ende der antiken zur christlichen Kultur zu vergleichen ist. Wir sind Zeugen einer epochalen, tiefgreifenden, das Ganze des gesellschaftlichen, kulturellen, geistigen und religiösen Seins des Menschen umwälzenden Veränderung. Denn mit diesem Kommunismus sind die konsequent zu Ende gedachten Hoffnungen und Verheißungen, die die Moderne seit der Französischen Revolution durchzieht, zusammengebrochen. Der kommunistische Sozialismus und der libertäre Liberalismus sind beide aus der Krisenlage des 19. Jahrhunderts hervorgegangen und haben beide die gleichen Ziele verfolgt. Sie entstammten beide der Intention, die radikale Selbstbefreiung des Menschen auf den Weg zu bringen. Sie unterscheiden sich ausschließlich durch die Wege und die Methoden, die sie gewählt und eingeschlagen haben, um das von beiden geteilte Ziel zu erreichen. Darum ist die Verkündigung, daß nach dem Ende des Kommunismus der Liberalismus triumphierend als der Sieger der Geschichte übrig bleiben würde, doch wohl eine Fehleinschätzung, die auf ein oberflächliches Denken zurückzuführen ist.

Nein, der Zusammenbruch des Kommunismus bringt den Liberalismus selber in eine vergleichbar tiefe Krise. Wir sind aber, soweit ich das sehe, in allen westlichen Demokratien weit davon entfernt, zu begreifen, welche Bedeutung der Untergang des Kommunismus für das Ganze des neuzeitlichen ideologischen Weltbildes und insbesondere für den Liberalismus hat. Dennoch gibt es immer mehr Anzeichen, die diese epochale Zäsur auch politisch sichtbar machen: Frankreich beispielsweise wird nach langer Zeit zum ersten Mal wieder auf allen Ebenen von einer national-konservativen Mehrheit regiert. Ob Chirac aus diesem konservativen Triumph etwas zu machen versteht, ist dabei eine ganz andere Frage; da wird man sicher eine Reihe von Fragezeichen setzen müssen. Aber dies ändert nichts daran, daß das französische Volk den konservativen Willen eindeutig zum Ausdruck gebracht hat.

Wenn wir uns die Szenerien im übrigen Europa, vor allem in Rußland ansehen, wird deutlich, daß der Zusammenbruch des Kommunismus dort zur Wiederkehr aller konservativen Topoi und Kräfte geführt hat, wie sich das kein Mensch noch vor zehn Jahren hätte vorstellen können. In Rußland ist an die Stelle der Utopie, als dem Horizont der politischen Orientierung, die Erinnerung an das Erbe der Geschichte getreten. Konservativ denken heißt demnach heute, geschichtlich denken. Es gilt, die Hoffnung nicht mehr auf absurde, abstrakte Utopieentwürfe zu richten, sondern auf das geschichtliche Erbe und auf das, was an Kontinuität in der Geschichte noch da ist.

Wichtiger noch ist, daß an die Stelle der Ideologie des Sozialismus oder des Kommunismus wieder die Religion getreten ist, wenigstens in Rußland. Darum lautet meine zweite These: Konservativ heute heißt nicht nur geschichtlich denken, nein, es kann auch ohne eine religiösen Fundierung keinen Konservativismus mehr geben, der aus der Geschichte gelernt hätte. Dies ist das epochenspezifisch Neue in der Gegenwart. Rußland ist der eindringlichste Beweis dafür, daß dort, wo die Moderne konsequent ihren Weg zu Ende gegangen ist, so wie das in dem Experiment des staatsterroristisch organisierten Sozialismus der Sowjetunion der Fall war, nur noch Trümmerfelder und ein geistig kulturelles Vakuum übrig bleiben. Das sowjetische Experiment hat nicht etwa zu einer höheren Stufe der gesellschaftlichen Entwicklung geführt, sondern aus diesem Experiment gingen der Verfall und die Auflösung der Gesellschaft hervor. Allenthalben setzte dort ein Prozeß der Anarchisierung ein, und Mafiabanden übernehmen heute de facto die Macht in Staat und Wirtschaft. Dieser Prozeß der Auflösung der Gesellschaft ist ein für Konservative wenig überraschendes Ergebnis eines in kommunistischer Durchführung konsequent zu Ende gegangenen Weges der Moderne. In diesem Abgrund der Sinnlosigkeit, des Verlustes eines jeden Haltes, greifen in Rußland heute immer mehr Menschen auf das Christentum zurück. Selbst Intellektuelle, die gestern noch Atheisten waren, vielleicht es auch heute noch sind, sagen, daß es eine Renaissance Rußlands ohne eine Erneuerung des Christentums und der christlichen Ehtik nicht geben könne.

Und das dritte ist natürlich die Wiederkehr der russischen Nation. In der ehemaligen Sowjetunion leben viele Völker in einem Reich zusammen, aber was dort zusammenlebt, ist nicht der Flugsand einer multikulturellen Ausdörrung der nationalen Kulturen, sondern es sind ihrer kulturellen Eigenart und ihrer kulturellen Tradition bewußte Völker, die auf dem Territorium der zusammengebrochenen Sowjetunion mit neuem Selbstbewußtsein auftreten. Marx und Lenin waren dagegen noch der festen Überzeugung, daß mit der Verwirklichung des kommunistischen Endzustandes die Nationen und die Völker verschwinden würden. Die These vom Ende der Nationen hat immer zum eisernen Bestand der marxistisch-leninistischen Ideologie gehört.

Warum richten wir den Blick auf die Hinterlassenschaften des postkommunistischen Rußland? Weil man sich relativ leicht davon überzeugen kann, daß sich auch in den liberalen Demokratien des Westens Prozesse der inneren Auflösung der Gesellschaft und des Vordringens organisierter, krimineller Kräfte abspielen, die, wenn sie sich weiter unkorrigiert fortsetzen, zu einem vergleichbaren Zustand führen könnten, wie wir ihn jetzt in Rußland erleben. Wir sind ja täglich Zeugen dieses Prozesses. Die größte Kulturrevolution im spätliberalen Zeitalter liegt in der vor unseren Augen dramatisch sich anbahnenden Auflösung dessen, was man einmal die christlich-bürgerliche Familie genannt hat. In Stuttgart lebt in jedem zweiten Haushalt ein Single. Und selbst das, was noch an Familienbeständen vorhanden ist, ist seiner eigentlichen Substanz, seines geistig-kulturellen Gehaltes beraubt und verdient eigentlich kaum noch den Namen „bürgerliche Familie". Sämtliche sozialen, die Gesellschaft zusammenhaltenden Strukturen zerfallen heute vor unseren Augen. Der Prozeß der Individualisierung greift immer mehr um sich. In der liberalen Welt erleben wir die Erfüllung des anderen Verheißungsgehalts der Moderne, nämlich die totale Befreiung und Emanzipation des Menschen als eines Individuums. Insofern gehört zum Grundstein der Moderne nicht nur die kollektivistische Lösung, sondern es gehört dazu immer auch die radikale Befreiung des einzelnen autonomen Individuums, das jede Einschränkung seines Spielraums an Willkürfreiheit als unerträglich und als heteronome Entfremdung empfindet.

Das wirkt sich auf das Verhältnis von Staat und Gesellschaft aus: Wir erleben eine merkwürdige Mutation des Gebildes, das einmal Staat genannt wurde. Der Staat hat längst die Steuerungsfähigkeit der Gesellschaft im Ganzen verloren und ist zum Beuteobjekt partikularer gesellschaftlicher Gruppen geschrumpft. Diese partikularen Gruppen bemühen sich notdürftig um Kompromisse, die allerdings nur noch so lange möglich sind, wie die monetäre Masse noch ausreicht, um einen sozialen Konsens zu bezahlen.

Hier wird freilich die Frage aufgeworfen, ob und wie lange dieser Staat noch beanspruchen kann, ein Rechtsstaat zu sein. Der Staat ist Rechtsstaat oder er ist in unserer europäischen Tradition überhaupt kein Staat. Den Kernbestand dieses Rechtsstaates, zu dem sich auch das Grundgesetz bekennt, bildet die menschliche Würde und die in die menschliche Würde eingeeschlossene unantastbare Integrität des menschlichen Lebens. Es ist nicht richtig, wenn die als konservativ apostrophierten Christen aufbrechen und beginnen, gegen die Tötung ungeborenen Lebens mit dem Argument zu kämpfen, sie verteidigten hier eine christliche Sondermoral. Nein, diese Praxis bedeutet nicht weniger als die Selbstvernichtung des Rechtsstaates. Wie will man die Legitimität eines Staates, Rechtsstaat zu sein, noch aufrechterhalten, wenn er es hinnimmt, daß im Laufe der Jahre in Deutschland z. B. Millionen ungeborener Kinder getötet wurden. Hat ein Land aus der Vergangenheit gelernt, hat es die richtigen Konsequenzen aus dieser Erfahrung gezogen, wenn diese Abtreibungspraxis hingenommen wird, ja wenn starke grüne Bataillone für die Abschaffung des Paragraphen 218, d. h. für die totale Freigabe der Rechtes zur Tötung ungeborenen Lebens kämpfen? Wenn Sie einmal die gesellschaftlichen Gruppen analysieren, die jetzt den Grünen zu ihrem Marsch an die Macht verhelfen, werden Sie sehen, daß diese Bewegung mitten aus dem liberalen Bürgertum hervorgeht. Die Grünen sind die Frucht eines Bürgertums, das Heißhunger nach weiteren Genüssen an ungeahnter Liberalität hat. Darum soll die Gleichstellung nichtehelicher Gemeinschaften mit ehelichen vorgenommen werden, darum muß der Paragraph 218 preisgegeben und die Moral von Schwulen, Lesben und anderen Arten von Minderheiten der Gesamtgesellschaft aufoktroyiert werden.

Niemand sollte übersehen, daß unsere ganze geschichtliche Situation eine apokalyptische Dimension enthält. Christen konservativer Art verbinden die Wahrnehmung dieser Situation mit der Vorstellung von der Wiederkehr des Antichristen. Man kann sich darüber streiten, ob der Antichrist schon da ist oder erst noch kommt. Aber es muß doch jeder, der noch einen einigermaßen gesunden Menschenverstand hat und der in seiner Urteilsbildung der Wahrnehmung der Realität noch einen Platz einräumt, zugeben, daß die Fortsetzung dieses Weges nicht nur in den Niedergang, sondern in der Tat in das geistige und kulturelle Nichts führen wird.

Damit bin ich bei dem eigentlichen Thema, mit dem sich ein neuer Konservativismus heute auseinandersetzen muß. Denn zweifellos ist die tiefste Strömung, die all diesen Prozessen zugrundeliegt, ein sich dramatisch beschleunigender Prozeß der Entchristlichung in den modernen liberalen Gesellschaften. Dieser Prozeß mag von Land zu Land unterschiedlich weit vorangeschritten sein, dennoch hat das Christentum, zumindest bei uns, weitgehend aufgehört, eine Kraft und eine Macht der öffentlichen Kultur und des öffentlichen Bewußtseins zu sein. Entchristlichung meint nicht die physische Ausrottung der Christen, wie das Hitler und Stalin zweifellos versucht haben oder noch versucht hätten. Entchristlichung ist der Prozeß der radikalen Privatisierung des Christentums. Das Christentum wird als eine öffentliche Macht aus dem Allgemeinbewußtsein ausgeschaltet. Und was heißt Privatisierung des Christentums? Jeder kann es mit dem Christentum halten, wie er will. Seine Entscheidung ist völlig beliebig und ganz der privaten autonomen Wahlfreiheit unterworfen. Es kann gar kein Zweifel darüber bestehen, daß das Ende, das das Christentum auf diese Weise erleiden wird, anonym und lautlos sein wird. Das Christentum wird eines Tages verschwunden sein, ohne daß wir es überhaupt bemerkt haben. Das Besondere dieser Situation im Unterschied zu anderen Phasen der Krise des Christentums liegt nun darin, daß die größten Gefahren für das Christentum heute von den Hirten und von den Theologen selbst auszugehen scheinen. Dabei sind die Oberhirten zum Kampf für das Christentum berufen, so wie Christus sagte: „Ich bin gekommen, nicht den Frieden zu bringen, sondern das Schwert. Ich bin gekommen, um ein Feuer anzuzünden, und ich wollte, es brennete schon." Der Geist kommt herab wie das Feuer vom Himmel. Von diesem Feuer sind heute nur noch einige verglimmende Glutfunken übriggeblieben.

Mit der Frage nach der Zukunft des Christentums stellt sich nicht nur, so wichtig das ist, die Frage nach der Zukunft der Christen und der Kirchen, sondern es geht auch darum, ob das Bewahrenswerte der Epoche der Aufklärung selber noch bewahrt werden kann. Es wäre ganz falsch, wenn die Christen sich in dieser Situation nun in eine Front gegen die Neuzeit und gegen die Philosophie der Aufklärung bringen ließen. Denn wenn die Christen dieses Bewahrenswerte der Moderne nicht retten, wer sollte es dann tun? Wir müssen zunächst erkennen, daß diese aufgeklärte Kultur bis in die jüngste Gegenwart hinein geistig-kulturell von den Resten des Christentums gelebt hat. Alle modernen liberalen demokratischen Staaten leben von den Resten, die das Christentum in Gestalt der moralischen Werte noch übriggelassen hat. Die Dramatik des gegenwärtigen Augenblicks besteht nun darin, daß wir dabei sind, auch diese Überreste des Christentums in der säkularen Moral zu verspielen.

Ein großer konservativer Philosoph des 19. Jahrhunderts, George Sorel, hat in diesem Zusammenhang die entscheidende Frage gestellt: „Wovon werden wir morgen geistig leben?" Ohne eine Antwort auf diese Frage werden uns die Anstrengungen und Erfolge in den Bereichen der Wirtschaft und der Politik überhaupt nichts nutzen. Daher stellen wir die Frage: Wer hat noch die Kraft, auf diese Frage eine Antwort zu geben? Wir müssen im Rahmen der Möglichkeiten der Demokratie einen Wettstreit um die Antwort auf diese Frage beginnen. Es sollen sich die liberalen Emanzipationsstrategen, die spätsozialistischen Gerechtigkeitsfanatiker und auch diejenigen, die längst in die Sekten abgewandert sind, dem

Wettstreit stellen und die Frage beantworten, wovon wir geistig leben sollen, nachdem wir nicht nur die Naturressourcen, sondern auch unsere geistig-moralischen Ressourcen leichtsinnig verspielen. Wer ist dazu in der Lage, wer hat die Kraft auf diese, die zukünftige Existenz der menschlichen Gattung betreffende Frage eine Antwort zu geben?

Wer Freude an dramatisierenden Formulierungen hat, kann auch die Frage stellen: Was kann uns noch retten vor der sich überall unübersehbar anbahnenden und herannahenden neuen Barbarei? Das Abschlachten von Millionen ungeborener Kinder ist Ausdruck einer barbarischen Gesellschaft. Und wir könnten noch viele andere Züge einer zunehmenden Rebarbarisierung in der modernen Gesellschaft nennen. Wir brauchen nur an das unsägliche Elend zu denken, das uns in Frankfurt oder in Zürich die vielen hundert Drogensüchtigen auf den Plätzen neben den großen Geldpalästen vor Augen führen. Dieser Kontrast zwischen dem menschlichen Elend und den Bankpalästen ist wohl die symbolisch eindrucksvollste Veranschaulichung der Situation, in der wir uns befinden.

Oder sehen Sie sich die Lage auf dem Balkan an: Man könnte einen bitteren, beinahe satirischen Kommentar vortragen über das, was gegenwärtig im ehemaligen Jugoslawien geschieht, etwa wenn wir die an einen Pfahl angebunden Offiziere der UNO-Truppen in Bosnien-Herzegowina sehen. Dieser Vorgang bedeutet eine Demütigung der ganzen zivilisierten Welt, die weit über das hinausgeht, was im Rahmen des Völkerbunds in den 20er Jahren geschah. Dort bricht ein weiterer, diesmal der pazifistische Glaube vor unseren Augen zusammen. Es wird immer deutlicher, daß die Vereinigung der Menschheit im Geist eines neuen Pazifismus, wovon ja auch die Grünen träumen, vor unseren Augen wie eine Seifenblase zerplatzt.

Mit der Überlebensfrage unserer Kultur ist die Frage nach der Religion auf das engste verbunden. Hier wird das Christentum gefordert sein. Das gilt nicht zuletzt für die Auseinandersetzung mit dem Islam. Denn der Islam verfolgt einen globalen Anspruch. Wenn man sich daran erinnert, daß die Moslems neben dem Vatikan für 40 Millionen DM die größte Moschee errichtet haben und in Deutschland für 10 Millionen DM eine weitere in Mannheim, dann wird uns die Herausforderung, vor der wir stehen, vielleicht deutlich. Wir werden uns mit dem Islam und auch mit den besten Traditionen und Kräften, die es zweifellos im Islam gibt, auseinandersetzen müssen. Wenn wir dem nicht eine eigene Substanz des Glaubens und der Religion entgegenstellen können, werden wir diese Auseinandersetzung verlieren. Denn was können die durch die emanzipatorische, liberale Schule gegangenen jungen Leute, denen man die Religion und die Tradition genommen hat, einem glaubensstarken, traditionsbewußten jungen Moslem entgegenstellen? Sehr wenig. Der Islam in seiner gegenwärtigen Form sollte darum zunächst eine Anfrage an uns selbst sein. Ehe wir Überlegungen anstellen, wie wir der „Gefahr" begegnen können, müssen wir uns fragen, was wir eigentlich den Gläubigen anderer Religionen – ich denke nicht an die terroristischen Fundamentalisten – zu antworten haben. Unter dieser Bedingung könnte der Islam eine fruchtbare Form der Herausforderung werden.

Wir müssen also erkennen, daß es in dieser Welt nach dem Zusammenbruch der säkularen Heilslehren wieder ernst wird mit der Religion. Ein amerikanischer Politologe hat gesagt: „Im nächsten Jahrhundert wird es Kriege zwischen den Zivilisationen geben." Diese Kriege zwischen den Zivilisationen, wenn es sie denn geben wird, werden natürlich auch Religionskriege bzw. Religionskonflikte sein. Wir können uns vor diesem Hintergrund die total privatisierte Form des Christentums kaum leisten, weil wir sonst völlig ohnmächtig etwa dem Islam gegenüberstehen, der im Gegensatz zu unserem Verständnis des Christentums die bruchlose Einheit von Kirche und Staat und von Religion und Politik fordert. Wir müssen uns wieder auf unsere Traditionen besinnen und neu über das Verhältnis von Religion und Politik im Christentum nachdenken. Ich habe das Buch „Religion und Politik in der Krise der Moderne“ deshalb geschrieben, damit wir wieder erkennen, daß im Christentum zwischen Religion und Politik zwar unterschieden, aber nicht schlechthin geschieden wird. Das Verhältnis von Religion und Politik ist für uns ein dialektisches, das heißt, es gibt sowohl eine Trennung wie eine Verbindung von Politik und Religion. Die Verbindung impliziert, daß die Tradition unserer Kultur aus dem Christentum lebt und darum mit dem Christentum vergeht, wenn wir diese Religion verlieren. Mit der Religion wird es also wieder ernst. Ich weiß sehr wohl, daß von der Religion auch Ausbrüche der Gewalt ausgehen können, die möglicherweise hinter den gewalttätigen Ausbrüchen säkularer Heilsreligionen nicht zurückstehen. Es gibt zuweilen religiösen Wahn, und es kann, wie es in der Geschichte des Christentums immer wieder der Fall war, durchaus zu religionskriegsähnlichen Auseinandersetzungen kommen.

Es geht deshalb nicht darum, daß den Menschen Bekenntnisse auf dogmatisch abgefaßte christliche Glaubenszeugnisse abgefordert werden. Nein, das Christentum muß den Christen wieder erfahrbar werden als eine Kraft der Hoffnung. Denn nur aus der Hoffnung heraus können Menschen überhaupt leben. Das Christentum ist prädestiniert, zu dieser Hoffnung in einer Welt zu verhelfen, in der nach menschlichem Ermessen nur wenig zu hoffen ist. Paulus begründet die göttliche, die christliche Hoffnung als eine Hoffnung wider alles Hoffen, als „spes contra spem." Die Gnosis behauptet, daß die Welt vom Teufel ist. Diese Welt sei nicht glaubhaft als eine Welt, die ein guter Gott geschaffen hat. Die große Herausforderung an das Christentum besteht in diesem Zusammenhang weniger darin, den Islam zurückzudrängen, als sich der Wiederkehr der Gnosis zu erwehren. Die Grundfrage lautet: Werden wir diese Wirklichkeit, mit der wir es zu tun haben, gnostisch verneinen, wie das die meisten religiösen Intentionen in unserer Zeit mittlerweile suggerieren, oder werden wir die Gnosis verhindern und den Menschen wieder das Gefühl vermitteln können, wonach diese Welt nicht die Welt des Teufels ist. Verneinend kann ich gar keine Wirklichkeit ertragen und bewältigen. Wir müssen daher die Wirklichkeit annehmen als die, in der Gott gegenwärtig ist, den wir in der Welt zwar nicht wahrnehmen können, aber von dem wir herkommen, wie uns das Wissen um Jesus Christus es bezeugt. Wir brauchen uns dabei, Gott sei Dank, um das Überleben des Glaubens keine Sorge zu machen, denn dafür ist gesorgt. Im Neuen Testament heißt es: Die Pforten der Hölle werden die Kirche Jesu Christi nicht überwinden. Den Glauben können wir nicht erzeugen, sondern den erweckt Gott mit seinem Geist.

Christen können dennoch einiges tun: Unsere Situation wird hochgefährlich werden, wenn wir nicht wieder entdecken, daß das Christentum eine denkende Religion ist. Die Einübung auch in die denkende Verantwortung der Wahrheit und der Zeugnisse des Glaubens ist die elementare Voraussetzung dafür, daß nicht eintritt, was wir vermeiden müssen. Das heißt aber, das Christentum kann nicht überleben ohne Theologie. Wenn die Theologie, wenn das Salz stumpf geworden ist, dann wird die Verantwortung des vernünftigen Glaubens eine Sache auch der Laien. So wie jede starke Partei, die ihr Programm hat, sich auch intellektuell und geistig in die eigenen Grundlagen vertiefen und erhebliche Anstrengungen und Energien der Erarbeitung der geistigen Grundlagen widmen muß, so gilt dies auch für die christlichen Parteien. Die drei christlichen Parteien, die Democrazia Cristiana in Italien, die ÖVP in Österreich und morgen die CDU in Deutschland könnten daran zugrundegehen, weil sie dies nicht getan haben und weil sie damit dem Zeitgeist ohnmächtig ausgeliefert sind. Die denkerische Arbeit ist heute für jedes öffentliche Zeugnis des Christentums eine elementare und unverzichtbare Voraussetzung. Paulus sagt: Ihr Christen müßt Rechenschaft geben von der Hoffnung, die euch trägt. Ihr müßt die Vernunft eures Glaubens bezeugen. Auch Augustin hat gelehrt, daß man mit allen zusammenarbeiten soll, die guten Willens sind. Sonst haben wir politisch und gesellschaftlich keine Chance. Auch einer, der nur um der Erhaltung des christlichen Kulturerbes willen sich mit christlichen Parteien zusammentut, muß willkommen sein. Denn er tritt damit in eine Gemeinschaft ein, in der über den Glauben und seine gegenwärtigen Zeugnisgestalt nachgedacht wird.

Wir müssen wissen, daß wir in Europa nicht nur eine wirtschaftliche Zugewinngemeinschaft verteidigen, sondern eine ganze Kultur. Und diese Kultur kann man nicht verteidigen, wenn man sie nicht kennt. Wir fangen sozusagen wieder beim Nullpunkt an, aber darin liegt auch eine große Chance. Es ist eine großartige Aufgabe, die den Menschen in der Geschichte nur ganz selten gestellt wird: noch einmal neu anfangen zu können.

Wir müssen uns vor allem wieder daran erinnern, daß dieser christliche Gott schon im alten Testament als ein Gott der Lebendigen und nicht der Toten bezeichnet wurde. Damit ist die Frage berührt, mit der ich schließen möchte und die auch zum bestimmenden Thema der Enzyklika von Papst Johannes Paul II. geworden ist. Ich bin selber kein Katholik, sondern Lutheraner, aber ich darf voller Freude und Zufriedenheit feststellen, daß die Differenzen in den Kernfragen des Glaubens und vor allem der Rechtfertigung zwischen der katholischen und der lutherischen Lehre weitgehend beseitigt worden sind. Es bestätigt sich immer mehr, was Hegel sagte: Der lutherische Glaube ist wie der katholische, nur ohne seine juridische Form. Und mit der juridischen Form haben die Katholiken ja ihre eigenen Schwierigkeiten. Was ist nun das Grundthema dieser neuen Enzyklika? Es ist die These des Papstes, daß wir gegenwärtig Zeugen eines menschheitsgeschichtlichen Dramas sind, in der die Kultur des Lebens gegen die Kultur des Todes steht. Und er ruft die Christen auf, in diesem Kampf nicht abseits zu stehen, sondern teilzunehmen und auf Seiten des Lebens gegen den Tod zu kämpfen. Wenn hier und heute eine christliche Partei neu gegründet wird, macht das nur Sinn, wenn sie erstens ökumenisch sein will und zweitens für eine Kultur des Lebens einsteht. Auch der Papst ruft dazu auf, daß die Christen in ökumenischer Eintracht in der gemeinsamen Front des Lebens gegen die Kräfte des Todes stehen sollen. Die Eindeutigkeit, mit der der Papst das Fundament seiner eigenen Tradition wiederherstellen will, wird ständig begleitet von dem Bemühen, die Ökumene zu fördern. Angesichts der tödlichen Gefahr, in der sich das Christentum augenblicklich befindet, soll jeder in seiner katholischen oder evangelischen Tradition bleiben und das Beste, was ihm anvertraut ist, verwirklichen. Wichtiger aber ist, daß Christen und alle diejenigen, die guten Willens sind, zusammenarbeiten.

Was bedeutet die Rückkehr der Religion für die Politik?

Worum es zunächst bei unserem Thema gehen soll, ist die Frage, ob sich vielleicht in einer epochenspezifischen Weise die Konstellation von Religion und Politik geändert hat. Dann können wir uns der weiteren Fragestellung zuwenden, ob und was dies für uns in Deutschland bedeutet? Viele haben das Gefühl, daß unter der Rasanz, mit der die geschichtlichen Ereignisse wie ein Film vor unseren Augen zerrinnen, die Fähigkeit der Erinnerung leidet. Wir sind zudem immer geneigt, uns vorzustellen, wie die Gegenwart einem Betrachter erscheinen würde, der zu einem imaginären Zeitpunkt in der Zukunft auf unsere Gegenwart zurückschaut, d. h., wir sind es als etwas Selbstverständliches gewohnt, die Gegenwart als eine Durchlaufstation zu begreifen, die sich auf dem Weg in die Zukunft befindet und dabei einem vorgestellten Zielentwurf, einem Telos zustrebt. Wir sehen dann von diesem imaginären Zeitpunkt aus auch auf unsere schon zum Übergang bestimmte Gegenwart zurück.

Es ist vielleicht aber einmal interessanter, umgekehrt zu verfahren und zu fragen, wie unsere Gegenwart sich darstellt, wenn man sie aus der Vergangenheit betrachtet. Wir können uns die Frage stellen, wie ein Vertreter der Aufklärung am Ende des 18. Jahrhunderts, der zweiten Aufklärung im 19. Jahrhundert und nicht zuletzt ein Vertreter der dritten Aufklärung im 20. Jahrhundert unsere Gegenwart beurteilen würde.

Eines haben diese drei genannten Positionen gemeinsam: Alle schienen sich sicher und gewiß in der Beantwortung der Frage zu sein, welches Schicksal die Religion im Verlauf der

Entwicklung der modernen Welt erleiden würde. Sie waren davon überzeugt, daß die Moderne in dem Maße, wie sie ihre Ziele erreicht, die Religion zum Verschwinden bringt.

Es gibt eine große übergreifende Grundüberzeugung der sich progressiv auf dem Boden der Aufklärung und ihrer Philosophie verfassenden und auslegenden Theorie, daß die Religion ein Überbleibsel ist, ein atavistisches Relikt der Vergangenheit, so wie Auguste Comte gemeint hat, eine Bewußtseinsform, die der Kindheit der Menschheit noch angemessen war. Sie würde dann aber im Laufe der evolutionären Entwicklung vom metaphysischen Bewußtsein abgelöst und dieses dann endlich durch die Wissenschaft ersetzt werden.

Dann, wenn der Mensch den höchsten Stand der wissenschaftlichen Erkenntnis und der bisher möglichen Aufklärung erreicht habe, werde er die Religion als eine dem Kindheitsstadium der Menschheit angemessene Bewußtseinsform erkennen und sie dann vielleicht als ein Produkt dieses evolutionären Wandels sogar würdigen lernen.

Selbstverständlich war ein Mann wie Condorcet, um ihn als einen der großen Repräsentanten der Aufklärung des 18. Jahrhunderts herauszugreifen, auch davon überzeugt und stimmte in diesem Punkt mit Comte völlig überein.

Condorcet war der Überzeugung, daß an die Stelle der Religion die Wissenschaft treten und die Menschheit das Zeitalter der Mündigkeit erreichen werde. Die moderne Wissenschaft würde der Menschheit eine Erkenntnis zur Verfügung stellen, über die sie bisher nicht verfügt habe, die sie aber in den Stand setzen werde, alle Gesetzmäßigkeiten zu erkennen, alle Erscheinungen des Universums richtig zu deuten und diese mit der natürlichen, der geschichtlichen, der gesellschaftlichen und der anthropologischen Welt zu verbinden. Und wenn schließlich die Wissenschaft ihr Werk getan habe, werde sich der Mensch anschicken, in Übereinstimmung mit diesen Erkenntnissen die Welt völlig neu zu organisieren und aufzubauen und, als Wichtigstes, die sittliche Reifung und Aufklärung des Menschen selbst in die Hand zu nehmen.

Im Ergebnis würde der Mensch schließlich ein mündiges, ein autonomes, ein durch wissenschaftliche Bildung aufgeklärtes Wesen sein, und die Menschheit würde sich letztlich zusammen mit der Religion auch von allen anderen Begleiterscheinungen eines noch durch die Religion bedingten und ihr verhafteten Bewußtseins befreien. Es würde nicht nur jede Form ausbeuterischer, unmenschlicher Herrschaft, sondern auch jede Form gewalttätiger Unterdrückung und Auseinandersetzung verschwinden. Ein universales, zivilisiertes Friedensreich werde die Folge dieser Bewußtseinsentwicklung sein. Dann werde die Menschheit nur noch ein Problem zu lösen haben, nämlich das Problem des Todes. Condorcet hat jedoch geschwankt, ob es möglich wäre, auch den Tod noch abzuschaffen, aber wenn sich das als unmöglich herausstellen sollte, so seine Überzeugung, könne man diesen vielleicht doch so weit hinauszögern, daß der Mensch dann freiwillig, weil lebenssatt, sterben werde, wie es ja auch zu den Verheißungen des Alten Testamentes gehört.

Wenden wir uns nun der Position von Karl Marx und der von Marx durch den revolutionären Sozialismus geteilten Position in dieser Frage zu. Man muß Karl Marx als großes Verdienst zubilligen, daß er die Dinge nicht nur differenzierter, sondern vor allem als ein Mann, der durch die Schule von Hegel hindurchgegangen war, dialektischer gesehen hat. Denn er hat die Religion nicht nur als ein evolutionär bedingtes Phänomen der Menschheitsgeschichte und ihres Bewußseinswandels verstanden, sondern er hat – den Horizont der atheistischen Aufklärung des 18. Jahrhunderts überschreitend – erkannt, daß die Religion in ihrem Grund unlöslich mit der inneren und äußeren Lebenssituation des Menschen verbunden ist. Die Religion ist also nicht nur, wie man sagt, Opium für das Volk – dies war lediglich der Standpunkt der Aufklärung des 18. Jahrhunderts –, sondern Marx sagte, die Religion ist Opium des Volkes, also dessen das Volk bedürftig ist.

Religion ist dann nicht nur Ausdruck des weltlichen Elends der Menschheit, sondern was Marx hinzugefügt hat, sie ist auch ein Protest dagegen. Religion bedeutet für Marx in der Geschichte der Menschheit auch immer eine Quelle der Kraft, durch die der Mensch befähigt wurde, den Horizont seines diesseitigen Elends zu transzendieren. Darum kann man im Sinne der Dialektik von Marx der Religion auch für die Vergangenheit eine durchaus produktive und in den Bedingungen der menschlichen Existenz begründete Rolle zusprechen. Karl Marx meinte, was die Menschheit nun befähige, sich von diesem Opium, diesem Pharmakon Religion zu befreien, sei die Erkenntnis, wie das Problem der Entfremdung, das die Religion nur auf illusionäre, d. h. nur auf das Elend kompensierende Weise gelöst habe, nunmehr real und faktisch, also revolutionär gelöst werden könne.

Ich erinnere noch einmal ganz bewußt an diese Auffassung von Marx, weil sie in der Regel unter ihrem Erkenntnisgehalt diskutiert wird, und weil dies umgekehrt bedeutet, daß der marxistische Sozialismus nicht mit dem Anspruch angetreten war, die Religion einfach nur abzuschaffen. Marx hat auch der spezifisch bürgerlichen Vorstellung nicht vertraut und angenommen, daß eine Aufklärung durch Wissenschaft oder durch eine materialistische Weltanschauung ausreiche, um die Menschen vom religiösen Bewußtsein zu befreien. Vielmehr steckte im Ansatz des Marxismus der Entschluß und die Verheißung, das Problem der Entfremdung, an dem die Religion real und faktisch nach seiner Meinung gescheitert war, wirklich zu lösen. Dann wäre das Ziel erreicht, die Menschen nicht nur von der Religion zu befreien, sondern eine Welt zu realisieren, in der mit dem Ende der Religion auch das religiöse Bedürfnis selber absterben würde, weil in dieser durch den marxistischen Sozialismus hervorgebrachten Welt die Menschen alles besitzen werden, worauf ihr religiöses Bewußtsein gerichtet war, und zwar nicht nur in der Form eines illusionären Scheins oder in Form eines fernen, in die jenseitige Zukunft gerichteten Versprechens, sondern real gegenwärtig in dieser Welt.

Der Marxismus wurde in den letzten 40 Jahren in Deutschland viel stärker zur Kenntnis genommen als in den ehemaligen Ländern der Sowjetunion. Wenn in irgendeinem Land der Marxismus eifrig studiert wurde, dann war es an den deutschen Universitäten und nicht an den Universitäten der Sowjetunion, denn dort war das Studium des Marxismus eine Leidensgeschichte, die nun mal dem Anfang der Karriere vorausging und mit Geduld ertragen wurde. Ich erinnere daran nicht aus Gründen der historischen Reminiszenz, sondern weil ich glaube, daß die Erinnerung und die Rekonstruktion dieses ursprünglichen Ansatzes von Marx, also seine Sicht des zukünftigen Verhältnisses von Religion, Politik und Gesellschaft, der Ort sind, an dem wir allein den angemessenen Maßstab finden können, um fähig zu werden, zu beurteilen, was durch den faktischen Zusammenbruch und mit dem Scheitern dieses Experimentes eigentlich passiert ist.

Zusammenfassend ergeben sich demnach zwei entscheidende Einsichten von Marx: Die eine ist eine theoretische Aufklärung über die Religion und den Scheincharakter der Welt religiöser Gegenstände, die aber das Bedürfnis nach Religion nicht aus der Welt zu schaffen vermag. Insofern lebt die Religionskritik, auch die atheistisch inspirierte, bis zum heutigen Tag von dem Aberglauben, daß eine Aufklärung durch Wissenschaft über die Religion geeignet sei, die Menschen von der Religion zu befreien. Diesen Irrtum können wir durch Karl Marx durchaus als widerlegt ansehen. Wir sind jedoch heute nicht einmal mehr auf dem reflektierten, dialektischen Stand der Einsicht in die Genese und in den Sinn der Religion wie er bereits durch Karl Marx entwickelt wurde.

Das wirklich Entscheidende ist heute, wie wir den Zusammenbruch des Sozialismus beurteilen, dessen Zeuge wir in den letzten Jahren wurden. Die Zeit reicht nicht aus, um dies im einzelnen zu entwickeln, aber eines kann man feststellen: Wir interpretieren diesen Zusammenbruch auf dem Boden eines primitiven, undialektischen und materialistischen Marxismus. Denn für uns ist der Zusammenbruch des existierenden Sozialismus ausschließlich zurückzuführen auf das Scheitern eines sozioökonomischen Systems. Wir drücken das in unserer Sprache aus, indem wir sagen, die ökonomische Effizienz sei eben durch ein Zentralverwaltungssystem nicht zu erbringen gewesen, und ziehen daraus den Schluß, daß wir ein anderes sozioökonomisches System an dessen Stelle setzen müssen. Unsere Aufgabe ist es nur noch, hierfür die rechtlichen und sonstigen erforderlichen Rahmenbedingungen zu schaffen. Das ist die Vorstellung und die Antwort des Westens auf die Erfahrung dieses Zusammenbruchs, obwohl wir Zeuge des vielleicht größten Experimentes waren, das die Menschheit je mit sich angestellt hat! Diesem Experiment wurde immerhin das Leben von 40 bis 60 Millionen Menschen geopfert.

Wenn wir die Diskussionen und das Bewußtsein der russischen Intelligenz um die Jahrhundertwende verfolgen, dann sehen wir, daß es hier um eine ganz wichtige, große Sache ging. Damals haben die russischen Intellektuellen in den Hinterzimmern gesessen und über den revolutionären Umsturz des Landes und den Aufbau einer neuen Welt diskutiert. Sie waren der Meinung, daß die eigentlich entscheidende Frage die Frage des Todes sei. Denn wenn es dabei bliebe, daß die Menschen sowieso alle sterben müßten, dann bleibe auch die Fragestellung, ob es sich lohne, die Opfer zu bringen, deren es doch zweifellos bedarf, wenn ein solcher revolutionärer Umbau der Welt in Angriff genommen werden soll. Es war also zweifellos eine Art Glaube, der dieses Experiment inspirierte.

Tillich nennt das eine Art Quasi-Religion, ein Unternehmen, das, wenn es auch nicht in die Geschichte der Religionen gehört, dann doch möglicherweise in die Geschichte des Christentums. Denn die Inhalte der Verheißung waren ja keine Erfindung des Marxismus, sondern sie waren, bis auf das Projekt, einen neuen Menschen hervorzubringen, ebenso wie der Begriff des neuen Menschen selbst, dem Neuen Testament entnommen. Es handelte sich also um Inhalte, die auf christliche, biblische Traditionen zurückgehen. Der Sozialismus lebt heute noch in seinen spätbürgerlichen Ausläufern von christlichen Intentionen. Das Verheißungswort „Solidarität" ist die Kümmerform der „Brüderlichkeit", wie es die Revolutionäre der Französischen Revolution am Ende des 18. Jahrhunderts genannt haben. Es sind zweifellos alles Inhalte, manche sagen auch Säkularisationsprodukte aus einer Geschichte, die ohne das Christentum nicht zu verstehen sind.

Wenn es in diesem 70jährigen Experiment in der ehemaligen Sowjetunion um die Realisierung dieses Glaubens in Form einer Quasi-Religion ging, dann ist der Ausgang dieses Experimentes nicht nur von fundamentaler Bedeutung für die Beantwortung der Frage nach Sinn und Funktion der Religion als solcher, sondern überhaupt entscheidend für die geschichtliche Beurteilung der Aufklärung und insofern sie die Überwindung der Religion und damit die Etablierung des Atheismus zu ihrem Programm gezählt hat. Es geht also letzten Endes um die Frage, ob die aufgeklärte Moderne von ihren atheistischen Prämissen her in der Lage ist, einzulösen, was sie versprach.

Man muß sich jedoch auch daran erinnern, daß natürlich nicht nur in der Sowjetunion, sondern auch im Westen es immer um die große Anstrengung ging, die durch die Aufklärung erschlossenen und damit neu eröffneten Möglichkeiten der Herstellbarkeit einer neuen Menschheit in einer neuen Welt auch Realität werden zu lassen. Es ging um nicht weniger als um die Verwirklichung einer neuen Gleichheit und neuen Freiheit, der Befreiung des Menschen vom materiellen Elend, und um die Auflösung aller Formen heteronomer Abhängigkeit und Fremdbestimmung des Menschen. In diesem Experiment des Sozialismus der Sowjetunion ging es um die innerste Logik der sich progressiv verstehenden und auslegenden Moderne im Ganzen.

Man kann ohne Übertreibung sagen, daß in keiner Gesellschaft die ursprünglichen Ziele des Sozialismus und auch die von Marx, wenn auch nur in der ihrer Endvision beraubten Weise, so erfolgreich verwirklicht wurden wie in der Geschichte der Bundesrepublik bis zum Jahre 1989. Wo gab es in der Welt ein Land mit einem derartig hohen Verwirklichungsgrad der fundamentalen Forderungen des marxistischen Sozialismus?: die Auflösung des Staates in die Gesellschaft, die progressive Reduktion der Arbeitszeit, die Herstellung eines potentiellen materiellen Reichtums, die Freisetzung des Menschen zu einer fast unbegrenzten autonomen Selbstbestimmung und auch die Einlösung dessen, was der späte Marx meinte, wenn er sagte: „Freiheit heißt Freizeit“, d. h. das Freiwerden von den durch die gesellschaftliche Arbeitsteilung und Herrschaft bedingten Zwängen? Waren nicht wir die besseren Marxisten im Sinne der Reduktion von Utopie und Eschatologie auf das bloß Machbare?

Ich betone, daß der Ausgang des Experiments in der Sowjetunion von fundamentaler Bedeutung auch für unser Selbstverständnis ist. Denn davon ist nicht nur das Selbstverständnis der Ökonomen und Politiker, sondern auch das Religiöse und Kulturelle der Moderne im Ganzen betroffen. Wenn auch unsere gesamte organisierte Medienwelt bei Tag und Nacht bemüht ist, uns einzureden, als sei das anders, und behauptet, daß, wenn nur einige Fehler nicht gemacht worden wären, man durchaus dieses hohe Ziel hätte erreichen können! So gibt es auch nur in Deutschland eine Nachfolgepartei der kommunistischen Partei, die ein stalinistisches Forum hat, das darin einig ist, daß es sich um einen Versuch gehandelt habe, der zwar bedauerlicherweise gescheitert sei. Aber nun müsse man aus den Fehlern, die man gemacht habe, lernen und darauf vertrauen, daß ein erneuter Versuch gelingt! Die Sprecherin des stalinistischen Forums in der PDS, Frau Wagenknecht, sagte, der Untergang des Sozialismus habe mit der antistalinistischen Rede von Chruschtschow begonnen. Also mit der Abkehr der Sowjetunion vom Stalinismus sei das Ende des Sozialismus in der Sowjetunion eingeleitet worden. Auch das dürfte eine Aussage sein, die so in keinem anderen Land der Welt denkbar wäre. Nur bei uns findet man die entschlossene Verweigerung, Realitäten zur Kenntnis zu nehmen, in bemerkenswert hohem Grade, der für uns nicht untypisch ist. Was hat nun der Sozialismus mit seinem Zusammenbruch zurückgelassen? Das eine ist, daß wir ein Land vorfinden, das nicht nur in der Gefahr steht, daß das organisierte Verbrechen anstelle der ausgeschalteten kommunistischen Nomenklatura nunmehr die Herrschaft ergreifen wird, sondern ein Land, das auch von einer schweren Bedrohung und Gefährdung durch inneren Zerfall, durch Anarchie und durch die totale Zersetzung der gesellschaftlichen Moral gefährdet ist.

Wir haben ein Land vor uns, in dem die gesellschaftliche Moral zerstört ist, und ein Volk, das schwer um das tägliche Überleben ringen muß. Was dieses Experiment gebracht hat, ist also nicht der Fortschritt hin zu einer höheren Gesellschafts- und Bewußtseinsstufe, sondern ist der Rückfall weit hinter bereits erreichte Zivilisationsstufen in der Menschheitsgeschichte. Es klingt absurd, aber es trifft zu, daß diese Wahrheiten in diesem Land nur selten zu hören sind. Sie müssen sich mit ehemaligen kommunistischen Philosophen unterhalten, wenn Sie die Richtigkeit dieser Thesen bestätigt haben wollen. Ich führe seit einigen Jahren ein Gespräch mit wichtigen Mitgliedern der Akademie der Wissenschaften in Moskau, die alle diesem Urteil wohl einschränkungslos zustimmen, wohingegen in der Bundesrepublik an diesem Dialog niemand interessiert ist.

Das erste Ergebnis ist eine Übereinstimmung in der Beantwortung der Frage, aus welchem geistigen und geschichtlichen Erbe und aus welchen Kräften und Quellen heraus sich Rußland erneuern kann. Alle Gesprächspartner waren der Überzeugung, daß ohne eine Art christlicher Renaissance, ohne eine Wiederentdeckung elementarer Einsichten christlicher Sittlichkeit und des christlichen Ethos an eine Wiedergeburt Rußlands nicht zu denken ist.

Diese Überzeugung haben auch Philosophen, die selber heute noch Atheisten sind. Das hat gar nichts mit der Frage ihres persönlichen Verhältnisses zum Christentum und zur

Religion zu tun, denn sie wissen, daß angesichts der totalen Vernichtung aller geschichtlich gewachsenen Formen der Sittlichkeit, angesichts des zurückbleibenden Nichts, es keine andere Quelle der Erneuerung für Rußland geben kann. Wie sich das vollziehen wird und ob es überhaupt soweit kommt, wissen wir nicht, aber es ist immerhin die allgemeine Überzeugung.

Die zweite Gemeinsamkeit war, daß es sich keine Gesellschaft mehr leisten kann, alle ihre Energien dem Ziel der Verwirklichung einer solchen Utopie zu unterwerfen. Vielmehr kann die Inspiration zur Bewältigung der Hinterlassenschaften dieses Experimentes nur in der Geschichte liegen und auch nur durch die Wiedergewinnung und die Entdeckung eines neuen geschichtlichen Bewußtseins Gestalt annehmen. Die Wiederherstellung des kollektiven Gedächtnisses Rußlands ist neben der Renaissance des Christentums eine wichtige Voraussetzung für die Zukunft überhaupt. Man könnte hinzufügen, daß es außer Rußland und vielleicht auch noch vor Rußland kein Land auf der Welt gibt, das so dringend einer Wiederherstellung des geschichtlichen Gedächtnisses bedürftig ist wie Deutschland.

Die dritte stabilisierende Kraft nennen diese Philosophen die Nation, die nationale Identität, das nationale Erbe, den Anschluß an die großen Leistungen der russischen Geschichte. Rußland soll demnach aus dem Geist der eigenen Vergangenheit, aus dem das Land einmal bessere Zeiten gesehen hat, die Kräfte zur inneren Reform und Gesundung schöpfen. Gegenüber der Renationalisierung Osteuropas und auch der Wiederkehr des Nationalismus kann in Osteuropa herrschen tiefer Zweifel und große Skepsis, denn mit dem Nationalismus kann auch die Entfesselung großer destruktiver und irrationaler Kräfte verbunden sein.

Nur der, der den Russen vom Nationalismus abrät, muß ihnen die Frage beantworten, welches dann das Band der Gemeinsamkeit in einer atomistisch auseinanderfallenden Gesellschaft in Rußland sein soll. Der Glaube, man könne durch die Transformation liberalistischer Modelle in Rußland die Marktwirtschaft auf den Weg bringen und einen Rechtsstaat aufbauen, ist in seiner Seltsamkeit genauso abwegig wie der Glaube Lenins im Jahr 1917, ein in agrarischen Verhältnissen lebendes Rußland mit dem westlichen Traditionen entstammendem Marxismus verändern zu können. Diejenigen, die keine Vorstellungen haben, was für eine Situation wir derzeit in Rußland vorfinden, sollten nicht vergessen, daß wir sie doch am ehesten verstehen müßten, denn das, was sich in Rußland wiederholt, trägt viele gemeinsame Züge mit dem Prozeß, der zum Untergang der Weimarer Repubik geführt hat. Er scheint sich in fast weltgeschichtlicher Dimension von neuem zu wiederholen.

Wir haben uns 40 Jahre lang nur über die Nazis und die Folgen unterhalten, angeleitet von unserem ehemaligen Bundespräsidenten, der gemeint hat, das Verhängnis hätte im Jahr 1933 begonnen, und wir haben weniger diskutiert, welches denn der Prozeß war, durch den den Nazis der Boden bereitet wurde. Es ist nicht klar geworden, daß ohne den zusammengebrochenen Liberalismus der Weimarer Republik es nie einen Hitler gegeben hätte! Denn die nazistische und faschistische Barbarei des 20. Jahrhunderts ist ja die unmittelbare Folge der Selbstauflösung und Krise des Liberalismus und der liberalen Systeme. Aber auch heute erhofft man sich eine Zukunft Deutschlands in einer Fortsetzung des bei uns sowieso schon an die Grenze gekommenen Liberalisierungsprozesses; und wir wollen ihn der ganzen Welt als Heilsbotschaft vermitteln. Ein grün-schwarzen Reformbündnis, wenn es denn eines Tages zustandekommt, würde genau diesen Liberalisierungsprozeß in Deutschland noch weiter vorantreiben und versuchen, soweit es in den deutschen Kräften steht, ihn zu universalisieren.

In Rußland erleben wir, wenn wir den Ablauf und den Kontext der Geschichte sehen, etwas, was die ganzen Vorstellungen der Moderne geradezu revolutionär auf den Kopf stellt. Die Zukunft wird in all dem gesucht, was der Sozialismus 70 Jahre lang bekämpft hat. Es ist, politisch gesehen, die Wiederkehr der bürgerlichen Revolution von 1789. Aber geistig und kulturell muß Rußland seine Kraft aus Zeiten und einem Erbe beziehen, das vor der Moderne und auch vor der französischen Revolution liegt. Die orthodoxe Kirche nimmt heute in Rußland die Stellung ein, die sie 1000 Jahre im alten Rußland neben der staatlichen Macht innegehabt hat. Bevor Herr Jelzin in sein Parlament geht, versammelt er sich mit 70 Abgeordneten in der Kapelle und feiert einen orthodoxen Gottesdienst. Vor einigen Jahren stand in der Neuen Prawda ein Artikel einer jungen Lehrerin: Diese feierte die Wiedereinführung des Morgengebetes in den Schulen als eine progressive Errungenschaft für Rußland. Eine junge Philosophin wendete sich auf der Titelseite der Prawda an die Frauen Rußlands und beschwor sie, den Wahnsinn der Abtreibung und die Tötung ungeborener Kinder zu beenden und aus dem Anblick der Reinheit der Mutter Gottes die Kraft zu schöpfen, dieser mörderischen Versuchung zu widerstehen. So könnte man fortfahren mit Vorgängen, mit Phänomenen, die uns dieses Rußland noch rätselhafter machen, als es in den vergangenen siebzig Jahren eigentlich schon war.

Ich nehme diese Ereignisse als Beispiele für den ersten großen weltgeschichtlichen Wandel in einer sich fundamental ändernden Konstellation im Verhältnis von Politik und Religion, und zwar aus folgendem Grund: Wenn die auf dem Boden der Aufklärung entwickelten Ideologien sich offensichtlich erschöpft haben, sei es, daß sie gescheitert sind, sei es, daß sie alle ihre Ziele erreicht haben, sei es, daß sie mit Problemen konfrontiert werden, die für sie nicht vorgesehen waren, dann steht die westliche Welt ebenfalls vor der Frage, wie und womit sie das Vakuum, das durch die Widerlegung der Ideologien durch die Geschichte entstanden ist, füllen will, zwar noch nicht im Bewußtsein, da mögen die Ideologien noch weiter existieren.

Das Problem der Bundesrepublik ist nicht ihre mangelnde ökonomische Effizienz. Wenn man die deutsche Wirtschaft gewähren ließe, würde sie schließlich alle Standortvorteile Deutschlands in wenigen Jahren wieder zurückgewinnen. Unser Problem ist auch nicht mehr die soziale Frage, nachdem die Durchschnittshaushalte der Bundesrepublik Vermögenswerte mit über 200.000 Mark ihr eigen nennen können. Wir sind bei allen bestehenden sozialen Ungleichheiten und Problemen, die es noch gibt, ein unvorstellbar reiches Land. Unser eigentliches Problem ist genau dieses Vakuum, das vielleicht in einer extremeren Weise als zu irgend einem Zeitpunkt zuvor in Rußland jetzt sichtbar wird.

Wir haben vor 30 bis 40 Jahren, inspiriert durch die Theorien der Frankfurter Schule, das damals nach der Beendigung des ökonomischen Aufbaus Deutschlands spürbar werdende Vakuum gefüllt mit einem Ideenamalgam, in dem ein modernisierter Marxismus mit der Psychoanalyse eine merkwürdige Verbindung eingegangen ist. Nur setzen wir heute immer noch die auf diesem Boden gewachsenen Bewegungen fort. Der Triumph der 68er stellt sich heute anders dar, als man sich das damals gedacht hat: so ist beispielsweise der machiavellische Machttechniker Joschka Fischer ein Produkt dieser

68er Kulturrevolution. Und wenn Geißler uns versichert, alles hätte sich geändert, auch die Grünen hätten sich geändert, dann hat er durchaus recht. Natürlich sind die Grünen von heute nicht mehr die Grünen von vor 20 Jahren. Aber es gibt kein Dokument, mit dem man belegen könnte, daß sie ihre Zielsetzungen geändert haben. Was sie dagegen geändert haben, sind ihre Methoden: Sie sind pragmatischer geworden, sie kämpfen um die legale Veränderung der Gesellschaft, aber an ihren Zielsetzungen haben sie bisher in keinem einzigen wesentlichen Punkt einen Abstrich gemacht.

Die dritte These innerhalb dieses Dialogs ist die Frage, ob das, was sich in Rußland als Veränderung der Konstellation von Politik und Religion vor unseren Augen vollzieht, nicht im Grunde genommen ein weltweiter, ein tendenziell universaler Vorgang ist. Arnold Gehlen hat einmal gemeint, mit der Religion werde es wieder ernst, wenn sie eine Fronten schaffende Kraft werde.

Natürlich kann man aus den üblichen Verhaltensweisen und aus den großen Traditionen des Islam einen ganzen Katalog von Maximen ableiten, aus dem ein solcher Geist der Toleranz und der Friedfertigkeit und das Interesse an der Zusammenarbeit mit allen Menschen in der Welt abzuleiten sind. Aber wir finden auch beim Islam die Tendenz, die Erneuerung zu schaffen im Rückgang auf den verlorenen Ursprung und die eigene Herkunft. Es wird wieder an die klassischen Zeiten des Islam, an seine Ursprungsmythen erinnert, die es ermöglichen sollen, eine neue Identität aufzubauen. Daß dieser gewaltige Aufbruch und diese Erneuerungsbewegung, die den Islam erfüllt, bestimmt wird durch den Selbstbehauptungskampf gegen den Westen, gegen die westliche Zivilisation, gegen den westlichen Kapitalismus und die kulturelle

Dekadenz, die der Westen für ihn bedeutet und die er als Bedrohung empfindet, ist ja für jeden nachvollziehbar.

Tatsache ist, daß die großen Auseinandersetzungen des 20. Jahrhunderts nicht mehr aus den Ideologien der Neuzeit und der Aufklärung hervorgehen werden, sondern wie es der schon genannte führende amerikanische Politologe gesagt hat, es werden Kriege der Zivilisationen, d. h., es werden Kriege der Kulturen und damit im Prinzip Religionskriege sein.

Für den um seine Abgrenzung gegenüber dem Westen ringenden Islam sollten wir mehr Verständnis haben, als wir tatsächlich erkennen lassen. Denn es kann ja nicht darum gehen, daß wir einen Religionskrieg führen oder daß wir uns in eine Weltökumene des herrschaftslosen Diskurses auflösen, sondern daß wir dieses Phänomen begreifen als eine Anfrage an uns selbst. Denn wenn wir nicht geistig und religiös diesem sich erneuernden Islam etwas entgegenzusetzen haben, müssen wir uns fragen, ob wir überhaupt das Recht zu einem Widerstand haben. Wenn wir sicher sein können, dieses Recht zu haben, dann müßte es uns erregen, daß in Mannheim die größte Moschee in Deutschland eröffnet wurde und gleichzeitig christliche Kirchen gewerblichen Zwecken zugeführt werden und der islamische Religonsunterricht in deutschen Schulen eingeführt werden soll und gleichzeitig der christliche Religionsunterricht an unseren Schulen zunehmend ein Schattendasein führt. Ist das nicht die eigentliche Herausforderung und Anfrage an uns? Es sind doch die Muslime unter uns, die uns zeigen, was überhaupt Religion ist, und wir können es erleben, daß morgen die Gläubigen des Koran den Stifter des Christentums und sein Gedenken besser verteidigen werden, als es unsere christlichen Kirchen angesichts der ständig wachsenden Destruktion der christlichen Tradition in den öffentlichen Medien tun.

Wir könnnen uns zwar empören über das Urteil gegen Rushdie, aber wir müssen zur Kenntnis nehmen: Diese Leute nehmen ihren Glauben, nehmen ihre Identität ernst. Im Fernsehen in Deutschland dagegen war es möglich, unwidersprochen die Trinität als Schwulentrinität zu bezeichnen. Dies ist vor einigen Jahren im Bremer Fernsehen geschehen, und ich habe von keinem Bischof gehört, der in einer angemessenen Weise dazu Stellung genommen hätte. Möglicherweise werden unsere muslimischen Mitbürger Derartiges morgen nicht mehr dulden, nicht nur, wenn sie selbst blasphemisch behandelt werden, sondern bereits dann, wenn Teile des Christentums blasphemisch behandelt werden, die sie zu ihrem eigenen Erbe rechnen.

Wir müssen auch sehen, daß diese Lage in Deutschland außergewöhnlich ist, denn nehmen wir das führende Land der westlichen Demokratien, Amerika, dann lernen wir allmählich wieder, daß dort Politik ohne Religion schwer vorstellbar ist. So wie es keine Sitzung des Senats gibt, die nicht mit einem Gebet eröffnet wird, beginnt auch kein Schultag ohne Referenz vor den nationalen Symbolen. Auf dem Höhepunkt des Golfkriegs ordnete der damalige Präsident einen nationalen Gebetstag an. Immerhin handelte es sich um einen Krieg, in dem sich nicht einmal Rot-Kreuz-Fahrzeuge in Saudi Arabien bewegen durften, weil für den angeblich so toleranten Islam selbst der Anblick des Kreuzes für unerträglich gehalten wurde. Das ist die andere Seite, die wir auch zur Kenntnis nehmen müssen.

Ich bin durchaus für Toleranz, ich bin auch für jede Menge Moscheen, wenn wir im Gegenzug das gleiche Recht auf den Bau der gleichen Anzahl von Kirchen in islamischen Ländern erhalten. Ich bin durchaus sofort für die Einführung des islamischen Religionsunterrichtes in deutschen Schulen, wenn gleichzeitig christlicher Religionsunterricht in islamischen Ländern eingeführt werden darf. Alle, die uns von der unendlichen Güte und Toleranz des Islams überzeugen wollen, sollten sich doch einmal fragen, ob sie sich auch nur vorstellen könnten, daß ein islamisches Land zu solchen Zugeständnissen bereit wäre, nachdem der Islam in Rom in der Nähe des Vatikans für 40 Millionen Dollar die größte Moschee der Welt gebaut hat. Auch Amerika ist ein Land mit einem Volk, das die tiefste Quelle seines Selbstverständnisses und seiner Erneuerungskraft aus der Religion bezieht. Als „Nation under God“ fühlen die Amerikaner eine Verpflichtung, eine die ganze Menschheit beglückende Mission erfüllen zu müssen.

Das heißt, daß die Religion als eine die Nation konstituierende Kraft durchaus vereinbar ist mit universalen Ideen und Gedanken. Es wäre ganz falsch, die Religion in ihrer nationbildenden Kraft, wie das in der deutschen Tradition seit Herder der Fall war, nur als einen Fall von Partikularisierung, als ein Ausscheiden dieser Nation aus den universal die Menschheit vereinigenden und verbindenden Ideen zu interpretieren. Es gibt nur zwei universale Konzeptionen in unserer Geschichte. Die eine ist die Aufklärung. Wenn ich mir im Sinne des universal, individualistisch-atomistisch konzipierten Liberalismus die Zukunft der Welt vorstelle, dann wird es diese Zukunft nur geben, wenn alle Nationen und Völker verschwinden. Am Schluß würde es nur noch durch republikanische Verfassungen legimitierte Ansammlungen von Individuen geben, bei denen jeder seine eigene Überzeugung und Moral leben würde, die er für richtig hält und soweit diese nicht mit anderen kollidiert.

Diese Konzeption scheint doch offenbar mit dem Sozialismus gescheitert zu sein. Der Weltkonflikt der beiden Systeme zwischen Ost und West war ja nicht die Konkurrenz zwischen zwei unterschiedlichen Konzeptionen universaler Menschheitsvereinigungen, sondern die beiden Systeme stimmten ja im Ziel überein. Es ging nur darum, ob die Menschheit demokratisch-amerikanisch oder kollektivistisch-sozialistisch organisiert werden sollte. Der Kampf war deshalb ein Kampf zwischen Methoden, aber es war kein Kampf um die Zielsetzung. Diese Zielsetzung waren die Ziele der Aufklärung.

Wenn wir die Realität heute zur Kenntnis nehmen, dann sehen wir überall, wie dieser in seiner Art großartige Gedanke der Aufklärung an der Wirklichkeit zerbricht. So ist die Bundesrepublik vor 40 Jahren angetreten mit der Verpflichtung, einen Völkermord in Europa zu verhindern. Wir sehen aber seelenruhig fünf Jahre lang zu, belehren die Welt moralisch und verkünden gleichzeitig, daß wir aus verfassungshistorischen Gründen leider zur Beendigung dieses Krieges und Völkermordes selber nichts beitragen können. Es ist klar, daß dieser Rückfall in die voraufgeklärte Moderne und deren Partikularismen tödliche Gefahren mit sich bringt. Es kann passieren, was jenseits unseres Vorstellungsvermögens liegt, nämlich daß die Geschichte sich wiederholt. Ich habe manchmal das Gefühl, es ist wie ein Film, der zurückgespult wird, und es fängt alles noch einmal von Neuem an, wie es 1918 begann. Das bedeutet, daß wahrscheinlich weit über 100 Millionen Menschen geopfert worden sind, ohne daß sich wirklich etwas in der Tiefe, an der Natur der Dinge geändert hätte.

Die Menschheit braucht also etwas, was sie universal verbindet, und dies muß – hier hat Küng im Prinzip recht – ein Ethos sein, das die Menschheit von neuen Formen der Barbarei und des Rückfalls in bereits vergangen geglaubte Gewalttätigkeit zurückhalten kann. Das Grundproblem auch der veränderten Konstellation von Politik und Religion besteht darin, daß ein kraftvolles Ethos nur aus der eigenen, empirischen partikularen Tradition und aus dem eigenen Glauben und seiner Kraft wachsen kann. Die Erzeugung eines universalen Ethos, das alle gemeinsamen ethischen Überzeugungen vereinigt, ist ein synthetisches Kunstprodukt, ein Abstraktionsprodukt, bei dem jede Religion auf das verzichten muß, was sie überhaupt erst zu dieser bestimmten Religion macht. Es gibt leider nicht die Religion, sondern es gibt nur bestimmte religiöse Individualitäten. Nichts ist individueller – wie Schleiermacher meinte – als die christliche Religion. Die Abstraktion davon wäre der letzte Triumph der Aufklärung über die Religion, und zwar zu einem Zeitpunkt, an dem die Aufklärung in ihre tiefste Krise geraten ist. Die Verständigung kann nur darin bestehen, daß jede Religion für sich und in sich selbst die Wahrheiten und Momente entdeckt, in der sie selber universal ist und Universalität konstituiert.

Hier stehen wir vor der außerordentlich schwierigen und entscheidungsträchtigen Frage, ob wir aus diesem Grund an den Menschen als Subjekt dieser Universalität glauben, also eine Art von Humanismus, oder ob das universal alle Religionen in allen ihren Glaubensformen Verbindende der einende und einzige Gott ist, der sich nur in unterschiedlicher Weise manifestiert und offenbart hat. Wenn dies der Fall ist, dann kann das Christentum nicht darauf verzichten, daran festzuhalten, daß es, wie es im Neuen Testament heißt, der Weg und die Wahrheit und das Licht und die Rettung der Welt ist.

Es geht dabei aber nicht um irgendeine christliche Denomination, sei es die der Katholiken oder der Protestanten, sondern es geht im Christentum selber um die Rettung der Welt, um das Licht für die Welt. Wenn die Christen mit dem, was ihnen anvertraut ist, ernst machen, entdecken sie bei sich selbst den Punkt, der universal sie selbst und alle anderen Weltreligionen umspannt.

Wir erleben aber die Zuspitzung und Radikalisierung des Entchristlichungsprozesses in unserem Volk, die weit über das Maß der Entchristlichung durch den Hitlerismus hinauszugehen scheint. Nie hat es in Deutschland eine so radikale Form der Entchristlichung gegeben wie heute, und gleichzeitig überlebt das Christentum in diesem Land nicht als Glauben, sondern als Wert und als Moral. Unsere Gesellschaft löst die christliche Praxis auf, sieht den Abgrund, dem sie entgegentaumelt, und klammert sich an Moral und an Werte, von denen dann behauptet wird, daß diese Moral und diese Werte die Quintessenz des Christentums seien. Ein besonders eindrucksvoller Representant dieser Tendenz ist kein geringerer als der ehemalige Generalsekretär der CDU, Dr. Heiner Geißler.

Anhang

Von dem Seminar, das in Hofgeismar am 17./18.06.1995 zum Thema „Ende der Utopie - Wiederkehr der Geschichte?“ gehalten wurde, sind zwei Referate im vorliegenden Buch aufgenommen.
Um einen vollständigen Einblick in den Ablauf der ganzen Tagung zu ermöglichen, drucken wir hier den sehr instruktiven Bericht ab, den Dr. Harald Steffahn, Redakteur des Norddeutschen Rundfunks, geschrieben hat und der im September 1995 im NDR gesendet werden soll. Der Bericht ist ein Beispiel für einen unbefangenen, vorurteilslosen und gebildeten Journalismus. Auch aus diesem Grunde drucken wir den Tagungsbericht ab. Er vermittelt darüber hinaus aus seiner Sicht und seinem Verständnis einen gewissen Eindruck über die ungewöhnlich inspirierende Atmosphäre dieser Tagung.

Harald Steffahn

Das Ende der Utopie oder die Wiederkehr der Geschichte

„Was zu nah ist, kann man nicht erkennen, und was zu fern ist, auch nicht.“ Dieser Aphorismus von Pascal trifft in seinem ersten Bestandteil auf die Fehleinschätzung zu, die dem Zusammenbruch des Kommunismus vorausging. Die Vordenker und die Politiker der Bundesrepublik Deutschland glaubten und verkündeten in weitgehender Eintracht: Wenn es einmal echte innerdeutsche Annäherungen geben sollte, gar bis hin zur Wiedervereinigung, dann nur im Verlauf unüberschaubarer Zeiträume. Die DDR wurde innerlich für stabil gehalten, ihre amtlichen Statistiken wurden für bare Münze genommen, obwohl solche Zeitgenossen, die nicht mit Einfluß prahlen konnten, stattdessen die ostdeutschen Verhältnisse kannten, schon lange an der Überlebensfähigkeit der DDR-Wirtschaft zweifelten. Auch stand die große Mehrheit der dortigen Bevölkerung ihrem Staat und seinen Lenkern längst gleichgültig gegenüber. Wie sollte ein solches Gebilde die Zukunft meistern?

Als dann die täuschenden Fassaden des potemkinschen Dorfes zusammenstürzten, verschlug es vielen erst einmal die Sprache. Doch als sie sie wiederfanden, kam kein Wort über ihre Lippen des Inhalts, sie hätten sich geirrt. Das hat natürlich zu tun mit der Peinlichkeit so tiefgreifender Fehleinschätzung. Aber das allein genügt nicht, um zu begründen, warum seit sechs Jahren, seit der Wende in Europa, so gut wie jede Diskussion darüber bei uns ausgeblieben ist.

„Der entscheidende Grund: Wir haben verlernt, in Geschichte zu denken. Wir denken nur in sozialen und soziologischen Kategorien, nehmen nicht mehr die vor Augen liegenden geschichtlichen Prozesse wahr. Wir sind geschichtsvergessen." So tadelnd äußerte sich der in Stuttgart-Hohenheim lehrende Philosoph Günter Rohrmoser auf einer Tagung in der Evangelischen Akademie Hofgeismar, dem idyllischen einstigen Sommersitz der Landgrafen von Hessen-Kassel. Ein geschichtsphilosophisch interessiertes Publikum hatte sich am vorletzten Juniwochenende hier versammelt, um etwas zu hören zu dem Fragenkreis „Ende der Utopie – Wiederkehr der Geschichte?" (mit Fragezeichen). Daß Rohrmoser vom Jahrgang 1927 das Symposion ohne Mitreferenten völlig alleine bestritt, war schon ungewöhnlich genug; daß er seine drei Referate ohne jegliche Notiz frei sprechend bewältigte und dies in unerschöpflich fließender Rhetorik von bestechendem Glanz, machte die Zusammenkunft zum geistigen Erlebnis – unabhängig davon, ob man alle Thesen und Auffassungen im einzelnen teilt.

„War vorhersehbar, daß dieses sozialistische System nur scheitern konnte?" Das war die Eingangsfrage im ersten Vortrag unter dem Titel „Der Zusammenbruch der Utopien". Der Philosophieprofessor antwortete auf die selbstgestellte Erkundigung zunächst einmal so, wie jeder Philosoph antworten würde: „Wenn wir Utopie als Konstruktion des phantasierenden Gedankens nehmen, dann kann sie a priori nur scheitern. Es ist das Wesen der Utopie, daß sie nicht wirklich wird."

Aber das ist das Urteil des neutral über den politischen Formationen stehenden Beobachters, der die irdische Heilserwartung der gläubigen Kommunisten gar nicht anders als utopisch einordnen und klassifizieren kann. Der Interpret fügte gleich hinzu, daß jene Gläubigen den Ablauf natürlich anders verstanden: als einen zwangsläufigen, zielgerichteten Vollzug, den Karl Marx in wissenschaftlicher Durchdringung der Stufenprozesse der Menschheitsentwicklung erkannt und errechnet habe. Freilich, das subjektive Empfinden vom enthüllten Geheimnis der Geschichte ändert nichts am utopischen Charakter dieser Betrachtungsweise. Wir haben das Recht, solchen Befangenheiten fernzustehen, und erkennen natürlich, daß hier mehr geschehen ist als das Fiasko eines mit ungezählten Opfern belasteten Gesellschaftsexperiments. Untergegangen ist der letzte gewaltige Entwurf verweltlichter Heilsprophetie aus dem Geisteserbe der Aufklärung.

Im Grunde ist dies ja ein Vorgang von zweitausend Jahren. Am Anfang stand die biblische Apokalypse des Buches Daniel, mit der Erwartung vom baldigen Kommen des Gottesreiches als erlösendem Abschluß des Erdenjammers. Der Zufall wollte es, daß Jesus von Nazareth in diesen Gedankengängen lebte und mit ihnen seine gesamte christliche Nachfolgeschaft band und sie darauf verpflichtete.

Als aber die Erde im Planetenkreise unbeirrt ihre Ellipsen zog, die Menschheitsdinge nicht endeten, mußte auch die ehrwürdigste Lehrmeinung allmählich angezweifelt werden. Das geschah nun allerdings nicht durch einen Bruch mit der Tradition, sondern durch langzeitliches Umwidmen dieser Vorstellung vom kosmischen Finale zu innerweltlichen Heilszielen. Der Denkrahmen blieb erhalten, die Motive und Inhalte wandelten sich. Wie die jenseitsgerichtete Verlaufslinie des christlichen Geschichtsbildes allmählich in diesseitige Paradieseskonzepte überging, darin liegt einer der aufregendsten ideengeschichtlichen Verwandlungsprozesse des Abendlandes.

Die jeweiligen Architekten der beglückenden irdischen Endzustände – ob Voltaire oder Condorcet, ob Hegel oder sein später Nachfahre Marx – konnten sich nicht bewußt sein, daß sie Fäden spannten, die ein uraltes Webmuster lediglich neuzeitlich verfremdeten. Ganz unbefangen verweltlichten sie die altüberkommene christliche Eschatologie. Bezeichnend ein französischer Ausspruch des 19. Jahrhunderts: „Weil man nicht weiß, was einen im Jenseits erwartet, bereitet man sich das Paradies bereits auf Erden."

Heinrich Heine, im Wintermärchen von 1844, geht noch einen kleinen Schritt weiter. Die Frage nach dem „anderen Ufer" wird schon gar nicht mehr gestellt, nur noch die hiesige Alternative gesehen:

Ein neues Lied, ein besseres Lied,
O Freunde, will ich euch dichten!
Wir wollen hier auf Erden schon
Das Himmelreich errichten.

Der Vorgang liegt vor Augen: Da die christliche Erlösungszuversicht in gebildeten Kreisen verblaßt war und der Himmel als Aufenthaltsraum für das menschliche Nachleben anheimgestellt wurde, konnten diesseitige Heilsprophetien Gehör finden. Sie verraten aber ihre Herkunft aus der religiösen Sphäre durch die gläubige Inbrunst, die ihre Jünger durch anderthalb Jahrhunderte hindurch erfüllen sollte. Das Eifertum, mit dem besonders die sozialistische Ersatzreligion ihre Anhänger unter ihre Gebote zwang, die Ungläubigen oder Abtrünnigen verfolgte, ähnelt fanatischer Orthodoxie im Raum des Christentums und anderer Religionen. Der Marxismus kleidete sich zwar in den Anspruch, Wissenschaft zu sein, widerlegte ihn aber durch das Sichversperren gegen das wissenschaftliche Grundverlangen nach Korrekturfähigkeit und Infragestellen. Die Marxisten glaubten, nur zu wissen; wir wissen, daß sie nur glaubten.

In Hofgeismar, im Zusammenhang mit dem ersten Thema „Zusammenbruch der Utopien", wurden diese untergründigen geschichtlichen Verflechtungen zwar beleuchtet, aber mehr streiflichtartig. Länger hielt sich der Vortragende bei der Frage auf, ob das Scheitern des Marxismus eher das Ergebnis verfehlter Umsetzung der ursprünglichen Vorstellungen des Urhebers gewesen oder ob seinem Entwurf schon der Keim des Mißlingens eingepflanzt war. Rohrmoser, in schöner Eintracht mit den Erkenntnissen unserer Menschnatur: „Marx trägt prinzipiell die Gründe des Scheiterns schon in sich." Denn er unterlag einem anthropologischen Grundirrtum, als er in der aufklärerischen Zuversicht eines Rousseau, in der er als Nachgeborener noch wurzelte, dem Menschen mehr zutraute, als der aus seinem Wesen heraus erfüllen kann. Konkret: Das Grundaxiom der Marx-Lehre, so Rohrmoser, ist die Beseitigung des Privateigentums an Produktionsmitteln. Es ist die Achse, um die alles konkret kreist. Zwar gebe Marx keine Antwort auf die Frage, was die Gesellschaft eigentlich sei, jene Gesellschaft, die nach vollendeter Beseitigung des Kapitalismus nun die Treuhänderschaft des Volkseigentums übernehme. Aber er ging davon aus, daß mit diesem Übergang und Besitzerwechsel das Kernproblem aller Ausbeutung gelöst sei. Er konnte so nur denken auf dem Grunde der optimistischen Fehldeutung, daß die Menschen im Sozialismus – wo allen alles gehört – frei von aller Selbstsucht werden würden und als geläuterte Wesen künftighin nur noch unegoistischen Gemeinsinn entfalteten.

Auch ein Genie der Sozialphilosophie wie Marx kann werteschaffende Energie nicht kollektivieren; immer bleibt sie

Einzelbestreben. Diese schlichte Grundwahrheit der Zivilisationsgeschichte wurde auch in Hofgeismar in Erinnerung gerufen: „Besitzdrang ist Erfahrungstatsache." Daher das Dahinkümmern der sozialistischen Kommandowirtschaft von Anbeginn. Von oben fehlte jeder Schwung, von unten jede innere Beteiligung. Das marktwirtschaftliche Gegenmodell Bundesrepublik bewies zu gleicher Zeit auf schlagende Weise, was privatisierte Energie leisten kann. Die anfängliche Hilfe des Marshallplans ist keine sozialistische Entschuldigung, auch nicht die zunächst vollkommene Ausplünderung der Ostzone durch die sowjetische Besatzungsmacht. Dann hätten die Dinge sich ja wenigstens im Mutterlande des Sozialismus gedeihlicher entwickeln müssen. Daraus folgt noch einmal, daß die große Wende in Europa aus tieferen Ursachen rührt, als daß die Marxsche Lehre in falsche Hände geraten sei. Sie hätte auch in jeder anderen Hand den gleichen traurigen Weg genommen. Ironischerweise ist hinzuzufügen, daß auch ein erfüllter Sozialismus auf den Begräbnisplätzen der großen spekulativen Systeme gelandet wäre. Rohrmoser erinnerte hierbei an Ernst Bloch, der auf das ideelle Vakuum bei Marx verwiesen hat, als er kein Glaubender mehr gewesen war. Die Gesellschaftskonstruktion des bärtigen Erzvaters aus Trier zielt allein auf die Befriedigung der materiellen Bedürfnisse. Wären sie gesättigt, würde sich Langeweile ausbreiten, und die Sinnfrage stellte sich neu. Deshalb, so die Schlußfolgerung des Referenten auf unserem Symposium: „Der Zusammenbruch dieser Utopie bedeutet nicht das Ende aller Utopien. Der Mensch kann ohne sie nicht leben. Es liegt in seiner Natur, daß er eine bessere Welt erträumt als die bestehende."

Und schmunzelnd zitierte er Wilhelm Raabes Gebet: „Herr, meine tägliche Illusion gib mir heute!" Die selbstironisierende Sentenz des Dichters aus dem 19. Jahrhundert steht als passendes Verbindungsstück zwischen dem ersten Hauptgegenstand der Vortrags-Trilogie und dem zweiten: zwischen dem Referat vom Zusammenbruch der Utopien und demjenigen über Fukuyamas These vom Ende der Geschichte. Kaum nämlich war die sozialistische Utopie im unerbittlich sortierenden Geschichtsgang ausgemustert worden, da trat mit Fukuyama ein Mann ins Licht, der an ihren Platz eine andere setzte. Oder ist es kein utopisches Unterfangen, wenn jemand behauptet, der Liberalismus habe sich im Kampf mit den großen welthistorischen Herausforderern Marxismus und Faschismus als so überlegen erwiesen, daß er nun seinerseits als das einzige, endgültige und unüberholbare Gesellschaftsgebilde triumphierend auf der Walstatt zurückbleibe? Das ist, was Francis Fukuyama, ein Amerikaner japanischer Herkunft, leicht mißverständlich mit dem „Ende der Geschichte" meint: kein Ende, selbstverständlich, im immerwährenden Ablauf und Wechsel von Ereignissen, sondern ein Abschluß im globalen Erprobungsgang von Staatsformen. Da jedes mögliche Modell unter Staatsentwürfen seine historische Chance besaß – und sie vertan hat, ist der Liberalismus nach Fukuyama der einzige legitime Throninhaber unter den vielen Rivalen um das irdische Seelenheil. Und danach kommt keiner mehr.

Fukuyama also war Rohrmosers zweiter Gegenstand im klassizistischen Parkschlößchen von Hofgeismar. Das Buch „The End of History" erschien eingangs der neunziger Jahre in New York und bald darauf auch in München, ein Buch übrigens von jener leichtfüßigen Lesbarkeit, die angelsächsische Wissenschaft immer wieder auszeichnet und die deutsche so selten. Kann man es aber ebenso leicht akzeptieren, wie man es liest? Hören wir zunächst Fukuyama selber in einigen zentralen Aussagen seines Fünfhundert-Seiten-Werkes.

„Ich wollte nicht behaupten, daß in den stabilen Demokratien unserer Zeit, beispielsweise in den Vereinigten Staaten, in Frankreich oder in der Schweiz, keine Ungerechtigkeiten oder gravierenden sozialen Probleme existieren. Solche Unzulänglichkeiten sind jedoch auf eine unzureichende Verwirklichung von Freiheit und Gleichheit, der beiden Grundprinzipien der modernen Demokratie, zurückzuführen und nicht auf die Prinzipien selbst. Es mag zwar heute durchaus Länder geben, wo es nicht gelingt, eine stabile liberale Demokratie zu errichten; andere Länder mögen in primitivere Herrschaftsformen wie Theokratie oder Militärdiktatur zurückfallen, aber das Ideal der liberalen Demokratie ist nicht verbesserungsbedürftig."

Das ist die Grundthese in der Einleitung, die der Verfasser kurz darauf noch einmal mit anderen Worten verdeutlicht: „Die Opfer der politischen Gewalt seit Anfang des 20. Jahrhunderts haben am eigenen Leib Dinge erlebt, die dagegen sprechen, daß es so etwas wie historischen Fortschritt gibt, ... aber die liberale Demokratie bleibt das einzige klar umrissene politische Ziel, das den unterschiedlichen Regionen und Kulturen rund um die Welt gemeinsam vor Augen steht."

Einen Grund für die starke Durchsetzungsfähigkeit der liberalen Idee erkennt Fukuyama in der verwirklichten Gleichheit. Diese befriedige das menschliche Urbedürfnis, als gleichgeachtet anerkannt zu werden. Er verwendet den platonischen Begriff thymos und übersetzt ihn mit Eigenwert, Selbstachtung, Streben nach Anerkennung. Die Antike kannte die Gleichheit nicht. Es war Rousseau, der als erster diesen Gedanken radikal durchgespielt hat. Nur kümmerte er sich nicht um die Freiheit. Hierfür gibt es bei Rousseau, im berühmten „Gesellschaftsvertrag“, bezeichnenderweise keine Garantie und Sicherung. Die Freiheit mußte erst herbeigeholt werden aus Montesquieus „Geist der Gesetze“, der Lehre von der Gewaltenteilung, und aus den Menschenrechtskatalogen der amerikanischen und französischen Revolution. Folglich ist die moderne Demokratie ein Mischwesen aus verschiedenen staatstheoretischen Denkelementen.

Für Fukuyama also liegt in den beiden Hauptbestandteilen der liberalen Demokratie – Freiheit und Gleichheit – eine solche globale Antriebskraft, daß er die erreichte Menschheitsstufe im Grundsatz als nicht mehr zu gefährden und widerrufbar betrachtet. Der eschatologische Geschichtsoptimismus dieses Autors hat gewiß viel vom spezifischen American way of life in sich aufgenommen, wenn er auch den amerikanischen Fortschrittsglauben nicht so fröhlich-naiv und vorbehaltlos übernimmt. Dafür sprach schon der Hinweis auf die ungeheuren Opfer aus den ideologischen Katastrophen dieses Jahrhunderts. Auch mißtraut Fukuyama der Menschennatur hinreichend, um irrationale Rückfälle auch dort anzunehmen, wo das einmal Erreichte eigentlich zufriedenstellen müßte:

„Die Erfahrung lehrt, daß Menschen, die für die gerechte Sache nicht mehr kämpfen können, weil diese bereits in einer früheren Generation gesiegt hat, gegen die gerechte Sache kämpfen. Sie kämpfen um des Kampfes willen. Sie kämpfen aus einer gewissen Langeweile heraus, denn sie können sich nicht vorstellen, in einer Welt ohne Kampf zu leben. Und wenn der größte Teil ihrer Welt in friedlichen und wohlhabenden liberalen Demokratien lebt, dann kämpfen sie eben gegen Frieden und Wohlstand und gegen die Demokratie.“

Das sind vermutlich richtige Einsichten. Kritik, wo sie sich an Fukuyama festbeißt, wendet sich gegen den Entwurf im Ganzen. Ich habe noch das schneidende Verdikt in Erinnerung, das Hans-Ulrich Wehler 1992 auf dem Historiker-Tag in Hannover unter dem Gelächter der Zuhörerschaft in den Saal schleuderte: „Fukuyama – das ist ja ein exquisiter politischer Schwachsinn!“ Günter Rohrmoser in Hofgeismar war höflicher, auch wenn er den weltweiten Triumph des Liberalismus, den jener für gegeben hält, nicht einzusehen vermochte, denn „Der Zusammenbruch des Kommunismus geht mit einer tiefen Krise des Liberalismus einher. Von weltweitem Durchsetzen kann keine Rede sein.“

Er sieht jetzt Schwächen zutage treten, die im vorigen Konkurrenzkampf der Systeme überdeckt wurden von dem befriedigenden Bewußtsein, das überlegene und anziehendere Gesellschaftsmodell zu verwirklichen. Rohrmoser dazu: „Wir haben geistig, ideologisch und damit auch politisch in einem Ausmaß auf Kosten des Sozialismus gelebt, daß wir noch gar nicht realisiert haben, welche Folgen es haben muß, wenn wir zum Ausweis unserer eigenen Existenzberechtigung nicht mehr auf die unsägliche Misere eines existierenden Sozialismus hinweisen können. Der Liberalismus muß sich nun aus und durch sich selbst begründen und rechtfertigen. Es steht kein Buhmann zur Verfügung. Der Verweis auf den maroden Sozialismus ist bisher auch eine Art Denkersatz gewesen.“

Doch bevor der Referent sich weiter in die Krise des Liberalismus vertiefte und damit Fukuyamas hochgemute Zivilisationszuversicht dämpfte, fragte er nach seinen geistigen Bezugsquellen und stieg ins Vorratslager seiner Ideenwelt hinab. Das Buch vom Ende der Geschichte erweise sich als eine vereinfachte Fassung der Gedanken von Alexandre Kojève. Kojève, ein französischer Philosoph russischer Abstammung, Schüler von Karl Jaspers, war in den dreißiger Jahren in Paris sehr einflußreich gewesen. Zu Füßen des bedeutenden Hegelinterpreten saß damals Frankreichs intellektuelle Avantgarde.

Übrigens verschweigt Fukuyama nicht seine geistige Nähe zu Kojève und benennt auch Hegel sowohl als dessen geistigen Ahnherrn wie dadurch indirekt als den eigenen Urahnherrn. Die Traditionslinie Hegel-Kojève-Fukuyama liegt offen zutage, nur enthält sie jeweils Brechungen, bei der andere Zutaten und abweichende Aussageergebnisse ins Bild kommen. Schaut man auf das Endresultat, so schimmert das letzte Glied der Kette nur noch bedingt in den Farbtönen der vorherigen.

Was Rohrmoser in der Evangelischen Akademie hierzu nur umrißhaft andeutete, erläutert er ausführlich in seinem jüngsten Buch von 1994: „Der Ernstfall – Die Krise unserer liberalen Republik“. Nicht jedem gescheiten Kopf wird zuteil, quer durch den Blätterwald Lob und Anerkennung zu finden für fünfhundertfünfzig herausfordernde Druckseiten. Von der linksliberalen „Zeit“ und „Frankfurter Rundschau“ bis zum katholisch-konservativen „Rheinischen Merkur“ wurde das Werk mit standortbedingten Vorbehalten respektvoll besprochen.

Kojève also, in gebotener Kürze: „Kojève geht von der Annahme aus, daß der Mensch zunächst ein animalisches Wesen ist. Der Mensch muß folgerichtig zunächst die in seiner animalischen Natur liegenden Bedürfnisse befriedigen. Er muß die Natur, die er vorfindet, durch Arbeit verwandeln, transformieren. Er gewinnt dabei Mittel und Güter zur Befriedigung seiner animalischen Bedürfnisse und ermöglicht so seine eigene biologische Reproduktion. Die Geschichte ist für Kojève ohne die Rolle, die die Arbeit in ihr gespielt hat, nicht zu begreifen.“ Hier hat der Hegelianer Kojève etliche Prozentanteile Marx in seine philosophische Synthese mit aufgenommen, hat den Marx-Vorgänger Hegel also um die industriell-technische Dimension erweitert, eine Dimension, die dieser noch nicht so prophetisch vorausgesehen hat wie sein älterer Zeitgenosse Goethe im Roman-Spätwerk „Wilhelm Meisters Wanderjahre“.

Hegel selber nun – und hier sieht man die Traditionslinie vom frühen 19. Jahrhundert zum späten zwanzigsten –, sprach bereits von einem Ende der Geschichte im Sinne eines erfüllten historischen Programms. Die Französische Revolution hatte den für Hegel maßgeblichen Freiheitsgedanken im Prinzip verwirklicht; darüber hinaus sah er keinen möglichen Fortschritt mehr im Prozeß des Bewußtseins von Freiheit. Napoleon als Vollender und Vollstrecker der Revolution tat dann in Hegels Verständnis nur den weiteren Schritt, das Rechtsprinzip, daß vor dem Recht alle gleich sind, durchzusetzen, zu verankern, zu institutionalisieren, sowohl im Innern Frankreichs, wie er es auch als Exportartikel durch seine Armeen in Europa verbreiten ließ. In dem Sinne sah Hegel Napoleon 1806 in Jena als verkörperten Weltgeist zu Pferde.

Der Philosoph in Stuttgart, der den Philosophen in Jena zu seinen bevorzugten Studienobjekten zählt, Günter Rohrmoser also mußte sich schon aus diesem Grunde für Kojève und für Fukuyama und ihre Deutungen interessieren. Beide haben den politischen Endzeitgedanken des philosophischen Lehrmeisters der Napoleonzeit weiterzudenken versucht. Ihr Interpret vergleicht die Ergebnisse und stellt fest, daß Kojève den Verlauf der Geschichte nicht so zwingend wie Fukuyama im Liberalismus triumphierend münden sieht. Für den Ersteren sind auch andere politische Gestaltwerdungen möglich, wie eine Wiederkehr faschistischer Formationen. Er, der 1968 starb, hatte zwar die rechtsextreme Weltanschauung ebenso auf den Müllhalden des Jahrhunderts enden sehen wie nach ihm Fukuyama die linksextreme, aber er hielt das Gedankengut der radikalen Rechten nach wie vor für geschichtsmöglich, für nicht aufgebraucht. Es ist eine bittere Ironie, daß ihm heute ausgerechnet das Land recht gibt, in welchem der Nationalsozialismus die schlimmsten Verwüstungen angerichtet hat.

Es ist der Punkt der Diskussion, an dem Rohrmosers Liberalismus-Kritik (oder Liberalismus-Skepsis) wieder aufgenommen werden kann; eine Kritik, die überleitet in seine eigene Sicht von einer zukunftsfähigen Gesellschaft. Gerade Rußland ist ihm ein Gegenbeispiel, wenn es um die angeblich weltweit bezwingende Kraft des Liberalismus geht. In Rußland setze sich keine maßgebende Gruppierung noch für ihn ein. Eher seien neokonservative Strömungen im Kommen, vielleicht in Gestalt einer Militärdiktatur. Rohrmoser im Wortlaut:

„In Osteuropa und in der ehemaligen Sowjetunion sind die Völker auf den Schauplatz der Geschichte zurückgekehrt und kämpfen um ihre nationale Identität. Wir nennen das dann Nationalismus. Weiterhin wenden sie sich an die geschichtliche Vergangenheit und besinnen sich sogar auf ihr religiöses Erbe. Wollte nicht das sowjetische Regime den Nationalismus, das geschichtliche Gedächtnis und die religiöse Verehrung in 70jährigem Terror mit Stumpf und Stiel ausrotten? Ohne Erfolg. Heute setzt sich nicht der Liberalismus, schon gar nicht der Sozialismus, sondern es setzen sich konservative Topoi geschichtlich durch."

Und was geschieht bei uns? Da steht das Diktum im Raum: „Wirtschaft produziert die Mittel zum physischen Überleben, aber Wirtschaft selbst ist kein Ziel. Wir haben keine Antwort mehr auf die Frage nach dem Ziel, und damit ist im wesentlichen allen Ideologien – nicht nur der sozialistischen, auch der liberalen – der Boden entzogen. Dann aber können Parteien keine Identität, keine Orientierungskraft und damit keine bleibende Bindung mehr zwischen sich und den Bürgern herstellen. Dann sind die Parteien nichts anderes als Dienstleistungsapparate, die nach demoskopischen Methoden die Wünsche der Bürger erforschen und größtmögliche Befriedigung versprechen."

Die Krise der Inhaltslosigkeit ist im Horizont des Philosophen Rohrmoser besonders beängstigend am Beispiel der Wiedervereinigung zutage getreten. Wir meinten, Vereinigung sei nichts anderes als der Austausch eines sozioökonomischen Modells durch ein anderes, also eine Form des Finanztransfers. So aber werde nie zusammenwachsen, was zusammengehört. Hier wird ein Befund ausgebreitet, der in Sorgen und Zweifeln den Analysen von Joachim Fest in seinem Buch „Die gefährdete Freiheit" ähnlich ist. Der stellte 1993 darin die Frage: „Wenn das Glück als eine ausschließlich materielle Kategorie verstanden wird, für deren Erfüllung der Staat aufzukommen hat – was wird, wenn das Bruttosozialprodukt nicht mehr wächst? Wieviel Legitimität bleibt dann?" Dann müsse jede Unzufriedenheit, jede Einbuße auf sozialem Feld unweigerlich auf den Staat zurückschlagen.

Günter Rohrmoser verficht als Gegenmittel einen maßvollen, einen aufgeklärten Konservativismus, der es bei uns nur leider schwer habe, weil er der Vergangenheitsbewältigung zum Opfer falle. Als Anteilseigner am Hochkommen Hitlers hänge dem konservativen Weltbild die antidemokratische Tradition rufschädigend an. Doch nur in den Denkbahnen einer konservativ getönten geistig-sittlichen Erneuerung zusammen mit christlichem Wertbewußtsein erblickt er ein Rezept gegen den Nihilismus einer von allen ethischen Richtwerten abgekoppelten Marktwirtschaft. Allein der materiellen Befriedigung sich auszuliefern bedeutet in seinen Augen nichts anderes als eine fröhliche Apokalypse, in der wir uns zu Tode amüsieren (dies ein Ausdruck des amerikanischen Medienforschers Neil Postman). Bei der Wahl zwischen dutzenden dahinplätschernden Fernsehprogrammen sind wir auf dem besten Wege dahin.

Was ist konservatives Denken? fragt Rohrmoser. „Konservatives Denken ist geschichtliches Denken. Wer geschichtlich denkt, ist ein Konservativer. Der Zusammenbruch der sozialistischen Utopie bedeutet nichts anderes, als daß wir jetzt wieder mit der Geschichte in ihrer Unberechenbarkeit, Unvorhersehbarkeit, ihrer begrenzten Machbarkeit zu tun haben. Geschichte bedeutet, dem Schicksal unterworfen zu sein und Schicksal erleiden zu müssen."

In dieser Weise ist konservatives Denken für ihn: den Blick zu besitzen oder wiederzugewinnen für die katastrophalen Erfahrungen, die man nicht mit enthusiastischem Fortschrittsglauben hinwegtäuschen kann. So nannte er denn auch seinen dritten und abschließenden Vortrag „Die Erfahrung der Geschichte als Katastrophe". Hier schimmert Hegels drastischer Bildvergleich hindurch: Die Geschichte als Schlachtbank der Völker. Auch wenn wir nach dem Fiasko des vegetierenden Sozialismus nicht freiwillig in die Geschichte zurückkehren: Sie kehrt zurück und holt uns ein.

Harald Steffahn, geboren 1930 in Berlin, Zeitungsvolontariat, Studium der Geschichte und Politischen Wissenschaften in Hamburg und Berlin. Journalistische Berufsstationen: SPIEGEL-Archiv, Deutsche Presse-Agentur, DIE ZEIT. Seit 1975 selbständiger Publizist. Veröffentlichungen u. a.: „Deutschland - Von Bismarck bis heute" (Stuttgart 1990), Rowohlt-Biographien über: Hitler (1983, 8. Auflage 1995), Helmut Schmidt (1990), Richard v. Weizsäcker (1991), Die Weiße Rose (1992), Stauffenberg (1994), Schweitzer (1979, 11. Auflage 1994).

Günter Rohrmoser

Landwirtschaft Ökologie Kultur

Alle Gesellschaftstypen, auch die Industriegesellschaften haben sich aus vorindustriellen Agrargesellschaften entwickelt. Deshalb bringt eine Gefährdung der Landwirtschaft neben ihren wirtschaftlichen und sozialen Begleiterscheinungen immer auch eine Gefärdung des kulturellen Selbstverständnisses mit sich.

Die Landwirtschaft in Deutschland steht einer doppelten Gefährdung gegenüber. Einerseits durch die bis zur Stillegung gehenden Einflüsse des EG-Agrarmarktes und andererseits durch die Konzentration in wenige industrielle Landwirtschaftsgroßbetriebe. Beide Entwicklungen zerstören die Landwirtschaft und gefährden damit Ursprung und Herkunft unserer Kultur. Für diese Wirkungen hält der EG-Agrarmarkt keine Regelmechanismen bereit. Deshalb bleibt der nationalen Landwirtschaftspolitk eine bis heute ungelöste Aufgabe.

Gesellschaft für Kulturwissenschaft, Bietigheim/Baden
Taschenbuch
Erscheingung: Ende 1995

Gesellschaft für Kulturwissenschaft e. V.

Ahornweg 5 a, D-76467 Bietigheim/Baden
Tel.: 0 72 45/8 90 15 · Fax 0 72 45/8 35 74

Günter Rohrmoser

Der Ernstfall

Die Krise unserer liberalen Republik

Deutschland befinet sich an einem geschichtlichen Wendepunkt. Umkehr oder Niedergang – diese fatale Alternative ist das Gesetz, nach dem alle politischen Kräfte um eine Neuorientierung unseres Landes ringen. Die Krise der Demokratie beschwört den Schatten Weimars herauf. Die Krise der Vereinigung provoziert die Gefahr einer neuen Spaltung. Die Krise des Sozialstaates beraubt Deutschland der integrativen Kraft, der es seinen inneren Zusammenhalt verdankt. Der Verlust nationaler Identität erzeugt einen neuen Nationalismus, der zur Wiederkehr faschistischen Denkens fürhren kann. Die Spätfolgen der neomarxistischen Kulturrevolution der 60er Jahre schließlich münden in die Hegemonie eines quasitotalitären Liberalismus, der unserer Demokratie die Kraft zur geistig-politischen Innovation nimmt. Um ein Auseinanderfallen der Gesellschaft zu verhindern, fordert der Philosoph Günter Rohrmoser eine konservative Erneuerung, die allein die Bewahrung der für eine moderne Gesellschaft unverzichtbaren liberalen Prinzipien gewährleisten kann.

Ullstein Verlag, Berlin, Frankfurt
Gebunden .... DM 68,00
Taschenbuch .... DM 29,90

Zu beziehen auch bei der

Gesellschaft für Kulturwissenschaft

Günter Rohrmoser

Religion und Politik in der Krise der Moderne

Wer heute meint, die Frage nach dem Verhältnis von Politik und Religion sei überholt, der könnte sich irren. Denn die europäische Kultur verdankt sich der Überzeugung, daß Religion und Politik wohl klar unterschieden, aber nicht scharf getrennt werden dürfen. Sonst ist die Politik dem Druck ausgesetzt, religiös genährte Sinnerwartungen zu erfüllen, und die Religion drängt zur unmittelbaren politischen Aktion und Exekution.

Nicht nur die alten Götter kehren wieder, wie Max Weber meinte, auch viele der alten Fragen und Probleme kehren wieder, gerade in einer Zeit fortgeschrittener Aufklärung. In diesem Buch wird unter verschiedenen Aspekten das Modell der Zwei-Reiche-Lehre beleuchtet, es wird über die Erfahrung der totalen Kontingenz und über die vielfältige Renaissance konservativen Denkens gesprochen. Augustinus, Thomas Hobbes, Hegel und Carl Schmitt geben Orientierungspunkte.

Der Autor versucht, die gegenwärtige gesellschaftliche Lage geistig zu ordnen und zu durchringen, doch er verzichtet auf Prognosen. Insgesamt strebt er nach einem neuen Verhältnis von Politik und Religion, das es möglich macht, Zeitprobleme und Krisen unserer Gesellschaft besser zu lösen.

Styria Verlag, Graz, Wien, Köln .... DM 34,80

Zu beziehen auch bei der

Gesellschaft für Kulturwissenschaft

Günter Rohrmoser

Emanzipation oder Freiheit

Das christliche Erbe der Neuzeit

Rohrmosers Befürchtung, die Idee der Emanzipation, wie sie sich von Marx bis Adorno entwickelt hat, könne zur Zerstörung der Freiheit führen, hat sich als berechtigt erwiesen. Wir huldigen einem Emanzipationsverständnis, das sich von seinem christlichen Ursprung wie von allen Traditionen, Institutionen und kulturellen Beständen gelöst hat. Doch mit dem Scheitern des Marxismus-Kommunismus eröffnet sich die Chance einer Rückbesinnung. Um die gewonnene Freiheit nicht erneut zu verspielen, müsse, so Rohrmoser, der Freiheitsbegriff aus unserer christlich-abendländischen Tradition heraus erneuert werden. Nur so sei die Krise unserer westlichen Kultur zu überwinden. Libertäre, herrschaftsfreie Emanzipation oder ethisch gebundene, vernunftbezogene Freiheit – so lautet die Entscheidung des Tages.

Die neuen Herausforderungen unserer posttotalitären Ära verleihen diesem Buch größte Aktualität. Es bezieht Stellung und gibt Orientierung in einer Zeit, in der Besinnung auf die ethischen Grundlagen unserer Gesellschaft dringend geboten ist.

Propyläen, Berlin, 400 Seiten
Gebunden .... DM 48,00

Zu beziehen auch bei der

Gesellschaft für Kulturwissenschaft

Die Mitteilungen

Periodikum der Gesellschaft für Kulturwissenschaft

Wenn wir aus den katastrophenreichen Entwicklungen des 20. Jahrhunderts eine Lehre ziehen können, dann ist es doch die, daß in letzter Instanz die geistigen Entwicklungen auch über das materielle Schicksal einer Gesellschaft entscheiden. Auf diese geistige Dimension, die sich im Blick auf die Tagespolitik entzieht und nicht in den Zeitmaßen unserer politischen Planungen erfaßbar ist, zielen die Beiträge der Mitteilungen.
Im Abonnement sind jährlich zwei bis vier Mitteilungen sowie zwei bis vier Kurzkommentarbriefe enthalten.

Jahresabonnement .... DM 25,–

Vorankündigung

G. Rohrmoser · A. Frenkin, L. Mitrochin, W. Stjopin

Kultur, Religion, Politik

Deutsch-russischer philosophischer Dialog

Mit dem Zusammenbruch des Sozialismus und der Wiedervereinigung Deutschlands bietet sich die einzigartige historische Chance, das deutsch-russische Verhältnis auf eine neue Grundlage zu stellen. Von dem Bewußtsein dieser möglicherweise zeitlich befristeten Chance ist der Austausch der Gesellschaft für Kulturwissenschaft mit der Akademie der Wissenschafen in Moskau getragen. „Kultur, Religion, Politik" ist der Ertrag aus fünf Jahren deutsch-russischem Dialog. (Erscheinung: Frühjahr 1996)

Best.-Nr. 20651

Gesellschaft für Kulturwissenschaft e. V.

Ahornweg 5 a, D-76467 Bietigheim/Baden
Tel.: 0 72 45/8 90 15 · Fax 0 72 45/8 35 74